本书受到国家自然科学基金青年项目（编号：72160126）和甘肃省软科学专项基金项目（编号：22JR4ZA087）的支持。

Research on the Growth Environment of Chinese Entrepreneurs

中国企业家成长环境研究

安世民　尚想平 / 著

中国出版集团
研究出版社

图书在版编目 (CIP) 数据

中国企业家成长环境研究 / 安世民, 尚想平著. --
北京 : 研究出版社，2022.11
ISBN 978-7-5199-1387-8

Ⅰ. ①中… Ⅱ. ①安… ②尚… Ⅲ. ①企业家 – 人才成长 – 研究 – 中国 Ⅳ. ①F272.91

中国版本图书馆CIP数据核字(2022)第219752号

出 品 人：赵卜慧
出版统筹：张高里　丁　波
责任编辑：张　琨

中国企业家成长环境研究

ZHONGGUO QIYEJIA CHENGZHANG HUANJING YANJIU
安世民　尚想平　著
研究出版社 出版发行
（100006　北京市东城区灯市口大街100号华腾商务楼）
北京建宏印刷有限公司印刷　新华书店经销
2023年1月第1版　2023年1月第1次印刷
开本：710毫米×1000毫米　1/16　印张：20.25
字数：320千字
ISBN 978-7-5199-1387-8　定价：59.00元
电话（010）64217619　64217652（发行部）

前言

PREFACE

社会发展经济繁荣离不开企业的市场运营，企业的市场运营离不开企业家的领导。关于企业家在企业中的地位与作用，历来有两种不同认知：一种意见认为，企业家对企业的发展起着重要的作用，同时企业经营也造就了企业家；另一种意见则认为，企业家对企业的发展起着决定性的作用，没有杰出的企业家就没有超一流的企业，就像比尔·盖茨与微软、乔布斯与苹果、任正非与华为等。其实两种意见只有微弱的分歧，都认可企业家对企业的重要而持久的影响。

日本“经营之神”松下幸之助说，“企业最大的资产是人。”“造人先于造物。”；决策学派的创始人西蒙说，“管理就是决策。”这两人一个是具有国际视野的杰出企业家、思想家，一个是获得诺贝尔经济学奖的著名管理学家，他们的认知似乎更倾向于第二种意见。笔者作为一个普普通通的管理学教师，基于对这两人的敬佩，更出于广泛接触企业管理者的实际体会，也倾向于第二种意见。因此，我们对企业经营者的艰难困苦关注较多、了解很多，对他们的理解与尊重日积月累，就变成了对企业家深深的同情和敬佩。

一、中国企业家是幸运的

这里的中国企业家仅指改革开放以后成长起来的优秀的企业经营者和开拓者，不包括以往和今后的中国企业家。这两三代企业家真的是幸运的。他们沐浴着改革开放的春风，在汹涌的市场大潮中弄潮拼搏；他们赶上了中华民族伟大复兴的光辉进程，借助于各种利好政策累积财富；他们在社会主义市场经济的规范进程中灵活应变，创新发展；他们在产业升级中抢抓机遇，迎难而上；他们以自己的聪明才智聚集人气才气灵气；他们吃得下大苦、扛得起重任，活出了亮丽的人生；他们在无数次的诱惑面前依然挺立；他们舍小家、为大家，提供了无数的工作岗位；他们贡献了巨量的税收和财政收入；他们为改变供不应求的买方市场、促进中国社会财富的大幅增加、实现小康和大康社会做出了突出的贡献！当然，他们也出现很多问题：盲目扩张、家族化管理、任人唯亲、钻法律和政策的空当、投机取巧、大发不义之财、不重视学习、过多自我欣赏、把机遇当才干等。

他们最大的幸运就是多次的国企改革，尤其是抓大放小的改革，使他们或抓紧了权力，或取得了难得的扩张机遇，在弥补市场不足的过程中迅速堆积起巨量财富，实现甚至超额实现了个人梦想。他们借鉴悠久的历史传承，吸引人才，创新发展，在不断历练中实现了远大的抱负；他们学习西方的管理理论和方法，遵循市场规律，在全球经济一体化大潮中抢抓机遇、大胆投入，取得了举世瞩目的成就。与以往任何时代的企业经营者相比，他们无疑是很幸运的。

二、中国企业家是艰难的

中国企业家的艰难主要来自以下方面：

1. 提升学习能力的压力

网络信息时代学习能力已经成为职场的基本竞争力，也是企业经营者不可或缺的核心竞争力之一。三四十年前，谁不知道西方的管理理论那是无知；今天谁还在依靠西方的管理理论解决中国企业的实际问题，那已经是无能的表现。学习是人们获取更多信息，提升认知和思维能力的基本途径；学习也是思维方式整合、升华与创新的必经之途。

今天不会学习就是原地踏步，你原地踏步的时候别人在快速进步，差距只会越拉越大。对企业经营者来讲，不能及时学习，决策的正确性就没有保障，就使企业经营处在更大的风险之中。对企业家来讲，学习是保证决策质量、降低风险的重要保障，也是发现与把握机遇的最重要途径。改革开放之初暴富的人群中，文化程度还未能显现，从20世纪90年代中后期开始，致富的人群中大专以上文化程度的比例就达到了六七成。21世纪，随着房地产圈钱游戏的结束，各种新技术的迅猛发展，创新成为企业发展的基本途径，至此企业经营者的学习能力对企业发展的重要性进一步凸显，尤其是企业家要想使自己的企业立于不败之地，就必须不断地学习、观察，不断地与专家沟通交流，获取更多的高质量信息，同时使自己的思维方式得到不断优化升级。因此，世界各国的企业家都面临学习能力不断提升的巨大压力，而中国企业家由于特殊的国际国内环境，激烈的市场竞争，学习能力的培养与提升就显得更为重要。

2. 以美国为代表的西方发达国家对中国的打压，使中国企业参与国际市场竞争的压力突增

美国对中国的打压已是妇孺皆知的事实，不论特朗普的加工业重回美国，还是拜登的核心技术封锁，都对中国现代化进程产生了重要影响。俄乌战争中西方各国没有底线的制裁，更加清晰地暴露了其虚伪、自私而丑恶的嘴脸。随着低端加工业向越南、印度等国的适度转移，我国加工业自身的优化进程在进一步加快，产业升级、结构调整、技术创新已成为中国核心竞争力的关键词。我们必须清醒地看到，关键技术领域我国与美日德法等国仍有明显差距，个别领域还有很大差距，我们需要更多的华为、吉利、奇瑞等创新型企业。

在美元霸权有所动摇的背景下，美国已经启动全球供应链的重新组合，我国企业参与国际市场的压力在日益增大，贸易壁垒、技术壁垒、技术封锁等已经严重地破坏了WTO的法则及精神，使得中国企业的竞争优势难以充分发挥。国内人力资本的不断提高，也在一定程度上制约了中国企业的国际竞争力。因此，国际市场竞争程度的加剧，对中国企业家带来了很大的压力，也使得中国企业的国际竞争力受到不公正不公平的限制。

3. 国内市场消费不旺，新冠肺炎疫情持续不断，加重了企业的经营压力并压缩了利润空间

长期高速发展的中国经济，在面临市场疲软、消费不旺的困境时，大量投资基础设施的宏观调控手段已经难以为继，在全面规范化管理，创新纷纭时代，企业都面临着利润空间压缩、竞争加剧、人力成本提升与创新要求更快的巨大压力。国企凡事走流程，怕担责任的经营氛围，虽然提高了管理规范性、避免了决策失误，但也在一定程度上制约了运行效率。民企在国企经营范围日益扩大、多元化经营大背景之下，创新成本突增，员工流失加剧。

更严重的是，新冠病毒肆虐近三年对第三产业——服务业带来了一场浩劫，酒店、餐饮、物流等行业多数企业亏损，旅行社更是生存艰难，破产率大大增加。第三产业已经成为世界各国创造财富的主要领域，2021年，我国的GDP总量中第三产业占比为53.3%。美国GDP主要依靠的是第三产业，服务业占美国GDP的比重高达80%以上，按照这一比例计算，美国2021年的服务业增加值达到了18.4万亿美元，比我国全年GDP产值都要高。这说明服务业对于美国经济的重要性；同时也说明第三产业对作为发展中大国——中国的重要性。

新冠肺炎疫情对各国第三产业的影响都是最大的，对正在迅速发展中的中国第三产业更是影响巨大。第三产业吸纳了最多的就业人口，其发展受限，首先表现在收入受限，收入受限则消费下降，消费下降又反作用于第一二三产业的发展，使国民经济整体发展严重受限。以民为本的抗疫政策，在各地纷纷加码的管制下，经济发展进一步受制。

同时，社会各界对企业家生存环境的漠视习惯，也加剧了企业家生存发展之路的艰难性。中介组织服务质量监管虽一直处于优化之中，但新事物层出不穷的时代，有力的监管总是滞后于不良事件的发生。围绕企业经营管理的科研，走入模型与数据化分析的怪圈，好像乐而忘返，难以对企业经营提供有效指导。新闻媒体对企业的报道似乎也更加关注于负面行为的监督。这一切都使得中国企业的市场竞争更加艰辛，企业家的生存环境更加艰难。

4. 中国管理理论系统化不足、创新不够，难以对企业经营者提供系统而有效的指导

多年来，中国经济学家经常到企业去做管理咨询，其结果是抢了管理学家的饭碗，砸了企业管理咨询的牌子，使管理咨询的市场需求受到抑制。而中国管理学界也一直找不到自己的着力点，长期跟在西方管理学界的屁股后面跑，其结果是一直处在模仿之中，永远不能超越别人。管理科学与工程专业这个方向，一直致力于数据化、模型化研究，可以为重大决策发挥重要的优化和保障作用，但对企业日常决策指导意义并不普遍。而将其研究范式放大、推广成为整个管理学界的研究范式，则导致了理论与实践的严重脱节，最终的结局只能是理论工作者的自嗨，企业管理者看不懂更不想看。

根据多年企业管理咨询的经验体会，我们认为中国管理学界应该重点做好以下方面的工作。

第一，发现企业家的价值、找出企业家成长的条件、提供企业家的评判标准。这项任务似乎并不难，但至今未完成。首先，现实生活中很少有人能充分地认识企业家的价值，没有理论的指导，浮在表面的认知，始终不能有效引导并规范社会认知。其次，企业家的成长条件具有独特性，独特在哪里、如何创造、怎样促进企业家的成长进步等也并未厘清。最后，企业家评价标准不能一直沿用西方的标准体系，中国特色的评价体系始终没有得到完整显现。

第二，深入企业调查研究，了解企业家的生存状况、喜怒哀乐、成长历程、成功的路径与方法，预测企业家未来的方向，及时总结企业经营的经验与教训，并使之逐步系统化。中国管理理论界的浮躁限制了理论工作者深入企业学习和调查研究的热忱，也制约着对企业家生存环境的感知和理解，同时更加限制了新技术、新方法在企业的应用与创新。2012年开始金蝶管理咨询公司和众多企业与中央电视台联合推进中国管理模式实践的总结与梳理，后在MBA案例研究中心（大连理工大学）的助力下，案例研究取得了不俗的成就。但系统性的理论总结仍未完成，企业界千呼万唤的中国管理理论至今未成型出现。

第三，积极评介西方企业管理的成功经验，供国内企业借鉴。这方面我国管理理论界做得最好。原因是从改革开放之初的翻译评介已经成为习惯。美中不足的是，评介的范围需要进一步扩大，不能总是集中在美英德日等国，也应该扩大到印度、巴西、俄罗斯等国家，使我国读者能获取更广泛的企业管理理论和案例分享。

第四，整理我国从古至今丰富的管理思想，与当代管理实践相结合，进行系统的研究，构建中国管理理论的基本框架，归纳中国管理理论的内涵、特点和风格。从2006年开始，北京的一批学者就开始大量整理、梳理中国古代管理思想，试图探寻中国管理理论的传统思想基础，《孔子的管理智慧》《老子的管理思想》《九章算术的管理智慧》等著作纷纷出版，但一阵热潮之后由于缺乏理论厚实且富有思想创新能力的专家参与，而逐渐冷却下去。这项工作只需要整合一批管理学教授、博导就能较快完成，但国家自科与社科基金委的课题立项一直未能向这方面倾斜，这种整合就无法完成。

三、全社会都应该理解、尊重与呵护企业家

管理学家认为，企业家应该是集政治家、法学家、哲学家、心理学家、产品专家、营销专家、创新专家与伯乐于一身的复合型人才。这似乎是圣人或完人的形象，没有一个管理学家能够做到，但却要求企业家必须做到，即使做不到，也要朝这个方向努力，以不断趋近。既然企业家如此可贵又难得，那为何不加大对他们的宣传力度，使全社会迅速形成理解、尊重与呵护企业家成长的良好环境呢?

习近平总书记指出，“要把科研成果写在中国大地上”。这是很有针对性的要求。首先，新闻媒体对企业宣传的导向应该转变，在禁止有偿新闻的背景下，大力宣传企业家，加强对舆论的引导。这是中国新闻媒体责无旁贷的重任，也是在全社会形成有利于企业家成长环境的基础措施。其次，具有较大影响力的学者应该多宣传企业家的艰辛与可贵，不断呼吁和倡导社会各界对企业家的理解与尊重。因为绝大多数的理论工作者是缺少话语权的。最后，借助网络平台，加大宣传力度。今天的企业微信公众号均以宣传销售产品为核心，追求眼前利益，忽视长远影响，因而忽略了对企业家的宣传。

在宣传、理解与呵护企业家成长方面，最核心的问题是主流媒体的报道一直围绕各级领导的各类活动展开，对企业家群体的重视不足。对此，建议在宣传政策层面予以高度重视，以期逐渐改变这种现状。

著名经济学家熊彼特指出：“一个国家最重要的创新精神来源于企业家。企业家的不断创新不断发展最终实现了企业的辉煌，这就是企业家精神。”鲁冠球说：“白天当老板，晚上睡地板。”社会分工决定了企业家的优秀与艰难，决定了其角色的丰富性与可贵性！自古英雄出炼狱。正如胡适所言：“怕什么真理无穷，进一寸有一寸的欢喜。”中国企业家，路漫漫其修远兮，必将上下而求索；重任在肩，唯有崇礼尚德，遵纪守法，锐意创新，才能不断战胜自己、超越自己，才能无愧于时代！

目录 CONTENTS

第四章 中国企业家成长环境

第五章 中国企业家成长环境的优化

第一章
CHAPTER 01

企业家理论概述

第一节　国外的企业家理论

一、国外企业环境

（一）美国企业成长环境

美利坚合众国（The United States of America，United States，简称“美国”）是一个高度发达的资本主义国家，在两次世界大战中，美国和其他盟国取得胜利，在经济、科技、工业等领域都处于全世界的领先地位。20世纪末期，美国的经济发展开始进入复苏时期，持续增长，是美国历史上增长期最长的阶段，发展至今已具有发达的现代市场经济，其国内生产总值居世界首位。

从2022年美国《财富》杂志500强来看，全球企业500强中美国有122家企业上榜，占总数的24.4%。前10名中有5家美国企业，沃尔玛连续8年位居榜首，成为全球第一大公司，具体如表1–1所示。此外，《财富》杂志还公布了最赚钱的50家企业名单，美国占有23家，苹果依旧排名第一，利润高达574.11亿美元。

表1–1　2022年《财富》500强前十名

排名	公司名	国家
1	沃尔玛（WALMART）	美国
2	亚马逊（AMAZON.COM）	美国
3	国家电网有限公司（STATE GRID）	中国
4	中国石油天然气集团有限公司（CHINA NATIONAL PETROLEUM）	中国
5	中国石油化工集团有限公司（SINOPEC GROUP）	中国
6	苹果公司（APPLE）	美国
7	CVS Health公司（CVS HEALTH）	美国
8	联合健康集团（UNITEDHEALTH GROUP）	美国
9	丰田汽车公司（TOYOTA MOTOR）	日本
10	大众公司（VOLKSWAGEN）	德国

企业的成长离不开良好的市场环境体系，美国之所以产生了如此多占据了世界 500 强席位的大企业，首先得益于本国自由、开放的市场经济环境。美国奉行的是“自由市场经济模式”，这种模式充分强调市场在经济发展和企业成长中的作用，主张市场机制的调节始终是促进经济发展的基本动因，推崇企业家精神、推崇市场效率，反对国家干预。在这种经济模式下，市场“看不见的手”的调节作用得到充分发挥。此外，独特的经济环境、信息技术环境、社会文化环境使得美国不断发展的企业为国家加入了巨大的有效需求及增长力量。

1. 政治法律环境

美国为联邦共和立宪制国家，政权组织形式为总统制，实行三权分立与制衡相结合的政治制度和两党制的政党制度。议案必须通过参众两院的半数投票同意后，再经总统签署才能正式颁布成为联邦法律。企业是一个开放系统，任何企业的生存和发展都离不开一定的法律环境条件，与企业经营活动相关的法律，如公司法、反垄断法、知识产权法、合同法、侵权法、环境法，以及一系列的经济法，甚至是公法、国际法等都有可能构成企业开展经营活动的基本法律环境。

美国政府设立了多个独立行政机构，例如中央情报局（Central Intelligence Agency，CIA）负责公开和秘密地收集和分析海外情报，并将有利经济情报提供给本国企业抢占市场份额；美国国家环境保护局（Environmental Protection Agency，EPA）负责与各州、本地政府缩减及控制全部环境污染，严格监控美国企业生产过程的污染状况，使企业在自身发展中形成良好的污染处理系统；联邦贸易管理委员会（Federal Trade Commission，FTC）负责执行联邦反垄断及消费保护法例，调查非公平贸易事件。如果反倾销指控成立，则相关公司将面临巨额赔偿；国家科学基金（National Science Foundation，NSF）通过金钱奖励方式支持科学及工程的教育研究，鼓励大专院校与全球各地工业及政府科研合作，将工业制造与技术研究结合起来，促进企业形成技术领先的导向；小型企业总署（Small Business Administration，SBA）负责协助美国小型及少数种族企业发展及生存。

无处不在的法律规范既可以保护企业利益，也可以限制企业行为——法律的背后都是为了调节企业、个人和社会的利益平衡。因此，企业在发展的过程中为了维护自身利益，国家为了鼓励各类型企业发展或为了实现经济市场的公平竞争，各类法律法规应运而生。

（1）反垄断法案

19世纪末20世纪初，美国经历了第二次工业革命后不仅完成了农业文明向工业文明的转型，而且实现了自由资本主义向垄断资本主义的过渡，一跃成为世界头号工业强国。就在美国经济取得空前繁荣的时候，由于政府自由放任的政策与过度依赖市场的自我调节，市场出现了失灵的状况：经济资源和社会财富迅速集中并垄断在少数寡头手中，经济发展呈现出无序和失控状态。在此背景下，美国政府通过颁布法律法规对企业的生产、经营施加影响，进而实现政府对企业的调控与限制，以1877年“穆恩诉伊利诺伊州案”为标志。

此后，美国政府加强了对企业的监管，美国国会最早以合规为导向通过的经济监管规则为《商务管制法》，该法律还创建了联邦政府第一个独立管制机构——州际商务委员会（ICC），这意味着具有现代意义的监管机构由此产生，对后续的监管立法产生了深远影响。包括1890年的《谢尔曼法》、1906年的《赫伯恩法案》、1910年的《曼–埃尔金斯法》、1914年《克莱顿反托拉斯法》和《联邦贸易委员会法》等旨在强化政府对企业监管的法律文件相继颁布，对企业进行监管以杜绝市场垄断行为，迫使企业合规经营。

其中，针对铁路运输、银行、通信、能源和航空等易形成垄断的行业具有专门的法律法规，进而促使企业履行法定义务，具体内容如表1–2所示。每个领域法律的颁布与管制机构的成立都是为处理该领域的危机应运而生的。

表1–2　美国主要监管法规、监管机构及主要职能（19 世纪末至 20 世纪中期）

年份	监管法规名称	监管机构名称	主要职能
1887	《商务管制法》	州际商务委员会	管制铁路运营
1913	《联邦储备法》	联邦储备局	制定和实施国家信贷与货币政策，监管银行
1914	《联邦贸易委员会法》	联邦贸易委员会	监管企业活动，保护消费者
1934	《证券交易法》	美国证券交易委员会	监管证券市场
1934	《通信法案》	联邦通讯委员会	监管电话、广播、电视产业
1935	《联邦电力法》	联邦电力监管委员会	监管水电项目、水电站的安全及电力市场价格

续表

年份	监管法规名称	监管机构名称	主要职能
1935	《全国劳工关系法》	国家劳工关系委员会	协调劳资关系
1938	《民用航空法》	民用航空委员会	管制航空运输市场

资料来源：文献整理

（2）“JOBS法案”

美国《创业企业扶助法》（*Jumpstart Our Business Startups Act*，JOBS法案）是继《萨班斯-奥克斯利法案》《多德-弗兰克法案》之后，美国资本市场和公司证券领域又一部里程碑式的法律。该法案大幅修订了美国《证券法》《证券交易法》等的相关规定，简化和减轻了发展阶段的成长型公司（Emerging Growth Companies，EGC）的IPO流程和信息披露负担，在私募、小额、众筹等发行方面改革注册豁免机制，增加了发行便利性，并提高了成为公众公司的门槛。在当时背景下，美国经济在资本市场与小型公司的高效对接中获得了巨大成功，但是金融危机后美国的银行和个人信贷紧缩，小型公司的间接融资渠道收窄；而在资本市场上，小型公司无论是通过公开发行还是非公开发行的融资规模都在下降，与它们成长所需要的资本渐行渐远，为了给本国的小型企业营造更好的资本环境，也为了吸引更多国外企业与投资者到美国融资，2012年4月5日美国总统奥巴马签署“JOBS法案”，使其成为法律。

“JOBS法案”主要包含两大部分内容：

一是IPO“减负”：JOBS中有大量新的条款出台旨在为EGC公司IPO过程“减负”，并减轻其公开披露负担，同时使EGC公司得到更多的关注；

二是非公开融资改革：JOBS的一系列改革措施旨在降低私人公司融资的规则限制，同时提高了私人公司成为公众公司、需要强制公开披露的门槛，并提出了新的公众小额集资方案。

“JOBS法案”对EGC公司的定义是在最近一个财政年度的总收入不超过10亿美元的公司。在“JOBS法案”发布后，此类公司的IPO流程简化，申请材料的要求降低，只需提供发行前两年的财务报告，而特定财务指标报告只需提供当年的。市场上认为对EGC公司最为利好的消息就是关于信息披露要求的降低，据测算，在JOBS法案执行后，一个EGC公司年平均合规和信息披露费用将比改革前降低40%—50%，这其中还不包括对公司时间和人力成本的节省。因此，从现有信息来看，“JOBS法案”将会大大促进和鼓励符合EGC标准的公司实施IPO，重新实现与资本市场的高效对接。

（3）促进企业技术创新的税收政策与法案

近40年来，美国政府一直高度重视企业研发和科技创新，对企业进行长时间、大范围的税收支持，有效推动科技类产业发展。20世纪80年代，受石油危机等因素的影响，美国实体经济发展缓慢。为了在经济不景气的时期激励企业研发，1981年美国出台了《经济复苏法案》（*Recovery Act*），正式实施研发税收抵免政策。40多年的历史中，该政策经历了多次续期、修改，一直延续至今，已经成为美国最主要的企业技术创新税收激励政策。在此期间，研发支出税收抵免政策不断完善，例如1988年的《技术与多种收入法案》、1996年的《小企业就业保护法》、2006年的《税收抵免及医疗保健法案》以及2015年的《保护美国人免于高税法案》（PATH法案）等。

2017年年底，时任美国总统特朗普推出了《2017年减税与就业法案》（TCJA），实施了美国历史上最大规模的企业税收减免改革。为了推动企业科技创新，研发支出税收抵免政策也在改革中得到了延续。近年来，不仅谷歌、苹果、微软等大型科技企业不断增加研发投入，开展了大量前沿、尖端研究，众多中小企业也从政策中获利，技术创新能力得到显著提高，诞生了Airbnb、Zoom、SpaceX等科技独角兽。税收抵免政策刺激了企业加大研发投入，更先进的技术则带动企业取得良好发展，贡献更多税收，形成了“放水养鱼”的良性循环。美国信息技术和创新基金会（ITIF）研究表明，至少40% 由政府提供的税收抵免可以从企业增加的税收中回收，在对生产率产生更大影响的领域，如人工智能和机器人技术领域，则会回收更多。

此外，从20世纪40年代起，美国就开始设立扶持小企业发展的官方机构。美国政府对小企业的管理机构，主要由三个部门组成：一是参众两院设立的小企业委员会，主要听取小企业管理局和总统小企业会议对有关小企业发展政策的建议和意见。二是联邦政府小企业管理局。它是美国小企业的最高政府管理机构，负责向小企业提供资助和支持，并维护小企业的利益。三是白宫总统小企业会议。它主要就小企业的法律制定、政策协调、资金融通、信息咨询和社会服务等问题进行讨论，以便总统决策。美国政府针对小企业技术创新的立法保护，还制定和实施了一系列与企业技术创新有关或专门的法律，形成了相对独立的法律体系。主要有《史蒂文森-怀特勒创新法》《中小企业创新发展法》《技术创新发展法》《联邦技术转移法》《国家竞争技术转移法》《加强小企业研究发展法》等。

2. 经济环境

2021年美国GDP实现23万亿美元，增速达5.7%。美国的经济体系兼有资本主义和混合经济的特征。在这个体系内，企业和私营机构做主要的微观经济决策，政府在国内经济生活中的角色较为次要；然而，各级政府的总和却占GDP的36%。在发达国家中，美国的社会福利网相对较小，政府对商业的管制也低于其他发达国家。小型企业仍然在美国经济中扮演一个重要的角色。

小企业融资难一直以来都是一个世界性的问题。一方面小企业经营变数多，风险大，信用能力较低；另一方面资金是一种特殊的服务性商品，在它出租或委托经营中极易受到侵蚀而得不到归还和补偿。再一个就是资金的“零售”比“批发”的成本高，相应的价格也较高，也进一步增加了小企业融资的难度。从各国比较来看，美国小企业贷款利率长年处于高位，比欧洲国家高1.5 ~ 3个百分点。在这种背景下，美国政府采取了一系列改善小企业金融环境的政策和措施。

（1）贷款援助

美国小企业管理局（SBA）经国会授权，通过直接贷款、协调贷款、担保贷款等方式对小企业施以援助，直接贷款是直接帮助2000万人开业和扩大规模，协调贷款主要是SBA与地方发展公司和金融机构共同为地区开发的复兴计划，提供贷款和贷款担保，直接政策性贷款一次发放金额不超过15万美元，利率低于市场利率。

上述两种贷款总量很少。在西方发达国家中，美国政府对小企业的直接投资扶持的比重是最低的，只占小企业资金来源的0.49%。重要的是SBA运用市场机制的各种资金援助计划，填补了按正常条件无法获得私人贷款的小企业的信贷缺口。像美国《小企业法》授权SBA作为担保人，通常向地方银行担保，最高担保额是50万美元，如果贷款逾期未归还，将由SBA保证支付90%的未偿债务，贷款期限最长高达25年。担保论证及执行通常是委托私人性质的“担保开发公司”和“小企业投资公司”操作。贷款的形式也根据需要呈现出多样化发展，如风险投资计划、债券担保计划、开发担保计划（向小企业提供长期固定资产贷款）、微型贷款计划、出口推动计划等。特别是“少数民族和妇女贷款担保计划”，以及“受灾企业贷款担保计划”，更为体现出美国政府扶持小企业为弱者创造机会的政策理念。

（2）风险投资

这是以鼓励技术创新为核心的金融项目，也是美国高新技术小企业成长受益最大，政府和市场合力运作最为成功的项目。现已成为美国经济支柱的高新技术企业大约有80%是由风险投资扶植发展起来的。1997年，美国2690家创业公司就获得了高达122亿美元的风险资金，其中在硅谷的风险资本投入高达36.6 亿美元。早在1958年，美国政府就推出了小企业风险投资计划，允许私营投资公司向SBA借贷三倍于自筹资金的款项，并享受低息及税收优惠，从而进行风险投资。1971年，又决定推出纳斯达克证券市场，形成了发达的资本市场退出机制。1992年以后，随着整个风险投资事业的勃兴，美国政府对小企业投资法案进行了修改。法案规定政府可以以有限合伙人的身份加入私人管理的小企业投资公司，主要是分担风险，同时也可以分享利益。风险资本运作和小企业高新技术创新活动的有效结合，形成了美国经济发展的巨大引擎。

（3）财政支持

运用财政工具扶持小企业进一步体现了美国政府的政策导向。主要表现为扶持小企业技术创新，分别于1982年和1994年设立了小企业技术创新研究奖励项目（SBIR）和小企业技术转让奖励项目（STTR）。项目实施分三个阶段：第一阶段启动阶段可获得最高额为10万美元的资助，第二阶段研发阶段可获得75万美元，第三阶段即商业化阶段，资金由市场解决。STTR由国家科学基金会等五个部门负责，旨在推动非营利性科研机构向小企业转让科技成果，目前可用资金每年也达到1亿美元。同时有税收优惠，主要有降低税率，税收减免，提高税收起征点等。如股东人数在35人以下的小型公司又称为S公司，可完全免缴联邦公司所得税，有的州政府也规定S公司免缴州税，有的即使要求缴税税率也非常低。

（4）创造信用环境

美国的信贷担保模式资金利用效率高，小企业受益广，资金安全系数高，这与美国以法制为基础的信用环境是分不开的。在美国，每一个人的社会安全号以及每一个企业的纳税账号，全部都录入了全国联网的计算机系统，如果你有违规行为，就会记录下来，你的信誉评级下降就会限制你在银行得到信用贷款，而且终身伴随。因此美国人对自己良好的信誉历史尤其珍惜看重。

美国的金融机构普遍采取对小企业进行信贷评分（Credit Scoring）的风险管理办法来克服对小企业贷款的信息障碍问题。这是一个依据小企业相关信息预测小企业还款能力的自动评价体系。信贷评分技术建立的模型主要对固定资产研究开发、财务收支、合同执行等特征信息进行滚动评价，然后打出分数，由此代表企业的信用状况。最近五年来，美国已经建立了一系列足够大的数据库来帮助完善小企业信贷评分系统。美国信用署和信用报告署有较完备的资料，可以向金融机构提供贷款人的各种信息。在央行和国家形成更加完备的资信档案之前，地方政府会在各金融机构以及分支机构的配合下率先完成当地的小企业资信登记，投资建立小企业信息库和小企业主信用档案，并与各金融机构联网，实现资源共享，方便金融机构快捷准确地评价小企业的还款能力和还款意愿。

3. 技术研发环境

美国的科学技术一直以强大在世界上著称，人类史上很多重要的发明，包括白炽灯、轧棉机、通用零件、生产线等都源自美国，美国第一个研究出了原子弹，在冷战期间实行“阿波罗登月计划”登上了月球。美国在火箭技术、武器研究、材料科学、医学、生物工程、计算机等许多领域都处于世界领先地位。

（1）信息通信技术

美国较早布局ICT领域，产业创新能力较强，龙头企业掌握信息通信业话语权并始终占据产业价值链高端。《福布斯》2019年全球上市科技公司排名TOP10中有8家都是来自美国的信息相关龙头企业，包括苹果、微软、谷歌、IBM等，并且ICT领域重大技术创新和产业化实现大都出自美国，从第一台计算机、第一部手机的成功研制和商用，到人工智能技术的兴起和发展，美国始终领跑全球。普华永道思略特发布2018年度全球创新1000强报告中，美国有28家公司上榜全球信息技术上市公司研发投入50强，主要分布在半导体和设备、软件、互联网软件和服务、硬件存储和外设等领域。半导体作为集设计、研发、生产于一体的高新技术产业，属于资本密集型行业，2018年美国半导体人均研发投资超18万美元，研发支出占销售收入比重为17.4%，高于欧洲的13.9%，而日本、中国和韩国分别为8.8%、8.4%和7.3%。

美国卫星互联网起步较早，发展基础雄厚，其制造、发射成本优势明显，卫星数量全球遥遥领先，根据UCS（思科统一计算系统，Unified Computing System，简称UCS）的数据，截至2019年10月，全球在轨运行的通信卫星共829颗，美国运行的381颗（占比46%）。就专利全球占比来看，光学技术、计算技术、信号装置、信息的存储、基本电器元件、基本电子电路、电信技术的发明专利授权数在全球占比依次为6.26%、10.71%、3.50%、21.04%、6.80%、12.09%、9.72%。美国作为全球计算机产业技术最发达的国家，计算技术优势显著，而电信技术方面，世界十大通信公司排行榜中，美国两家公司上榜，其中排名第一的美国电话电报公司是电信、通信技术、媒体以及通信领域的全球领导者之一，是美国最大的电信服务商。此外，美国信息存储领域在全球技术优势明显，拥有美光科技、国际商业机器、希捷科技、英特尔、西部数据、闪迪科技等知名企业。

从美国乃至全球来看，个人互联网市场前景广阔，互联网用户趋向年轻化，个人移动将是其优选。随着数字经济、互联网经济的发展，全球个人互联网应用保持良好发展势头，网上约车、在线教育、互联网理财、网络购物、在线娱乐等用户规模高速增长。从社交行业来看，以脸书（Facebook）为核心的Facebook系社交应用构成全球最大、最广的社交网络，2018年月活跃用户最高达24.1亿人，约为微信的2倍；从娱乐媒体行业来看，2018年美国娱乐媒体市场收入以443亿美元领先全球，占全球比重约31%；从个人理财市场来看，美国市场规模约为中国5倍，以传统银行为主导。从2012年至2019年9月，美国银行共投资158个理财项目，其中资本市场、支付和清算、数据分析是关注重点。为此，美国未来将根据各行业的发展特点与规律，不断迭代更新完善个人互联网产品和服务。

（2）人工智能技术

在大数据浪潮的推动下，云计算、物联网、AI等技术将不断重塑乃至变革其它行业发展。数据已经成了企业重要资源，各个行业都开始用数据指导决策，将数据作为企业战略发展的重要部分，并充分发挥其在企业中的作用。根据相关统计显示，全球人工智能产业规模已从2017年的6900亿美元增长至2021年的3万亿美元，并有望到2025年突破6万亿美元，2017～2025年有望以超30%的复合增长率快速增长。

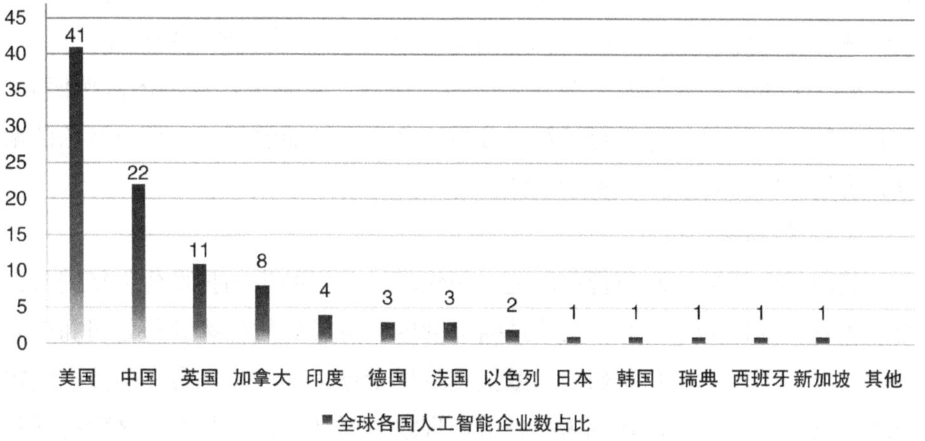

图1-1　全球各国人工智能企业数占比

人工智能作为引领未来的战略性技术，目前全球主要经济体都将人工智能作为提升国家竞争力、维护国家安全的重大战略。美国处于全球人工智能领导者地位，中国紧随其后，欧洲的英国、德国、法国，亚洲的日本、韩国，北美的加拿大等国也具有较好的基础。从全球各国人工智能企业数量来看，美国人工智能企业数量在全球占比达到41%，中国占比为22%，英国为11%，以上三个国家的人工智能企业数量合计占到全球的七成以上。

当今人工智能技术在美国企业中最为人所熟知的应用案例如下。

1）Siri：Siri其实是一种伪智能的数字私人助手。运用机器学习技术来提高自身智能性，以预测和理解我们的自然语言问题和命令。

2）Alexa：Alexa是新晋的智能家居中心。采用人工智能语音识别，能解读我们的话语，能够代替我们上网获取信息、购物、安排日程、设置闹钟等，它还能为我们的智能家居提供能源，对于很多行动不便的人来说，这个产品确实是一大福音。

3）Amazon.com：亚马逊的交易人工智能能处理线上大规模交易金额。运用强大的计算平台，不断更新算法预测客户线上购物喜好行为。

4）Cogito：Cogito最初由约书亚（Joshua Feast）和桑迪博士（Dr. Sandy Pentland）联合创立。运用机器学习技术和行为科学，提高电话客服中与客户互动质量。这家公司的产品已经在数亿语音通话中得到应用。

5）Boxever：该公司依靠机器学习提高旅游产业的用户体验，为用户的旅途增加愉快的“微瞬间”和优质体验。通过机器学习和人工智能，这家公司已经成为这个行业的佼佼者，帮助他们的客户设计和体验他们的旅程。

6）Pandora：人们称之为音乐DNA。由专业音乐家组成的团队按照400个音乐特征，将每首歌进行了深入分析。这个系统能够根据人们对音乐的偏好，为他们推荐被他们忽略的好歌。

（3）生物医药技术

美国是全球生物制药行业的绝对领先者。美国的生物技术药物年销售额曾经占到全球的60%以上，尤其是拥有世界上最成功的生物制药公司和最先进的技术。美国的生物制药公司数量也位居全球第一，特别是小型独资生物技术研发公司的大量出现成为一种美国现象，而在欧洲和日本，这种特征并不那么明显。

生物产业研发实力和产业发展同样领先全球，其中生物药已被广泛应用于癌症、糖尿病及其他慢性疾病治疗。美国在生物医药空间布局上，高度集聚的产业集群是美国生物医药产业发展的重要特征。值得一提的是，美国生物医药产业已形成：马萨诸塞州的波士顿、加利福尼亚州的旧金山和圣迭戈、北卡罗来纳州、华盛顿和巴尔的摩等生物技术产业集聚区。尤其是美国马萨诸塞州是全球首屈一指的生物技术超级集群，州内有六大生物技术集聚区，曾拥有超过550 家生物技术和制药公司，药物开发公司达到300 余家。

美国生物医药领域创新企业数量在全球占据明显优势，据国际知名商业媒体《快公司》（*Fast Company*）早前发布的“2018年世界最具创新力公司榜单”，美国在全球11家入选该榜单的生物医药领域最具创新力企业中，竟然占据8家之巨，数量优势十分明显，其中3家还以非常强劲优势位居全行业总榜单的前50位。美国拥有的世界级十大生物医药企业巨头有强生（Johnson & Johnson）、辉瑞制药有限公司（Pfizer）、默沙东（Merck）、艾伯维（AbbVie）、礼来公司（Eli Lilly）、安进公司（Amgen）、百时美施贵宝公司（Bistol-Myers Squibb）、吉利德科学公司（Gilead Sciences）、Celgene公司

（Celgene）、Biogen公司（Biogen）。

4. 社会文化环境

美国是个移民国家，美国文化由不同的文化在开放、自由的环境下融合而成，塑造了美国人包容多元、敢于冒险、敢于创新的精神，多元、开放、自由、推崇创造力的社会文化对于企业成长十分重要。受美国特殊发展历程及民族文化的影响，美国推崇"个人主义"文化，非常重视个人的独立思考，而这主要源于美国文化中"命运自主"的核心观点。此外，美国一直坚守普遍主义原则，"人人机会平等"的观念根深蒂固，强调一个人的成就和贡献只取决于他做了什么，而不在于他的阶层地位，他们勇于挑战传统和权威，正是在不断的挑战中形成了创新的原动力。

所谓个人主义（individualism），广义上指的是个人利益至高无上，一切价值、权利和义务都来自个人。它强调个人的能动性、独立性，强调个人意志和个人行动，而在美国则指的是尊重和崇尚每一个独立个体在社会中的价值，强调人的个性和权利，包容人的差异和多样性，要求人学会独立选择，为自己负责。个人主义背景下形成的美国企业文化，主要具有以下三个特点。

（1）具有自由意识和创新精神

美国人的行为模式是我行我素，个性自由是建立在个人独立思考的基础上的，正是这种强调个性的文化和善于思考的习惯，培养了美国人的进取精神和创新精神，因此，形成了推崇创新的企业文化。创新是美国企业精神的核心，在美国商界流行这样一句话："要么创新，要么灭亡"，可见美国企业对创新的重视。而且美国人的个性自由和独立是从小就开始培养，子女不依赖于家庭的发展，成人时已完全独立。正是如此，美国人知道自己的人生是靠自己去拼搏的，敢于冒险，敢于创业。

微软公司，集聚了一大批我行我素、富有创意的知识精英，正如汉迪所说，这些精英是极端崇尚个性发挥、典型的个人主义者。正是这样的一大批人，在比尔·盖茨的统帅下创立了微软帝国。面对知识经济制高点的高科技企业，要求有个性的人和有个性的公司，敢于面对机遇与挑战。美国企业能在20世纪90年代长达120多个月的时间里，实现了"三低一高"，即低失业率、低通货膨胀率、低财政赤字和经济高速增长，与美国企业及其员工的个性发挥和创新精神是密不可分的。

为了实现个人的功利，美国人具有极强的学习欲望，美国的教育也适应人们的这种价值需求，高度重视培养学生的个性与实力。美国造就了众多世界大师级精英，绝大多数诺贝尔奖花落美国；许多原创性的自然科学、社会科学理论源于美国；在管理领域和管理学界，既出世界级的大企业，也出世界级的管理学大师。美国人喜欢自己设置目标，并敢于为竞争目标承担全部责任。如果成功，希望得到认可；倘若失败，则愿意接受处罚。而且成功了会继续向更新、更高的目标攀登；失败了决不气馁，总结经验教训从头再来。

美国公司正是适应人们追求功利主义的心理和行为，把鼓励冒险、宽容失败、激励成功作为公司重要的价值观之一，也是美国企业创新的成功之道。美国公司的员工认为，公司不仅是个人谋生之场所，更是展示个人能力和实现人生事业目标的舞台。

（2）尊重员工个性化发展

美国人的个人主义使得美国企业非常尊重员工的个性发展，崇尚个人自由，满足个人发展需求。1997年，美国修订了原有的每周工作40小时的劳动法案，制定了弹性工作制度，为员工创造宽松的工作环境，企业充分信任员工的工作能力，相信员工能处理好自己的工作。据有关方面对美国33家企业的调查，采取“弹性工作制”后，企业员工的责任心更强了，工作效率更高了。著名企业沃尔玛就将“尊重每位员工”作为核心管理理念，一方面为所有员工创造更舒适的工作环境；另一方面愿意为员工提供更能发挥其价值的平台，在培养员工、帮助员工成长方面投入大量的资金、资源，以实现员工与企业的共同发展。

美国公司尊重个人价值还表现在激励机制上，美国公司会花大量的时间、人力和物力对员工进行知识和岗位能力的培训，提高员工的业务能力，并给员工搭建展示自己能力的平台。IBM公司一般会从自己公司里提升自己的员工，让员工有晋升的机会，从职务上给予激励。另外美国公司奖励往往针对个人而不是针对集体，他们相信员工有能力完成自己的工作，他们也要求员工明确自己的职责，对自己的工作负责，员工成绩突出，公司对员工个人给予奖励。美国企业将自己的股份分配给员工，让员工成为公司的主人，从而发挥员工的主人翁思想，提高员工的责任心和积极性，让员工和企业的命运息息相关。

（3）崇尚英雄主义精神

个性自由并非一定导致英雄主义，但其与功利主义相结合则催生了美国人的崇尚英雄主义精神。英雄人物是人生成功的标志和象征，也是社会评价一个人价值的尺度。

美国出版了大量的人物传记，尤其是企业家的传记更是连篇累牍，目的在于向世人彰显英雄形象，激发人们学习英雄，并通过艰苦拼搏使自己成为英雄。美国开国元勋华盛顿，至今仍在激励着追求梦想的美国人。亨利·福特和福特公司以及黑色T型车，托马斯·爱迪生、杰克·韦尔奇和GE公司，老沃顿和遍及世界各国的沃尔玛连锁店，比尔·盖茨与微软帝国等，激发了一代又一代的美国人去追求成功，圆英雄梦。这一点充分表现出美国文化中崇尚英雄、推崇强人的个性，所以美国的企业家文化中英雄文化非常突出。美国人通过牛仔精神，以跨国公司为载体，将其企业家精神扩散到全世界。

崇尚英雄主义文化，也就是汉迪所说的宙斯型企业文化。一个要成为百年老店，基业长青的企业，也必须有适应本企业目标的英雄人物，作为引领企业员工的楷模，去追求企业目标的实现。因此，企业的英雄人物，无论是天生的还是造就的，都有其价值。英雄人物的作用对于企业的发展具有极大的导向、激励、凝聚、约束、辐射和创新功能。

案例　美国硅谷科技创新模式

硅谷位于美国加利福尼亚州北部高技术公司云集的圣塔克拉拉谷，因生产以硅为材料的半导体而得名，是世界第一个高技术工业园区，现已发展成为世界高技术中心。硅谷模式的成功，引发了世界各国的效仿，虽无法完全复制，但可以从中获得启示。下文将介绍硅谷的形成与发展，阐释其成功的外部因素和竞争优势。

（一）硅谷的形成与发展

20世纪50年代，被誉为“硅谷之父”的弗里德里克·特曼教授创建了世界上第一个高技术园区——斯坦福工业园，也就是硅谷的原型。因斯坦福大学土地不能出售，所以就通过出租的形式为入园企业提供便利，较早地实现了产学研融合发展。随着入园企业不断增多，且全部是高技术企业，斯坦福工业园逐步成为高技术企业创业的聚集地，为硅谷成为高技术中心奠定了基础。

斯坦福工业园与斯坦福大学紧密的联系，推动了大学实验室与企业之间的技术转移，加速了科研成果的商品化，教授、大学生与企业的结合，促进了高技术企业的发展，高技术产业在大学与企业的相互作用下不断向周围扩张，最终形成了如今的硅谷。

（二）硅谷模式成功因素分析

一是硅谷汇聚了来自世界的各地人，极具冒险、包容等美国文化特征。其中有美国东部地区来淘金的人，敢于冒险和挑战，中国人、印度人聪明勤奋，还有东欧的一些人，使得硅谷地区的国际化程度比较高，形成了宽容开放的硅谷文化，敢于创新创业、宽容失败、能者至上、竞争中合作、人才自由等特质与高技术产业发展特点十分吻合，二者相互促进，共同发展，形成了硅谷创业文化。

二是旧金山地区远离美国的政治中心，远离政治就有足够的时间进行经济、研发等活动，创业者有了更大的自由度，硅谷的形成与发展更多的是市场化行为，没有政府的指令性计划，只是在园区制定的指导性规划下自由、开放地发展，崇尚企业间的集体学习和变革，公司之间相互配合，企业间交流渠道通畅多样，实现了高效的信息交换，形成了独特的硅谷企业生态。

三是硅谷以斯坦福大学为邻，大学直接向硅谷输送优秀毕业生，为硅谷的科技创新活动提供人力、智力支持，还为硅谷从业人员提供在职培训和深造机会，使工程师们的知识更新能够紧跟科技前沿，始终保持创新的活力。更重要的是，大学科研与产业界形成了紧密的联系，使得科研活动能够快速反馈市场需求，科研成果也能快速实现商业化，同时，很多大学教授和学生通过兼职或创业直接参与到商业活动中，大学实验室与企业形成了科技创新的良好互动，硅谷模式成为大学与产业界积极有效合作的榜样。

四是硅谷集聚了一批优秀的风险投资公司，是硅谷模式走向成功的重要推手。在硅谷特有的文化背景下，这里所有的企业都极具冒险精神，这些投资公司十分青睐高风险、高投入、高回报的高技术产业，而且绝大部分风险投资公司是由退休的工程师或成功的企业家创办，具有很强的专业背景，这些风险投资公司能为初创公司提供专业咨询、关键人员招聘、市场资源对接等多样化的帮助，大大增加了创业成功的机会。

五是早期硅谷创业具有极大的成本优势，硅谷是一个长约100公里的狭长地带，当时的土地成本和商务成本都比较低，使得怀揣梦想又没有资金积累的学子们能够聚集在这里，为梦想而奋斗。现在硅谷已经形成品牌了，全世界的科研人员、各种最优质的资源进一步在硅谷集聚，硅谷的创业成本已不可同日而语，有一部分产业不断转移到硅谷周边。但在早期阶段，硅谷较低的创业成本能够集聚一大批中小型创业企业，是硅谷发展壮大的重要因素。

（三）硅谷核心竞争力分析

硅谷在几十年的发展过程中汇聚了大量优势资源，获得了长期的竞争优势，硅谷的核心竞争力主要体现在以下三个方面：一是中小企业集群，硅谷绝大部分是中小型企业，易于形成竞合关系的企业生态，助推了硅谷创新；二是独特的硅谷文化，宽容失败、讲求合作、鼓励裂变等文化特质，激发了员工探索创新的热情，形成了知识交流、共同解决难题的氛围，培养了众多经验丰富的企业家；三是网络型组织结构，硅谷的企业组织遵循适者生存的规律，公司更强调人员的功能而不是职务，形成了相互交织的人员组织生态。这些因素都有力地推动了硅谷整体竞争力的形成，但这种竞争力是硅谷特有的，很难复制或模仿。

（二）欧洲企业成长环境

欧洲国家有英国、法国、意大利、德国、瑞典、芬兰、挪威、冰岛、乌克兰、丹麦、波兰、斯洛伐克、捷克、匈牙利等。其中四大经济强国为德国、英国、法国、意大利，现以这四个国家为代表分析欧洲企业成长环境。

1. 德国

（1）政治法律环境

德意志联邦共和国（Federal Republic of Germany，简称“德国”），是位于中欧的联邦议会共和制国家，为欧洲四大经济体之首。德国为欧陆法系国家，其法律体系以罗马法为基础，拥有一定日耳曼法成分。德国最高法院是联邦宪法法院，负责宪政事宜，拥有司法复核权。德国的最高法院系统有着明确的分工，其中联邦最高法院是民事与刑事案件终审法院，而联邦最高劳工法院、联邦最高社会法院、联邦最高财政法院和联邦最高行政法院则是其他类型案件的终审法院。

德国公司法的条文分散在许多具体法律中，如《商法典》《股份法》

《有限责任公司法》等，对本国人和外国人设立的公司不做区分，采取平等对待的政策。大多数投资者在德国进行经营活动时选择考虑设立一家以德国法律规定的有限责任公司为法律形式的子公司，在企业并购方面也有法律专家的加入。德国政府为鼓励创业，推出了很多优惠政策，例如拿一类失业金的人如果想要创业可以向劳动局申请6个月的创业补贴每月300欧元，接下来9个月可以继续申请每月300欧元的社会保障金，但是必须递交商业计划书；拿二类失业金的人想要创业也可以到劳动局申请创业基金，主要包括启动金和投资金，创业者在当年可申请每月50欧元到全额失业金的补助，最长24个月或者一次性申请75%的二类失业金，投资金最高5000欧元，专家对商业计划书进行评估后才可拿到。

德国对国内企业的重组行为采取了十分积极的态度，相关规定主要体现在《重组税收法令》《公司所得税法》《个人所得税法》等税收法律条文中。特别是经过2001年和2007年两次较大规模的税制改革，德国政府陆续出台了一系列支持企业重组的税收政策，对于国家鼓励发展的特殊行业和领域，经申请审核后即可以享受相应的税收优惠。德国的企业重组税收政策加大了对中小企业的重组和投资活动的支持力度，但对于交通、保险、银行以及水电等政府性公共行业的重组行为，通常不予鼓励，从而可以对产业结构进行必要的干预和引导。

德国对待中小型企业也有相关政策与法律法规，例如在经济部下设立了中小企业局，其主要任务是负责研究小企业政策、制定扶持和资助小企业发展计划、负责对小企业管理人员进行培训、管理小企业产品质量标准、促进地区经济合作和科研开发等。新冠肺炎疫情暴发期间，德国为进一步减小疫情引发的经济风险，帮助中小企业和个体经营者渡过难关，联邦政府在2020年11月出台了一项过渡援助补贴计划，总金额高达250亿欧元。具体是从现有的“过渡援助”补贴项目资金中拨出100亿欧元资金，为受到封锁措施影响而停业的企业、机构、协会和个人提供具有针对性的资金支持。

（2）经济环境

德国是欧洲最大经济体，经济总量位居欧洲首位，世界第四，2021年GDP达4.22万亿美元，增速2.9%。第二次世界大战后西欧国家中，德国依靠市场竞争取得富强，而德国取得成功的体制又非一般的市场经济体制，而是所谓的“社会市场经济体制”。因为体制的特殊性以及它的成功，其经济体制模式格外惹人注目。

德国是一个高度发达的工业国，主要工业部门有电子、航天、汽车、精密机械、装备制造、军工等；也是西欧最大汽车生产国，奔驰、宝马、奥迪、大众、保时捷这些世界最有影响力的汽车品牌都产于德国，同时著名汽车品牌欧宝也诞生在德国（现属于美国通用汽车集团）；还是世界贸易大国，同世界上230多个国家和地区保持着贸易关系，全国从事出口工作的就业人员近1/3。德国出口业素以质量高、服务周到、交货准时而远近闻名。汽车、机械产品、电气、运输设备、化学品和钢铁是主要出口产品。机械、电器、运输设备、汽车、石油和服装是主要进口产品。

德国为刺激经济复苏和稳定增长政府实行减少国家干预，充分发挥市场机制作用的政策、通过税制改革、鼓励个人投资、进一步非国有化、推动IT发展、调整经济结构等措施。德国政府为创新型企业损失免税以改善投资环境，例如德国复兴信贷银行从2018年开始提供“风险基金投资”计划，申请期限为两年，融资金额最高达2500万欧元。公共资金对年轻成长型企业增加投资，2017年和2018年增加的总预算为20亿欧元。对于初创的创新型企业，前三年免除烦琐的报告和上交信息义务。ERP/EIF成长基金联合欧洲投资基金对初创的创新型企业总共提供高达5亿欧元的投资基金，2016年3月开始启动。

（3）技术研发环境

德国在科学方面的成就相当显著，而投入研究开发是整体经济的一部分。截至2021年德国诺贝尔奖总数达到了108人，在20世纪德国的诺贝尔奖得主跟其他国家比是大大领先的，尤其是在物理、化学、生理学和医学等科学领域。

德国对核能的研究始于20世纪50年代和60年代的研究反应堆，第一个商业核电站于1969年投入使用。德国马普学会等离子体物理研究所（IPP）建造的世界最大仿星器核聚变装置Wendelstein 7-X实现了更高的温度和等离子体密度、更长的脉冲，突破了仿星器的世界纪录。德国还参与了欧洲联合实验环（JET）托卡马克核聚变装置、ITER超导托卡马克核聚变装置和DEMO核聚变电厂。

根据国际贸易管理局（ITA）的数据，德国是欧洲最大的电子产品制造国，汽车和工业电子产品占德国电子产业的60%以上。欧洲半导体行业的增长大部分来自德国。德国被认为是汽车的诞生地，因为卡尔·本茨和尼古拉·奥托在19世纪70年代末独立开发了四冲程内燃机，奔驰公司在1887年将他的设计安装在沙发上，这就产生了现代汽车。2021年新车销量总计262万辆，销售量前三名的品牌为大众、梅赛德斯、宝马。“德国制造”的竞争优势是非价格因素，包括质量、技术、解决问题的专有技术、产品性能可靠性、供货可靠性及售后服务等。克诺尔集团（Knorr–Bremse），总部设在德国慕尼黑，是世界领先的轨道车辆和商用车辆制动系统的制造商。克诺尔集团早在110年之前便对现代制动系统的研发、生产、销售和服务起到了显著的引导作用。2017年，集团的营业额达62.4亿欧元，在全球拥有约28000名员工。

此外，德国是世界贸易组织（WTO）成员，允许美国从非关税进口德国中小型企业的半导体制造设备。英飞凌科技公司于1999年4月1日在德国慕尼黑正式成立，是全球领先的半导体公司之一。其前身是西门子集团的半导体部门。总部设在德国南部斯图加特市的博世公司从事汽车与智能交通技术、工业技术、消费品和能源及建筑技术的产业。员工人数超过23万，遍布50多个国家。光电半导体产品制造商欧司朗总部位于慕尼黑，是一家拥有超过110年品牌历史的高科技公司。众多世界著名工程都选择了欧司朗的照明产品和解决方案。其产品涵盖从虚拟现实、自动驾驶、智能手机，到建筑和城市中的智慧互联照明解决方案。

德国曾被誉为世界“医药基地”。从1998年到2008年，德国政府持续加大研发投入，生物医药行业增长迅速，一度占德国医药行业销售额的16%，曾经成为美国之外最大的生物医药生产国，也是欧洲新药研发最多的国家。德国生物医药产业的基础研究工作是通过政府资助形式完成的。据统计，德国75%的生物医药R&D投入是通过研究中心、项目中心等实施的。德国之前先后启动了“生物医药产业2000计划”“2001年生物医药产业发展纲要”等。德国有望实现细胞和基因疗法研究的重大进展。尤其是免疫疗法领域内已出现一批领先企业，比如癌症疫苗领域的BioNTech（德国生物新技术公司，中文名多称拜恩泰科）或CureVac（德国生物科技公司），TCR免疫疗法领域的Medigene（德国生物技术公司）。开发高度癌症特异性抗体的Ganymed（德国生物制药公司）。

德国医疗器械行业在生产高质量医疗设备方面在世界上享有盛誉，是全球第二大医疗器械出口国。德国较为著名医疗器械生产企业有蔡司医疗（Carl Zeiss Meditec）、保赫曼（Paul Hartmann）、贝朗（B.Braun Melsungen）、西门子医疗（Siemens Healthineers）、费森尤斯（Fresenius Medical Care Segment）等。其先进的创新和高科技产品在世界范围内享有盛誉。西门子同时也是著名的医疗诊断设备制造商，其医疗保健部门为公司创造了约12%的总销售额，是公司利润第二高的部门，仅次于工业自动化部门。2016年，德国向全球出口医疗器械超过131亿美元，约占当年全球医疗器械出口总额的11.6%，成为仅次于美国的世界第二大医疗器械出口国。2019年德国医疗器械产业中产值约330亿欧元。

（4）社会文化环境

德国是一个注重教育、培训以及科研的国家。德国涌现了众多诺贝尔奖得主，在全世界的科研领域起到了领头羊的作用。德国的开放度还体现在德国高校求学的众多海外留学生上。德国的宪法赋予每个公民自由发展个性、接受教育、选择职业和工作岗位的权利，德国教育的监管主要是由各州政府负责。德国的教育政策宗旨是为每个人提供优化的帮助以及与自身的兴趣及能力相匹配的教育。将青年教育成为成熟的公民，使之积极融入德国的民主生活进程，这是德国教育的明确宗旨。

德国具有充裕的工作业余时间。在德国每个成年人每年约有2500小时业余时间，每周工作约36.7小时，每年最多有六周带薪假。业余生活的内容丰富多彩，有旅游、远足、文艺活动、体育活动和其他娱乐活动等，并配有良好的业余生活设施：游泳池、各项体育运动的设施、剧院、音乐厅、影院、图书馆和博物馆、饭店和野营场地等。500多万人部分或完全服务于业余生活这个产业。经营业余活动设施的为协会、公益企业和公共管理机构。

德国充满活力的义工增强了社会内部的凝聚力。自愿、公益、不以物质利益为宗旨的义工在德国有悠久的传统，涌现在各个领域的社会及政治生活中。约有34%的德国人参与义工工作，自愿无偿为大众的利益服务。另外还有同样比例的人在工作和家庭之外积极参与协会、联合会、倡议、小组等活动。至少有1200万德国人在协会与各类组织参加公益活动。345000个协会和7000万成员使得德国的协会生活格外丰富多彩。几乎每四个德国人中会有一个是某个体育协会的成员。收藏家和集邮家、宠物主人和同乡们、狂欢节爱好者、园艺爱好者和业余运动员等人群都会有自己的协会。还有众多专门为妇女和青年设立的协会。

德国的企业文化受欧洲文化价值观影响很深。首先，欧洲文艺复兴运动和法国资产阶级大革命带来的民主、自由等价值观，对德国企业文化的产生和发展产生了很大的影响。其次，德国强调依法治国、注重法制教育、强调法制管理，在市场经济条件下长期形成的完备的法律体系，为建立注重诚信、遵守法律的企业文化奠定了基础。再次，宗教主张的博爱、平等、勤俭、节制等价值观念，在很大程度上影响了德国企业文化的产生与发展。最后，德国人长期形成的讲究信用、严谨、追求完美的行为习惯，使企业从产品设计、生产销售到售后服务的各个环节，无不渗透着一种严谨细致的作风，严格按照规章制度去处理问题，对企业形成独特的文化产生了极大影响。这几方面的结合，形成了德国企业冷静、理智和近乎保守的认真、刻板、规则的文化传统。德国企业文化明显区别于美国的以自由、个性、追求多样性、勇于冒险为特征的企业文化，也区别于日本企业强调团队精神在市场中取胜的企业文化。

2. 英国

（1）政治法律环境

大不列颠及北爱尔兰联合王国（The United Kingdom of Great Britain and Northern Ireland，简称“英国”），本土位于欧洲大陆西北面的不列颠群岛。英国政体为议会制的君主立宪制。国王是国家元首、最高司法长官、武装部队总司令和英国圣公会的“最高领袖”，形式上有权任免首相、各部大臣、高级法官、军官、各属地的总督、外交官、主教及英国圣公会高级神职人员等，并有召集、停止、解散议会，批准法律，宣战媾和等权力，但实权在内阁。议会是最高司法和立法机构，由国王、上院和下院组成。

在英国，政府自20世纪80年代始为保护中小企业的利益已出台了110多个法案。英国国民议会通过了旨在维护中小企业利益的有关立法，以保障众多的小商业在竞争中的合法利益。英国工业部内设立小企业局，下设四个职能部门，其主要任务是对咨询服务、研究开发、小企业主的培训等进行组织领导工作，并协调政府各部门间的具体政策。

此外，英国为反对行业垄断和不正当竞争制定了一系列相关法规。早在1956年制定了《限制性贸易惯例法》，1973年又制定了《公平交易法》，并设置公平交易局，下设公平交易办公室。目前，英国政府主要依据的是1988年《竞争法》和2002年《企业法》。前者设立了竞争委员会这一反垄断和不正当竞争的机构，该机构基于消费者利益采取合理的可行性方案维护市场正常运营；后者将公平交易局下辖的公平交易办公室升格为独立的法人团体，赋予它独立的法人资格和权力。2014年4月1日，英国政府同时撤销了竞争委员会和公平交易办公室，以竞争与市场管理局和金融行为监管局（FCA）取而代之。2018年4月12日，英国的竞争法主管机关（Competition and Markets Authority, CMA）发布了关于合营企业的反垄断法律指南，列出了可以做的与不可以做的事项清单。

2021年4月29日，《贸易法》获得批准正式成为法律。《贸易法》属于英国脱欧系列法案的组成部分，为贸易政策领域的常规框架性立法，意在使英企业继续享受国际协定覆盖下的优惠外贸条件和明确的市场环境，降低非关税壁垒，深化与第三方国家经济合作，建立健全贸易政策机构并推动贸易信息共享。

（2）经济环境

英国作为一个重要的贸易实体、经济强国以及金融中心，是世界第五大经济体系，也是全球最富裕、经济最发达和生活水准最高的国家之一。英国2021年GDP达3.19万亿美元，增速7.4%。英国是最大的金融服务净出口国，其中超四成的出口面向欧盟。伦敦是世界著名金融中心，拥有现代化金融服务体系，从事跨国银行借贷、国际债券发行、基金投资等业务，同时也是世界最大外汇交易市场、最大黄金现货交易市场、最大衍生品交易市场、全球第三大保险市场、重要船贷市场和非贵重金属交易中心，并拥有数量最多的外国银行分支机构或办事处。伦敦金融城从业者近40万人，共有550多家跨国银行、170多家国际证券公司在伦敦设立了分支机构或办事处。

20世纪80年代早期，英国政府认为大中型企业构筑了经济体的脊梁，注重对大中型企业的扶持。后来随着撒切尔夫人执政，政府对企业的态度发生根本性改变，从扶持文化转变为创业文化，整个80年代总体基调是大众创业。基本理论认为，创业可以解决就业问题，但在学者Storey的研究下发现96%的企业并不能真正解决就业问题。因此20世纪90年代，英国政府对政策进行了根本性的调整，从支持大众创业转向支持存活企业。进入2000年以后，英国政府着力打造适合家族企业和民营企业生存的生态环境，在七个方面采取政策进行干预，比如政府在国内打造创业文化，促进更有活力的创业市场；解决中小企业融资难的问题；完善法规和政策等。

截至2020年年底，英国家族企业群体数额非常庞大，一共有515万家家族企业，家族企业占私营企业的86.2%。不同行业占比不同，占比最低的是健康服务行业，占比71.7%，最高的是建筑业，占比95.2%。基于此，英国提出一系列扶持政策，英国政府把企业所在地分成38个区域，每个区域都有经济扶持中心，在这个区域的家族企业都可以跟中心联系，中心会给它们提供咨询及财经服务。

英国政府将扶持政策分成硬性和软性两种，硬性主要是指财经方面的扶持，初创企业可以得到国家贷款。此外，英国政府还沿用开发区概念，在开发区注册企业可以享受五年期的税收减免。另外，英国进出口贸易的45%来自欧盟，英国脱欧给英国中小企业、家族企业造成很大影响，因此政府出资扶持，每家企业可以享受一定价值的培训和顾问服务。

英国还有一个非常有效的扶持政策——中小企业财务担保计划。这个计划从1981年开始实施，针对有高成长潜力而又缺乏抵押金的中小企业。企业可以通过银行向政府申请贷款，得到批准的企业可以享受期限为2—10年5000—100000英镑的贷款，保障额度是75%，意味着这些企业如果因经营不善而倒闭，75%的贷款将由政府承担。这个保障计划，对中小企业和家族企业的扶持力度相当大。

其次，英国政府提出一系列软性扶持计划，比如最近英国政府鼓励大学科研院所和中小企业、家族企业进行合作，鼓励有咨询经验的研究人员给中小企业提供咨询服务，企业免费享受由政府买单的60小时顾问服务。为促进英国家族企业和中小企业在国际化和创新方面有所发展，英国还设立了“国际贸易”和“创新英国”两个办公室。

（3）技术研发环境

英国历来是全球高科技、高附加值产业的重要研发基地之一，英国的科研涉及非常多的科学领域。早在2014年8月，英国就曾以世界1%的人口，从事世界5%的科研工作，所发表学术论文占9%，引用量达12%，仅次于美国。截至2021年，英国在历史上总共获得过131个诺贝尔奖，数量位居全球第二，仅次于美国。其中有100个是在第二次世界大战之后获得的。21世纪的19年时间里，英国获得了30个，也是仅次于美国，位居世界第二。英国曾是世界上高等教育十分发达的国家，并且拥有世界较好的高等教育水平，是近现代高等教育体制的发源地。英国有世界上最古老的高等学府，还有一大批较好的高等学府，为英国和世界培养出许多杰出科学家和政治家等。

英国政府曾经投入4亿英镑支持科技城的发展，并制定了优惠政策进行扶持，吸引全球科技企业纷至沓来，并且吸引了全球著名企业比如Google、Facebook、Twitter、Amazon等顶级公司落户。伦敦发展促进署的研究报告显示：科技城平均每年2.3%的增长速度，是全英平均0.5%的经济增长的4倍多，在未来10年将持续保持高增长。尤其是2015年伦敦在欧洲数字城市指数中，在支持科创的排名中高居榜首。

根据Dealroom（创业服务咨询机构）最新发布，2022年1月份，英国科技公司已经吸引到了124亿英镑（约1016亿人民币）的风险投资，这一数据在全球范围内仅次于美国，已反超中国、印度，远远领先于法国和德国。2022年前五个月，英国科技公司吸引到了156亿美元的风险投资，居于美国（1234亿美元）之后，印度（148亿美元）、中国（118亿美元）法国（76亿美元）紧跟其后，如图1-2。

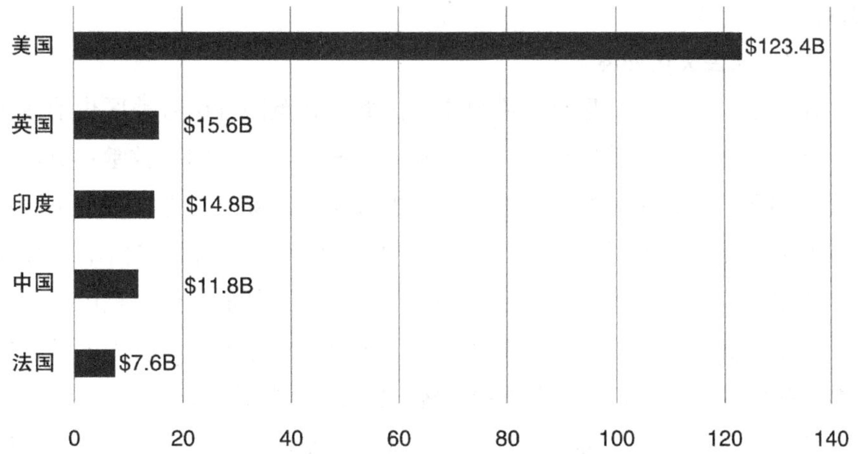

图1-2　2022年各国科技投资排名

英国目前还有248家有望在未来成为“独角兽”的科技初创公司，其中151家在伦敦，法国是有114家（77家在巴黎），德国有106家（40家在柏林）。在英国的城市中，伦敦今年在欧洲科技投资中占据主导地位，融资86亿英镑（约113亿美元），是巴黎（39亿英镑）的两倍，是柏林（19亿英镑）的四倍多。英国的伦敦、布里斯托和牛津三个城市均被列入了欧洲初创企业投资的热门城市前20。

英国的剑桥、牛津和阿宾顿（Abingdon）也已经成为18家潜在独角兽公司的总部所在地，包括Healx、Oxbotica和Immunocore。其中，Healx是一家利用人工智能发现和治疗罕见疾病的新药医疗公司，Oxbotica是专注于机器人和自动驾驶技术的公司，Immunocore是英国一家癌症生物技术公司。从行业来看，在2022年金融科技成为了英国科技投资最强劲的行业，排名第二的是健康科技。此外，利用技术来解决包括气候变化在内的挑战的科技公司，也在英国继续增长并扩大规模。

为提升科技型中小企业人才素质，英国教育部规定学校必须提供小公司管理方面的培训，并且学生在毕业前要在小公司进行15个星期的商业培训。英国政府还成立培训资源中心，帮助小公司制订培训计划，提供管理、技术、资金等方面的信息。英国在工业和技术方面的奖励很多，其中最主要的是“出口和技术”女王奖，授予对英国工业做出杰出贡献者；出口奖，授予职工在200人以下的小型公司；麦克罗伯奖，是授予对技术创新做出卓越成绩的人。

（4）社会文化环境

在英国，每个人都享有宗教自由，因此，在英国各中心地区也形成了多种不同的宗教信仰蓬勃发展的局面。英国有两个“官方的”教堂：英格兰教堂（英国圣公教会）和苏格兰教堂（长老教派），除此之外，各种不同的宗教和数不胜数的教派在英国都可以找到自己的代表。居民多信奉基督教新教，主要分为英格兰教会（亦称英国国教圣公会，其成员约占英国成年人的60%）和苏格兰教会（亦称长老会，有成年教徒59万）。另有天主教及伊斯兰教、印度教、锡克教、犹太教和佛教等较大的宗教社团。

英国人比较准时，讲究礼仪，在正式的社交场合特别注意着装；男性讲究“绅士风度”，而英国女性则严守“年龄秘密”。英国人为人处世谨慎保守，墨守成规，他们的生活方式和习惯往往一成不变，对新鲜事物持观望的态度，循规蹈矩，给人留下守旧怀旧的印象。在待人接物方面比较含蓄，感情不大外露，不善表达和张扬，更不会与人一见如故，推心置腹。

由此，引申至企业文化可知：英国推行理性管理，建立讲求实效，灵活多样的组织机构和管理制度，经营中严守法律，坚守信用，讲理性与效率。政府对企业采取了人力、物力、财力和政策等方面的支持，具有着眼于世界市场的战略眼光。重视产品在全球的推广与销售，建立了庞大的销售网络，培训国际营销人员，开发了一批国际知名度较高的产品。重视员工的参与管理，这是欧洲文化中人文精神、追求民主的必然要求，各企业为此均设立一些监督机构、参与组织。如“经理参与系统”“半自治团体”“工人委员会”“工作改善委员会”等。此外，英国人由于文化背景的原因，世袭观念强，一直把地主贵族视为社会的上层，企业经营者处于较低的社会等级。因此，英国企业家的价值观念比较讲究社会地位和等级差异，在企业经营中墨守成规，冒险精神差。

3. 法国

（1）政治法律环境

法兰西共和国（The French Republic，简称“法国”），首都为巴黎，位于欧洲西部。法国资产阶级在近现代为实现其专政而采取以单一中央集权制为核心，议会制、总统制和半总统制交替使用的共和政权组织形式和统治方法。

法国为保护竞争、维持市场竞争秩序，国家建立健全了完整的法律体系；国家对经济实行宏观调控，国家通过间接和直接的干预手段，在保持经济持续和适度增长的同时，维持物价稳定、充分就业和对外经济平衡；促进劳资合作、实行社会保障，劳资双方形成了一种稳定的“社会伙伴关系”，从经济权利方面构成全社会的平衡系统，另外，以市场自由竞争形成的分配，其实质是按资分配，国家通过实施社会保障制度，对国民收入进行按需再分配。

法国税收制度以方便企业投资、促进区域发展和国际发展为宗旨；同时，通过对不同利益群体区别对待，充分体现法国税收制度的公平性。法国与100多个国家签订税收协定，并保护投资者以避免重复缴纳税金。法国税种大致可划分为四类：收入所得税、消费税、资本税、地方税。凡在法国开展经营活动的股份有限公司、有限责任公司，不论其经营活动属何种类型，也不论是法国企业还是外国企业，一般均需缴纳企业所得税。法国《2021—2027稳定计划》中的税收措施主要是削减企业税收，包括社会保障缴款。2021年9月公布的法国《2022年财政提案》中的税收措施主要针对小型民营企业，在企业所得税方面，主要的变化是给予服务预扣税10%的一次性减免等。

法国政府成立了专门扶持中小企业技术创新的机构，即国家技术交流转让中心（ANVAR）。其主要任务是促进中小企业的技术创新；将技术成果介绍、转让给企业；支持各种有关企业技术进步的合作计划，帮助企业寻找技术合作伙伴等。法国对于困境企业也有相关的保护制度，例如1984年的《企业困境预防与和解清理法》、2003年的《破产预防联合组织法》、2005年的《企业保护法》等一系列法律，为避免企业经营状况恶化而尽早采取应对措施。

（2）经济环境

产业革命之前，法国以农业为主，工业结构以强调质量、需要手工劳动的轻工业奢侈品为主，首饰、地毯、花边、瓷器和精美家具是法国大革命前的主要工业项目，生产规模小，工艺要求复杂，国内商业处于原始状态，金融和信贷也处于萌芽状态。在法国大革命爆发后，废除君主制度，建立了君主立宪制，旧制度的推翻使得经济动荡。拿破仑执政期间出台了一系列金融改革，在法国建立了有序的金融体系，最大的成就便是1800年建立的法兰西银行，从事与国家活动有关的金融业务。

由于法国大革命与拿破仑战争的影响，法国是继英国之后第二个进行产业改革的国家。经历了20年代到40年代末、50年代至60年代两段时期的产业革命以后，法国工业得到了极大的发展，现代工业的建立使工业超过了手工业，1848年法国的纺织品量仅次于英国排全球第二。尤其是金融业的改革和现代资本市场的建立，使得一些新型信贷银行不仅承销国家公债和进行长期贷款的业务，还可以通过吸纳小额储蓄为铁路和其他新兴工业部门动员社会储蓄，为法国工商业的发展提供了重要的资金来源。

发展至2021年，法国GDP达2.94万亿美元，增速达7%，排名全球第七，在欧洲则仅次于德国和英国。至于人均方面，法国在2021年的人均GDP约为4.5万美元，同样是位居世界前列，属于高水平收入国家。在农业方面，法国乃是欧洲最大的农业生产国，每年的粮食产量占到了欧洲总产量的1/3，农产品出口量则是排名全球第二。在工业方面，法国是老牌的工业强国，早在200年前就已经开启了工业革命，成为欧洲大陆上最早实现工业化的国家之一。在航天领域，法国是一个航天大国，早在20世纪50年代就开始自主研发运载火箭和人造卫星。1965年，法国用自家火箭将人造卫星送上太空，成为继美俄之后，世界上第三个具备独立发射卫星能力的国家。法国的制造商实力也不容小觑，比如法国的达索公司，乃是当今世界重要军用飞机制造商，生产制造了诸如“超军旗”“幻影”以及“阵风”等一系列知名战机；“标致”“雪铁龙”和“雷诺”都是全球知名的汽车生产商，而法雷奥、佛吉亚、米其林则都是行业内顶级的零部件供应商。

此外，法国自新冠肺炎疫情以来，财政支持的紧急刺激措施规模越来越小，但越来越精准。“国家复苏和重启计划”及“法国2030”投资计划聚焦于环境和数字化转型。法国经济在强劲反弹的同时也存在风险，主要是能源价格上涨和供应链紧张引起的通货膨胀。自2020年以来，工作保留计划维持了就业和家庭收入，团结基金、税收延期和国家支持的贷款政策增加了企业的流动性，减少了企业破产。

（3）技术研发环境

在全球科技实力排名中，法国排名第四，诺贝尔奖获得者在2018年统计中在全球排名第四，次于美英德三国，达到69人。相比于英美高等教育体系在全球的风靡，法国的高等教育体系似乎略显低调，是典型的精英教育模式，主要源于各公立大学一律免费。法国工业主要涉及矿业、冶金、汽车制造、造船、机械制造、纺织、化学、电器、动力、日常消费品、食品加工和建筑业等，其中钢铁、汽车、建筑为法国工业的三大支柱。

法国在欧洲，是一个工业体系完备、技术实力雄厚的国家。法国在许多科技领域都有非常出色的产品。在航空领域，比如空中客车公司（Airbus）是和美国波音齐名的大公司，波音与空客占据了全球民航客机市场的半壁江山。在高铁技术领域，法国阿尔斯通（Alstom）是全球轨道交通、电力设备和电力传输基础设施领域的领先企业，以创新环保的技术而闻名。阿尔斯通公司是全球首屈一指的高速列车生产商。在核电技术领域，法国其实一直排在德国、英国之前，位居欧洲首位，也是世界核电比例最高的国家。法国的核电不仅规模大（核电比重占70%以上），而且机组年轻（几乎所有机组都是20世纪70年代后建造的），技术先进（EPR是与AP1000齐名的三代核电技术）。在汽车制造领域，在欧洲仅次于德国，是欧洲第二大汽车制造强国，拥有全球著名品牌标致、雷诺、雪铁龙等品牌，比如雷诺（Renault S.A.）是世界十大汽车公司之一，创立于1898年，是法国最大的国有企业，雷诺拥有日本车厂日产44.3%的股份。

此外，法国政府对科技型中小企业的人才开发和培训非常重视。首先，政府激励中小企业雇用高科技人才，以加强其技术开发能力。政府的具体扶持措施有：制订“工业研究培训协议”，这是政府每年资助中小企业结合企业本身提出的课题并招聘近万名年轻大学生开展博士学位论文研究工作而设置的资助经费；签署“高级技术员研究培训协议”，政府每年资助签协议企业培训数十名高级技术员。其次，政府支持设立合同研究社团，即各地在工商会、工业集团以及银行部门的协助下成立的地区技术创新与转移中心，从人才培训、科技支持、设备共享、工程建设以及加工利用等方面支持本地区中小企业的创新活动。

（4）社会文化环境

法国是一座充满浪漫的国度，埃菲尔铁塔、香榭丽舍大街、卢浮宫、凯旋门等世界著名建筑吸引着各国游客，也代表着法国文化。法国64%的民众信奉天主教，28%的民众自称无宗教信仰。法国是穆斯林信徒、犹太教徒和佛教徒人数最多的欧洲国家。法国人爱好社交，善于交际，诙谐幽默天性浪漫，受传统文化的影响，法国人不仅爱冒险，而且喜欢浪漫的经历。在世界上法国人是最著名的“自由主义者”。

相对于其他欧洲企业而言，法国企业则比较人性化，比较注重过程中的投入程度，这样，对于一些资金投入回收期较长的工作计划，法企更容易接受一些。法国的企业文化受到历史以及习俗的影响，比如“咖啡时间”“小型酒会”都是实用的习俗。

法国企业文化的浓厚社会公众意识和敢于挑战的精神品质具有一定的集体意识和创新精神。法国企业文化强调博爱、人的自由平等，该种文化价值观是一种人文主义思想，有效凸显了法国企业文化中人的主体性，追求个体的独立思想意识。法国企业制度化程度相对偏高，其通常会通过专业完善的组织制度来合理规范内部员工的日常操作行为。法国经济市场中的企业组织机构较为成熟完善，并且强调明确的上下层级管理，在行为过程中则追求各部门相互协作与岗位专业分工。法国企业的发展计划和管理决策模式有着高度集中的特点，他们追求短时间内作出决策判断，办事效率相对较高，但是却存在准确性偏低与可行性不高的问题，缺乏长期稳定的高度竞争力。

案例　法国欧莱雅的企业文化

法国欧莱雅集团是世界上最大的化妆品公司，是世界著名的化妆品生产厂商，为世界500强企业。该公司创立于1907年，总部位于法国巴黎。欧莱雅集团是世界著名的跨国公司，其经营范围遍及150多个国家和地区，在全球拥有近300家分公司、500多个优质品牌，各类化妆品畅销全世界。

作为全球最大的化妆品集团，欧莱雅在近一个世纪的时间里，不遗余力地为满足世界各国人民对美的追求而奋斗着，在美丽产业的探索历程中，欧莱雅秉持着“以人为本，以精立业，以质取胜，以诚服务”的经营理念，巩固了其作为世界领先化妆品公司的地位，折射出公司富有特色的企业文化。

1. 鼓励不同品牌团队员工的流动。每个品牌都要建立一整套的营运职能，不仅是一个商业单位，而且拥有一支相对独立、完整的员工团队，每个人都以自己是这个品牌的一部分而骄傲和自豪。这种以品牌为核心的组织架构，为其内部流动提供了更多的机会，员工在不同品牌和不同职能间都有内部流动的机会和可能性。多元化的品牌、不同的分销频道和公司的全球化，使得员工可以在内部及全球范围内进行职业流动，这有助于传承欧莱雅的专长，让员工拥有丰富而广泛的经历和经验去迎接新的挑战。为了培养国际化人才，欧莱雅还经常指派产品经理去其他国家历练，目前约12%的经理在他们国籍以外的国家工作，其中有23%为女性。

2. 独立的企业家精神。欧莱雅长期奉行自由文化和弹性管理，使员工更加需要具有独立主动的企业家精神。欧莱雅认为，每一个员工都应该成为各自岗位上的企业家，这是由欧莱雅的行业特性和自身文化决定的。作为一家引领时尚的化妆品企业，它时刻都面临着创新的压力，员工们是否具有丰富的想象力和创造力，以及针对市场的反应快慢，常常是成败的关键。这必然要求他们要走在时尚的前沿并能及时把握，而不是靠按部就班和服从命令就能做到的。

3. “诗人＋农民”的用人标准。所谓诗人的标准，即由于化妆品是介于个人护理和时尚间的一个行业，而欧莱雅要求员工对美、对人文要有深刻的理解和高度的敏感性，有开放的心态和丰富的创新力，要让这种想象力与创造力及对艺术本身的爱好，转化为对产品创新的一种驱动。所谓农民的素质，即员工虽然充满想象力，但最终还是要落实到业务上，要脚踏实地，勤劳工作，并能够接近客户，认真倾听他们的需求，发现他们的需求，理解他们的需求。

4. 注重各层级员工的成长。欧莱雅员工的职业发展计划在业内是非常完善的。从普通员工到总裁，欧莱雅鼓励每一名员工都建立自己的职业生涯愿望，并创造条件实现梦想，还为高层、中层管理者甚至是基层员工提供一整套培训计划。每到年中，欧莱雅会对员工进行评估，了解员工现阶段的工作情况、在未来的几个月里需要发展哪些方面的能力、发展后会达到什么样的目标、怎么样可以帮助员工进步等问题。评估之后，进行分析和总结，确定培训需求及安排。对于新入职员工，为其提供入职培训，使其能够很快了解公司，帮助、引导新员工尽快融入公司的文化氛围，融入团队，进入工作状态。对新招募的经理人员，专门量身定制为时两周的入职定位培训，与所在部门员工及其他部门的经理沟通、交流，在短时间内建立起工作关系网络，帮助其顺利进入角色，加强与其他部门的合作。

4. 意大利

（1）政治法律环境

意大利共和国（The Republic of Italy，简称“意大利”），是欧洲第四大国家，是一个建立在劳动基础上的民主共和国，主要由南欧的亚平宁半岛及两个位于地中海中的岛屿西西里岛与撒丁岛所组成。现行宪法（Costituzione）是1947年12月22日由立宪大会通过，意大利总统对外代表国家，由参、众两院联席会议选出，总理由总统任命，对议会负责。议会是最高立法和监督机构，由参议院和众议院组成。两院具有同等权力，各自可通过决议，但两院决议相互关联。最高司法委员会是最高司法权力机构，拥有独立司法体制和任命法官的权力，有法官的任命、分配、调遣、提升和规定措施等项权力。

意大利为支持中小企业发展构建政策支持体系，并提供各种形式的资金。例如，政府出资25%设立SIMEST有限责任公司，帮助意大利企业到国外投资收购企业。对企业的国外投资款，该公司最多可以贷给90%，按照商业银行贷款利率的50%计算贷款利率，且操作快速，对企业的申请，90天之内给予答复；国家设立“滚动基金”，不以营利为目的，专门支持企业到欧盟以外指定的国家或地区投资收购企业或者创办新企业。目前，意大利政府对国外各地区的投资基金拨款数额如下：中国4000万欧元，俄罗斯和乌克兰7000万欧元，地中海国家6400万欧元，巴尔干半岛1300万欧元。基金还款期长8年，收回后继续滚动使用。基金无偿使用，但企业投资项目如有盈利，需要上交3%利润给基金。

根据欧盟的有关条款，所有欧盟成员国必须在遵守欧盟规则的前提下制定本国的政策、法规。欧盟认为只有市场才是配置资源的基本手段，但并不禁止各国政府对中小企业实行特殊的扶持政策。在欧盟的统一制度安排之下，意大利政府调整了传统的扶持中小企业发展的方式，主要依靠欧盟的财政政策对中小企业进行扶持。但是，仍然有健全的法律支持体系。以伦巴第大区为例，该区仅促进中小企业国际化经营方面的法律制度，就有5个之多，内容涵盖企业到国外参股、收购国外私人企业或在国外投资设立新企业、到欧盟以外的地区建立仓库以利商业活动、资助企业市场调研和开展可行性分析及境外展销等。

意大利的社会化服务系统使科技型中小企业健全了思考系统、感官系统、指挥系统、防卫系统以及自我优化机制，如各级政府设立的专门为中小企业提供服务的咨询机构和科研机构、行业组织及商会设立的中小企业服务机构、行业的专门服务机构以及中小企业联营自办的服务机构。意大利政府通过积极促进国际关系和紧跟国际金融机构的活动，为中小企业海外经营活动创造了良好的先决条件和信息沟通。其外交部也积极致力于开展“发展意大利”和“投资在意大利”的活动，目的是为国外投资者提供投资商业机会的信息和数据，并对意大利中小企业提供非金融性的帮助。还有一个更有趣的途径是，政府为意大利中小企业在商业和海外投资机会方面提供信息，被称为“内部机构协调系统”。大使馆和贸易委员会不断对企业和海外合作项目提供系统信息。其他法令和措施主要在食品、旅馆、旅游区域等方面鼓励出口和发展意大利商会的海外业务和企业集团。

（2）经济环境

意大利是一个发达的资本主义国家，欧洲四大经济体之一，也是欧洲联盟和北大西洋公约组织的创始会员国，还是“申根协定”、八国集团和联合国等重要国际组织的成员。意大利共拥有55项联合国教科文组织世界遗产，和中国并列为全球拥有世界遗产最多的国家，在艺术和时尚领域也处于世界领导地位，米兰是意大利的经济及工业中心，也是世界时尚之都。

意大利是发达工业国，中小企业发达，被誉为“中小企业王国”，中小企业数量占企业总数的98%以上。地区经济发展不平衡，北方工商业发达，南方以农业为主，经济较为落后。2021年GDP达2.1万亿美元，增速6.6%。实体经济发达，是欧盟内仅次于德国的第二大制造业强国。各类中等技术含量消费品和投资产品在世界市场上占有相当份额，但高技术产品相对较少。主要工业有：石油化工、汽车制造、家用电器、电子仪器、冶金等。中小企业专业化程度高，适应能力强，传统上以出口为导向，在制革、制鞋、服装、纺织、家具、机械、大理石开采及机械工业等领域具有较强的国际竞争力。

意大利旅游业发达，是世界第五大旅游国。主要旅游城市包括罗马、威尼斯、佛罗伦萨等。旅游从业人员约32万人。据统计，2018年，意大利游客旅游人均5.5天，其中20.7%为境外旅游。2018年外国游客在意大利消费约410亿欧元，同比增长6.1%；意大利游客海外消费255.68亿欧元，同比增长4.1%。对外贸易也是意大利经济的主要支柱。外贸产值占国内生产总值40%以上。个人消费品、机械设备以及服务在国际市场占据非常重要的地位。2018年，意大利进出口总额8869亿欧元，同比增长4.3%。其中出口总额4628.99亿欧元，同比增长3.1%；进口总额约4239.98亿欧元，同比增长5.6%。

（3）技术研发环境

意大利有良好的科学传统，20世纪先后有9位科学家获得过诺贝尔物理、化学、医学奖。基础研究中的物理与天文（如超导托卡马克、同步辐射加速器、宇宙射线的研究和大型天体望远镜的研制等）、临床医学、生物医学、化学等领域处于世界前列。高新技术领域如空间技术、信息通信、高性能并行计算机（运算速度已经达到每秒万亿次）、核能等有一定的竞争力。自1997年意大利大学科研部向意大利国会提交《国家科学技术体系改革大纲》并获批准以来，意大利科技管理与科研体制改革进入了新的阶段。

意大利高技术产业主要集中在信息通信、航空航天、生物制药、可再生能源、先进技术材料、机器人与自动化及精密仪器等领域。就总体而言，意大利高技术产业仍比较薄弱。

在信息通信方面，意大利信息通信产业在国民经济发展中占有重要地位，移动通信服务业是意大利增长较快的行业，到目前为止已有TIM、VODAFONE、WINDTRE（由WIND和TRE两家运营商合并得来）移动通信服务公司，移动电话用户超过2000万。因特网及网络服务业发展迅速，已经成为意大利发展最快的高技术产业之一。2019年意大利国内生产总值（GDP）同比增长0.3%，其中信息通信产业总增加值同比增长1.8%，增幅居首。

在生物制药方面，意大利属于欧洲生物医药制造传统强国。意大利在制药领域具有独特的技术、产品和庞大的研发体系，尤其是在抗肿瘤、抗精神病等药物的制造技术与产品在国际上处于领先地位，意大利拥有完整的生物医药产业链。据意大利生物技术协会统计，1997年意大利的生物技术产品的总产值为12.5亿美元，为世界生物技术产品总产值的5%，其中有关人类健康的产品产值达7.8亿美元，生物技术产品市场呈快速增长态势。20世纪至21世纪，意大利先后有7位科学家获得过诺贝尔物理、化学、医学奖。意大利全国共有80所大学，125个公共研究中心和36家私人研究中心。早在2017年，世界418种新药中，意大利生物技术与医药企业研发的就曾经占有77种，占比达到18.4%。意大利世界级生物医药巨头有NMS集团，世界顶级肿瘤医药的研发机构，尤其是在激酶类肿瘤新药研发领域占据全球领先位置；美纳里尼集团（Menarini），是意大利享誉世界的制药公司，是意大利最大的医药企业，德国的严谨、持重与意大利的浪漫与创新完美结合，使美纳里尼集团成为位居前列的欧洲制药公司之一，也成为发展最快的公司。

在机器人与自动化方面，根据新思界行业研究中心发布的《2021–2025年意大利工业机器人市场深度调研分析报告》显示，在20世纪70年代，意大利轻工业正处于蓬勃发展阶段，对劳动力的需求巨大，但在当时的意大利，受到“二战”和社会因素的影响，国内人口老龄化严重，劳动力较为缺乏。在此背景下，工作精度高、效率高的工业机器人在意大利市场上的应用需求不断增加。而进入21世纪之后，工业机器人的应用范围更是得到了进一步开拓，市场消费需求旺盛；意大利政府也推出了多项法律法规，积极推动国内工业机器人行业的发展。从企业分布情况来看，意大利北部地区的工业机器人企业数量最多，HANBS机器人、COMAU（柯马）等本土企业均在此地建厂，这主要是因为意大利的北部地区为该国的传统工业区，经济（尤其是汽车制造业）发达，社会协作条件优越，基础设施也较为完善，交通运输便利。总之，意大利北部地区工业机器人产业发展速度更快。

在空间技术及产业方面，意大利在运载火箭结构、固体助推器、燃料泵、卫星天线、空间试验室压力舱、温控系统、密封系统等方面具有较高的技术水平。意大利航空航天制造业总年营收约270亿美元，2018年，意大利航空航天产品出口总值51亿美元，位居全球第八，航空航天工业有超过800家企业，总从业人员约6万人。意大利的航空航天产业在北方的皮埃蒙特大区有大约300家航空航天企业及航空单位组织，其中伦巴第大区有220家、拉齐奥大区有250家，这三大区从业人员加起来有超过6.1万人。意大利拥有许多技术发达的航空制造企业，如芬尼美卡（FINMECCANICA）集团、阿维奥股份有限公司（Avio S.p.A.）、SELEX通信公司、阿莱尼亚航空（Alenia Aeronautica）、阿古斯塔-韦斯特兰（Agusta-Westland）、阿莱尼亚航天（Alenia Spazio）等。

此外，意大利的众多科研机构从不同的角度以不同的方式对中小企业的技术创新活动给予了有效的支持，其中较为突出的是意大利工商部下属的工业性应用研究机构，它属于全国第二大科研机构，在全国有10个科研基地，主要从事环境、能源方面的新技术研究，向中小企业积极推广已成熟的技术成果，帮助企业发展。普拉托地区是意大利重要的纺织产业集群区，佛罗伦萨大学在该地区设有研究机构，研究成果通过技术公报，无偿推广给中小企业，或者大学与企业联合开发技术。可以说，每个产业集群区内，专业化的科研机构（包括大学）已经成为中小企业稳定发展的技术依托，并和中小企业相互依存、相辅相成。

（4）社会文化环境

意大利的古文明有显赫一时的古罗马帝国、于公元79年毁于维苏威火山大爆发的庞贝古城、闻名于世的比萨斜塔、文艺复兴的发祥地佛罗伦萨、风光旖旎的水城威尼斯、被誉为世界第八大奇迹的古罗马竞技场。其中，庞贝古城遗址是由联合国教科文组织批准的世界遗产之一。90%以上居民信奉天主教。如果有人打喷嚏，旁边的人马上会说："萨路德（Salute！）（祝你健康）。"

意大利人热情好客，待人接物彬彬有礼。在正式场合，穿着十分讲究。意大利人见面时行握手礼或用手示意。有些意大利人约会时不守时。在意大利女士受到尊重，特别是在各种社交场合，女士处处优先。宴会上，要让女士先吃，只有女士先动刀叉进餐，先生们才可用餐。和意大利人谈话要注意分寸，一般谈论工作、新闻、足球；不要谈论政治和美式橄榄球。意大利人忌讳交叉握手，忌讳数字"13"。

意大利人朴素、豪迈、爽朗、乐观，爱好音乐、艺术。意大利俱乐部不论在城市还是乡村都很普遍。亲友之间互相跳舞联欢，生活非常艺术化，在历史上出现过许多伟大的艺术家。这里，充满了热情与浪漫，它拥有风光无限的海岸线、世界闻名的音乐、激动人心的足球、丰富多彩的娱乐项目。意大利崇尚自由，以自我为中心，所以在企业管理上显得组织纪律差，企业组织的结构化程度低。但由于意大利和绝大多数的企业属于中小企业，组织松散对企业生机影响并不突出。但意大利在大品牌产品的制作上渗透着工匠精神的精益求精，对产品的精雕细琢，对精益求精理念的追求，自始至终的高品质产品是企业最核心的竞争力。

（三）亚洲企业成长环境

亚洲共有48个国家和地区，是全世界人口最多的一个洲，同时也是人口密度最大的洲。亚洲分为东亚、西亚、东南亚、中亚、南亚、北亚。亚洲共有四个发达国家，分别为日本、韩国、新加坡、以色列。

在2021年亚洲品牌500强排行榜中显示，中国（包含港澳台）共计有212个品牌入选亚洲500强，上榜品牌数量位列亚洲第一，其次日本以134个入选品牌位居亚洲第二，韩国以50个入选品牌位居第三，但中国仍是发展中国家，后一节将进行详细叙述，现以日本和韩国为代表分析亚洲企业成长环境。

1. 日本

（1）政治法律环境

日本国（Japan，简称“日本”），是位于东亚的岛屿国家。日本为君主立宪国，宪法订明“主权在民”，而天皇则为“日本国及人民团结的象征”。政治体制三权分立：立法权归两院制国会；司法权归裁判所，即法院；行政权归内阁、地方公共团体及中央省厅。宪法规定国家最高权力机构为日本国会，分为众参两院。现行《日本国宪法》于1947年5月3日实施，日本实行以立法、司法和行政三权鼎立为基础的议会内阁制。天皇为国家象征，无权参与国政。国会是最高权力机构和唯一立法机关。内阁为最高行政机关，对国会负责。日本首相正式名称为内阁总理大臣，是日本最高行政首脑。

2019年日本现有中小企业359万个（中型企业53万个，小微企业305万个）占企业总数的99.7%。进入21世纪，日本中小企业政策开始从“救济性支援”转变为“自立性支援”，特别是2008年国际金融危机后，日本政府通过一系列改革建立了新的中小企业政策执行机构体系和组织制度。2018年日本中小企业经营利润达到创纪录最高水平，日本政府认为各种政策支援组织的指导是提高小企业生产力的重要因素。

日本中小企业政策执行机构是由经济产业省中小企业厅负责规划、协调，举国上下紧密配合、相互合作的组织机构体系，它由三个层面、2.5万个中小企业政策执行机构组成。国家级执行机构层面包括：一是政策性金融机构，包括“日本政策金融公库”（Japan Finance Corporation）有152个分支机构，“日本信用担保公司”（CGC）有52个分支机构。二是日本贸易振兴机构JETRO（对外贸易组织），国内36个办事机构，国外73个代表处，主要任务是为中小企业海外投资提供支援。三是“独立行政法人中小企业基盘准备机构”（简称“中小机构”“SMRJ”），为日本经济产业省中小企业厅直属的政策执行机构，法律赋予其25项业务职能，包括为中小企业提供咨询、培训、风险投资，以及为地方建设中小企业服务基础设施提供融资支持。四是全国性培训机构。中小机构创办管理了9所“中小企业大学”，为全国中小企业领导人、管理人员和企业接班人，以及各中小企业支援机构人员提供专业培训菜单，它易于入学、学费低廉并提供一定补贴，每年有2万学生学习，并与63万人进行信息交流。

此外，日本政策执行机构体系的建立和完善是以法律为基础的。目前日本中小企业相关法律有《中小企业基本法》1部、专门法37部，合计38部法律。在专门法中，促进中小企业经营创新和创业方面有7部；加强中小企业经营基础的法律有13部；促进中小企业适应经济和社会环境的变化方面有8部；促进资金供给充实自有资本方面有6部；小微企业方面有3部，中小企业行政组织法律即《中小企业厅设置法》1部。根据经济环境的改变，日本政府适时制定新法或对旧法进行修改、合并。如2000年以来，日本已新设立《中小企业经营力强化支援法》（2012）、《小企业基本法》（2014）等9部，并对《新事业创造促进法》《商工会及商工会议所对小规模事业单位的支援相关法律》等6部法律进行了修改。这些法律为日本中小企业支援政策的稳定和有效执行提供了法律保证。

日本科技型中小企业法律支持体系由宪法、科学技术基本法、技术创新服务单行法、行政法规、部门规章、地方法规和地方规章组成，如《小企业基本法》《禁止垄断法》《中小企业振兴资金助成法》《中小企业现代化促进法》等，目前又制定了《加强中小企业技术创新减税法》等十几项法律支持科技型中小企业技术创新。

（2）经济环境

日本是一个高度发达的资本主义国家，世界第三大经济体，G7、G20等成员。其自然资源匮乏并极端依赖进口，发达的制造业是国民经济的支柱。

第二次世界大战后的日本工业基础设施满目疮痍、百废待兴，在其后20年间，日本的经济年均增长率达8%，第一个从战后的“发展中国家”一跃跨入“发达国家”的行列。1968年，日本经济跃居世界第二位，仅次于美国。20世纪60年代，日本工业竞争力稳步提高，年均出口增长率高达18.4%。在60年代中期之后，除1973年石油危机后的2年，日本的经常项目每年均为顺差。在1985年的《广场协议》之后，日元迅速升值，由此引发的出口产品的价格增长削弱了日本出口产品在海外市场的竞争力，1998年的日本经济出现负增长。2008年美国次贷危机爆发后，日本出现近20年来最严重的衰退，名义GDP增长率为-4.6%。发展至今，2021年日本GDP达4.94万亿美元，增速1.6%。

日本工业高度发达，工业结构向技术密集型和节能节材方向发展。主要部门有电子、家用电器、汽车、精密机械、造船、钢铁、化工和医药等，工业产品在国际市场上具有很强的竞争力。自第二次世界大战后，日本的制造业得到迅速发展，尤其电子电气产业和汽车制造业。日本三菱是世界上仅次于美国通用的超级企业财团，电子电气产业和高科技著名制造商包括索尼、松下、佳能、夏普、东芝、日立等公司。汽车制造业方面，日本公司的汽车生产量超越美国和德国，是全球最大的汽车生产国，其中丰田、马自达、本田和日产等制造商，均有汽车产品畅销全球。

日本的文化产业在音乐、电影业、动漫产业、出版业、广告业、体育用品产业、旅游业、教育培训业等方面都取得了长足的发展。日本为全球第二大音乐市场，每年能创造出近30亿美元的产值。动漫产业若计算其他相关衍生产品，已经成为日本的第二大营利性支柱产业。根据《文化软实力蓝皮书（2010）》的调查结果，日本2010年市场规模为12.641万亿日元，占全球市场份额的10%。2010年，日本经济产业省发布了《面向文化产业立国》白皮书，提出将文化产业作为21世纪的主打产业。2012年日本国内GDP为5.96万亿美元，折合596万亿日元。同时，日本也是世界上最大的动漫产业创作输出国。

（3）技术研发环境

20世纪80年代日本确立了“技术立国”战略，日本的科学研发能力位居世界前列，应用科学、机械、医学等领域尤为突出，日本政府把电子技术、生物技术和新材料技术列为国家的3大支柱产业技术。每年的科研经费达1300亿美元，高居全球第二。日本在电子、手机通信、低耗能环保车、机械、工业机器人、光学、化学、半导体和金属等多项领域具世界领先技术且屡获殊荣。日本的工业用机器人产量占世界一半以上。

在信息通信产业方面，日本有众多企业参与到信息通信产业的研发当中。拥有信息通信企业专利权的企业为478家，占调查企业的10.9%，共有专利26716件，使用的比例达到69.3%，其中自己研发的比例达到98.3%。在技术交易中，共收取金额779亿日元，国内外企业分别为661亿日元和118亿日元，其中著作权占83.2%、专利权占13.6。交易中支付的金额为1967亿日元，支付给国内、国外分别为1433亿日元、534亿日元，其中著作权占83.3%、专利权占11.2%。

在生物医药领域，日本虽晚于欧美国家，但发展非常迅猛，成为亚洲领先国家。日本政府提出“生物技术产业立国”口号，是全球第二大药品市场。其发酵工程技术及产业一直占据全球主导地位，尤其是抗生素、氨基酸和酶的研究、开发及生产能力居世界首位。早在1979年全世界开发的新抗生素仅11种，日本就占了7种。尤其是自1980年以来，日本生产的新抗生素占世界总产量的1/5。比如日本Ajinomoto公司是世界上最大的氨基酸生产企业。Ajinomoto公司也是世界最大的味精生产商，占世界总量超过30%。日本早在1969年就开始应用固定化酶生产高果糖浆，以后又用固定化酶和固定化细胞生产天门冬氨酸和色氨酸等。20世纪70年代末，在全世界生产的26种酶中，日本生产的就占81%。日本人均寿命居世界第一，是一个十分重视健康和保健的国家。日本拥有的世界级生物医药巨头有武田（Takeda）、安斯泰来（Astellas）、第一三共制药（Daiichi Sankyo）。

在制造业方面，日本拥有自主品牌，拥有自主技术，凭借着自主品牌和强大的技术，日本企业的工厂可以遍布全世界。日本基恩士作为传感器供应商在互联网时代大展拳脚；松下牢牢掌握着生产镍钴铝酸锂的技术，旭化成则始终走在锂电池隔膜的全球领先位置；丰田汽车公司已成为世界级工业巨鳄，不仅创造了优质的汽车、脍炙人口的车型，其丰田生产方式更是全球各大企业竞相学习的对象。

在工业机器人领域，日本的工业机器人也已经渗透到了各个领域的制造业之中。其中，工业机器人设备最核心的组成部分——RV减速器领域，日本掌握了全球60%的市场。日本生产的机床可以将复杂零部件的加工误差控制在纳米级别，所以美国的相关军事装备，要依赖于日本机床加工的零部件才能够保证设备的精度。除了工业技术领域的强大，日本在新材料技术行业也取得了相当亮眼的成绩。如当下热火的石墨烯材料、碳纤维材料，甚至于航空发动机制造所需要的叶片材料等。

（4）社会文化环境

日本文化具有浓厚的大和民族的传统色彩，古代受中国文化的影响，东方传统文化特色浓郁；近现代，又受到欧美科技和文学艺术等方面的广泛影响，是东西方文化兼容的典型。日本文化具有融合性、均一性、现实性、选择性、保守性等特点，同时重视文化传承，仍较好地保存着以茶道、花道、书道等为代表的日本传统文化。

日本企业的终身雇佣制和集体主义成了国际企业的样板。日本公司评价员工的首要标准是其对企业的忠诚度，日本企业在20世纪70～80年代开始实行终身雇佣制，受这一制度的影响，在日本人的观念里找工作是一辈子的事。日本人一旦进入一家企业，就把自己的命运和企业的命运紧紧结合在一起，无特殊原因很少会有人选择跳槽。员工忠于企业，企业也同样忠于员工。虽然现在的日本名义上不再倡导终身雇佣制，但很多公司仍然将不主动裁员作为一个基本准则，使员工产生成果共享、风险共担的心理。

日本民族在历史上长期是一个农耕民族，种族单一，受中国儒家文化影响较深，具有长期的家族主义文化传统，具有较强的合作精神和集体意识。日本民族主义传统和与此相联系的团队精神渗透到企业文化和管理的各种制度、方法、习惯之中，使企业全体员工结成命运共同体。团队精神是日本企业文化的重要特征，日本企业重视团队能力，个人能力被置于其次地位。日本企业采取年供序列工资制，晋升主要凭年资，相应地，职务晋升也主要凭年资，资历深、工龄长的员工晋升的机会较多，并保证大部分员工在退休前都可升到中层位置。这种制度是以论资排辈为基础的，员工工作时间的长短和对企业的忠诚度比能力更重要。

日本作为地域狭小的岛国，资源匮乏，为应对这种局面，日本人养成了精细的文化习惯，甚至有人认为日本人太过于拘泥小节。日本企业不允许在细节上出现问题，并习惯于从细节上考察员工。日本员工为了在细节上追求完美，精益求精，不惜花费大量的时间来解决看似可以忽略的小问题。也正是因为这样，日本产品的质量在这些精细之处击垮对手。

案例 稻盛和夫的经营哲学

稻盛和夫被称作经营之圣，他于1959年创办京都陶瓷株式会社、1984年创办第二电电株式会社，第二电电株式会社已成长为日本第二大通信公司。在他经营下，这两家公司都步入了世界500强之列。78岁时，他出任破产重组的日航董事长，在不到两年时间内将日航扭亏为盈，创造利润1884亿日元，并创造了利润、准点率和服务水平三项世界第一。

稻盛和夫在企业中采用“阿米巴”式管理。为了保有企业在发展壮大过程中追求成功的热情，稻盛和夫将公司分成几个叫作“阿米巴”的小中心，阿米巴在公司里互相开展买卖，每个都是小企业体，有自己的领导者或核心。所谓阿米巴（变形虫）即一个个组织随着环境的变化而改变它的形式，达到自我增值。阿米巴经营追求的是在企业里形成类似于中小企业的组织体，使阿米巴的经营者具有与中小企业家相同的经营感觉。同时，可以使企业中处于末端的员工掌握自己所在阿米巴的经营目标，在本职岗位中努力创造价值，进而使全员参与到企业的经营当中。阿米巴以单位时间产生多少附加值的计算方式来表示收支，即单位时间核算制度。稻盛和夫认为，对阿米巴经营者而言，最重要的是让员工清晰地了解自己为所在组织创造了多少价值。

稻盛和夫认为，企业的维系和发展根植于人心之上，企业经营者要努力和员工建立起有意义的关系，用诚心创造和谐的企业氛围，将优秀的人才聚集起来。自然、带着感情的沟通，可以打动人的心灵，容易走进人的内心深处，也有助于经营者和员工建立起相互信赖的关系。稻盛和夫鼓励管理者要用心与下属沟通、用关怀赢得员工的信任。在阿米巴经营中，即使阿米巴为公司创造很大贡献，也不发奖金。稻盛和夫（2016）认为，“从相互信赖的同伴那里获得赞赏与感谢，是最高的报偿”。隋代的王通在《文中子中说·礼乐》中有过这样的论述，“以利交者，利穷则散；以势交者，势倾则绝”，可以看出以心相交不会失去友人，同样，在企业经营管理中以心相交，是企业留住人才的关键，这也佐证了稻盛和夫根植人心从而凝聚人心的论述。

稻盛和夫认为，一个人若想在事业中取得成就并不断得到提升，保持谦卑自省和学习的习惯是非常必要的。他进一步地指出，在努力工作的同时，不断完善自身的品格，对现实进行严格的审视，进而找到理想的落脚处。中国古人推崇自我反省、自我反思，有研究显示自省不仅有助于领导者的个人成长，帮助其发现自身的缺点同时寻找改进策略，还有助于提升领导者个人领导力，领导者通过自我批评、自我反思，使自身的人格、品行日臻完善，在工作中起到率先垂范的作用。

稻盛和夫指出，经营好企业管理者要学会调整自己的心态；拥有好的心态，心中装着美好。经营管理企业是一项工程，辛苦付出和耐心考验是摆在管理者面前的课题，因此，稻盛和夫一直主张学会从工作中寻找乐趣，当取得一定成绩时，要直接地表达出喜悦，当工作成绩得到别人的认可时，要真诚地表示感激，循环往复，将工作中的这种乐趣和感动当作继续开展下一步工作的动力。同时，遇到问题、遭遇挫折时，怀有一颗本真的心，以平常心看待事物，问题就会迎刃而解，挫折也会不攻自破。

稻盛和夫认为，经营好企业，管理者要心怀感恩，常说“谢谢”。“无论遇到什么事情都要感谢”（稻盛和夫，2019）。感恩之心能够使人生变得美好。从根本上来说，是由于感激的情绪可以净化心灵，进而使人生充满光明。稻盛和夫同时秉持“要做客户的仆人”“顾客至上”的经营理念。稻盛和夫认为顾客的满意是首位的，所以企业中的研究、生产和销售部门，要秉持这一原则，理解顾客的需求，并且以未来进行时开发产品，源源不断地为客户提供品质一流的产品。

2. 韩国

（1）政治法律环境

大韩民国（Republic of Korea，简称“韩国”），是一个资本主义发达国家，是APEC、世界贸易组织和东亚峰会的创始成员国，也是经合组织、G20和联合国等重要国际组织成员。韩国在短短60年时间里，从农业国转变为以高价值制造业为驱动的制造业大国，制造业整体竞争力居全球第3位，汽车、钢铁、造船、半导体、消费电子、纺织等产业均进入世界前列，内存、液晶显示器、工业机器人、LNG船全球第一。主要得益于韩国有效的产业政策。

从1961年朴正熙军政府上台开始，韩国实施一系列扶持、保护类产业政策，以促进韩国产业发展。这些政策自上而下，集全国之力，以总统和经济企划院为中心、由总统亲自负责，以进口替代、出口导向为行动统领，以“五年计划”为总框架，以财阀为实施主体，以大项目为抓手，有力促进了钢铁工业、汽车工业、船舶工业、石化工业、电子工业和纤维工业的发展。以汽车工业为例，通过一系列扶持政策，使韩国从20世纪60年代只具备修车能力的国家，到80年代末成为拥有汽车整车、汽车发动机和汽车零部件生产的、年产量百万辆的汽车制造大国，培育了现代、起亚、大宇、双龙等企业。

随着20世纪80年代末韩国产业国际竞争力的提升以及1995年WTO的成立，韩国产业政策发生重大转变，逐渐取消扶持、保护类产业政策，开始实施竞争性产业政策。从对个别产业特定企业的支援，转变为支持更多企业的技术开发和人才培养，如《风险企业培育特别法》（1997年）、《科学技术基本法》（2001年）、《大中小企业共赢合作促进法》（2006年）等；从对产业选址供应等支持，转变为更中立、以市场为主导、注重环境、鼓励创新的产业政策，如《环境友好法》（1997年）、《产业技术园区支援特别法》（1998年）、《国家均衡发展特别法》（2004年）等；从自上而下以供给为中心的产业政策，转变为以需求为中心的产业政策，如《制造业等贸易调整支援法》（2006年）。制造业复兴计划具体的产业政策，主要集中在大容量电池产业、半导体产业、汽车产业及汽车零部件产业、航空工业、稀有金属产业、白色生物产业等领域，包括《2030年充电电池产业发展战略》（2021年）、《汽车零部件企业未来汽车改装支持计划》（2021年）、《K-Semiconductor 战略实现综合半导体强国》（2021年）等。这些产业政策的出台有力促进了韩国支柱产业的发展。

此外，从20世纪60年代开始，韩国就开始制定鼓励企业研发投资的政策、法规，包括《科学技术促进法》（1967年）、《技术开发促进法》（1972年）、《专门机构促进法》（1973年）、《技术评估法》（1973年）等。1973年，韩国出台了《国家技术资格法》和《技术劳务育成法》以促进人力资源的开发。1974年，韩国颁布了《职业培训特别法》，规定规模在500名以上员工的公司必须对其员工进行内部技能培训。韩国为此还创建了专门的研究生院韩国高等科学技术院，以促进产学合作。1994年，韩国又制定了《产业技术基础设施促进法》，通过建设大学、科研机构和中小企业的基础设施和科技信息网络，构建产学研合作体制。此外，《科学技术基础法》也制定了增加企业研发投入、企业设立研究所、实行技术开发准备金制度等具体政府支持内容。

（2）经济环境

20世纪60年代，韩国经济开始起步。70年代以来，持续高速增长，人均国民生产总值从1962年的87美元增至1996年的10548美元，创造了“汉江奇迹”。1996年加入经济合作与发展组织（OECD），同年成为世界贸易组织

（WTO）创始国之一。1997年亚洲金融危机后，韩国经济进入中速增长期。发展至今，2021年韩国GDP达1.8万亿美元，增速4%。

2008年，受国际金融危机影响，韩国经济明显下滑。韩国政府迅速采取包括大规模财政刺激等一系列政策，金融市场全面回暖，实体经济企稳回升，企业和消费者信心不断增强，成为经济合作与发展组织成员国中率先走出谷底的国家。2021年7月，联合国贸易和发展会议在第68届贸易和发展理事会会议中通过韩国地位变更案，正式将韩国认定为发达国家。

产业以制造业和服务业为主，造船、汽车、电子、钢铁、纺织等产业产量均进入世界前10名。大企业集团在韩国经济中占有十分重要的地位，主要大企业集团有三星、现代汽车、SK、LG等。

20世纪70年代，韩国本土企业开始逐渐替代外资企业的主导地位，但在技术上仍然依靠国外，而且产品主要是出口美国和日本市场。20世纪80年代，韩国电子企业开始通过自主创新，推出自己的品牌产品。1992年，韩国公司已经控制了世界12.1%的记忆芯片市场。三星电子成为世界第五大DRAM生产商，并在1兆位和4兆位的DRAM生产方面世界领先。1998年，韩国已经控制了世界DRAM市场的1/3，远高于美国公司。1995年，韩国电子产品出口额达到436亿美元，占到韩国出口总额的35%。2006年，电子产品成为韩国最大宗出口商品，出口额达到1157亿元。21世纪以来，韩国电子工业加快了国际化的步伐，陆续在欧美、东亚投资建厂。韩国家电部门的海外产量已经超出了其国内的产量。韩国电子工业主要分布在以首尔为中心的首都圈、龟尾电子工业园区和釜山地区，已经成为世界电子工业的强国。三星和LG的手机、数字电视、等离子电视、液晶显示器等都是世界知名产品。

（3）技术研发环境

从20世纪60年代开始，韩国在社会、经济、文化等各方面都获取了长足的发展，创造了“汉江奇迹”。在韩国经济迅速腾飞的背后，“科技立国”战略是根本原因之一。20世纪50年代，韩国科技在经历了日占和朝鲜战争之后，几乎一片空白。20世纪60年代，韩国科技基本上是模仿、消化引进的技术。经过对本国科技的培育与扶植，80年代，韩国实现了从技术引进到技术创新的跨越。韩国亦在彭博社《2016年全球创新力排名》以及世界知识产权组织、康奈尔大学和英士国际商学院联合发布的《2016年环球创新指数排名》（Global Innovation Index）中，分别位居榜首和第十一位。

进入20世纪80年代，韩国开始提出“尖端科技立国”，韩国科技开始转型为自主研发。1982年韩国开始制定“科学技术开发五年计划”。韩国电子通信研究院、韩国生命工学研究院等国家科研机构先后开始投入运营。1987年，随着三星综合技术院的成立，韩国各大企业纷纷成立了各自的研究院。20世纪末，韩国遭到亚洲金融风暴的冲击。执政的金大中政府为应对危机提出了“第二次教育立国”的口号。2003年，韩国开始实施“第二次科技立国”战略。2006年，韩国已经在半导体、手机、液晶显示器、互联网普及率和造船业等方面在IMD科技竞争力排名中世界第一，技术竞争力世界第六，科学竞争力世界第七。

韩国在2021年的研发投入达到24.2万亿韩元，第二年将增长至27.2万亿韩元。韩国表示还将进一步扩大智慧工厂以及产业园区的建设，同时培养出优秀的软件和人工智能人才，加大5G领域的投资力度，积极发展独角兽企业，加强公共采购对创新增长的推动作用。早在2021年三星电子公司的研发投入高达20万亿韩元；SK海力士的研发投入超3万亿韩元，均创高值。

韩国的科研机构大体可分为公共研究机构、大学和企业研究机构三类，分别承担着国家战略层面的大规模研究，基础性单一学科研究和产业与高新技术方面的研发工作。韩国主要的科研机构包括韩国科学技术研究院、韩国电子通信研究院、韩国生命工学研究院、首尔国立大学、韩国高等科学技术院、三星综合技术院。

成立于1988年的韩国基础科学支持研究院（Korea Basic Science Institute，KBSI）是为在韩国进行基础科学研究提供必需设备、支持科研活动和开展联合研究的机构。KBSI由本部和首尔、釜山、大邱等8个分部组成，拥有韩国最高水平和国家级的各种研究仪器设备，其中包括KBSI附属的韩国国家核聚变研究院建造的世界首个采用铌三锡（英语：Niobium-tin）线材超导材料的超导核聚变设备KSTAR。韩国科研人员可以通过KBSI网上共享服务指南和尖端仪器共享会员制的形式使用KBSI的仪器设备。

（4）社会文化环境

韩国现代社会文化由朝鲜民族传统文化与现代社会流行文化相结合衍生而来，1948年朝鲜半岛南北对峙以来，南北韩的现代文化出现不同的发展。

韩国现代社会文化是朝鲜民族文化现代化的产物。随着韩国经济和社会的发展，韩国人的衣食住行等生活方式也发生了变化，从而构筑了韩国现代文化。

农耕文化的共同体意识、人际关系主义、勤劳性和顺应倾向等特性影响了现代企业成员间的同僚关系与合作。另外，朝鲜王朝500年的儒教思想成为韩国社会文化最重要的传统价值，对当今韩国的企业经营理念和人际关系也产生了很大的影响。

韩国企业文化以儒教为中心，表现出深厚的集体主义。在集体主义中，组织的利益高于个人利益，个人作为社会的独立存在，更加重视组织中的整体性存在。

在过去，企业的经营理念中经常出现民族、国家、产业等关键词，在经营活动中出现了相当多的民族自豪感。韩国职场人比较重视有等级的组织，喜欢按照上司的指示开展工作的方式。

在传统等级文化中，韩国企业积极实行前辈培养和引导后辈的制度，前后或上下阶层意识很强。韩国企业一般以忠诚、正直及勤劳为企业文化的特征，追求企业成为另一个家庭的文化。比起个人主义，更强调集体主义，把个人的命运和企业的未来联系起来看待。

案例 三星集团的企业文化发展战略

1938年，集团创始人李秉喆在韩国大邱市创建了“三星商会”，主要向中国出口韩国本土生产的干制鱼、水果和蔬菜等，这是三星的前身。20世纪50年代，建立面粉加工厂，生产和销售面粉，因为受到朝鲜战争的巨大影响，三星损失惨重，在战争结束后，将公司转移到韩国釜山。在韩国各种物资都非常紧缺的情况下，发现商机，建立制糖厂、毛纺厂，满足了国内白糖、布料自给自足的需要。1969年成立了三星电子公司。三星在70年代开始以生产黑白电视机等家用电器为主，80年代，三星企业走向多元化，进行集团的“二次创业”，并逐步开发掌握核心的技术，慢慢打开了全球技术市场大门，提高了三星的国际竞争力。1993年三星宣布实施“新经营”思想，掀起了一场其含义可以归纳为“产品一流化、为顾客提供全方位的服务及树立优秀的企业公民形象”的经营革新运动。

“新经营”思想是对企业体系多方面的变革，这一举措的实施帮助三星度过经济危机，并在短短数年中让三星发展成为世界一流企业。

1. 三星的经营宗旨

从创立伊始，三星一直以“事业报国”“人才第一”“合理追求”作为其经营理念。所谓“事业报国”，是指企业管理者应当把管理好企业作为自己应尽的义务，也是对社会履行自己的义务，如果经营管理不善，不能盈利，也会给国家和人民带来负担。李秉喆曾说过：“国家是万事之本，……只有国家兴盛，企业才能兴盛，国民才能幸福。”这体现出一个企业家为国为民的社会责任感。“人才第一”的理念表达出人才的重要性。李秉喆常说：“企业即人。”他认为“国家和企业的将来都由人来左右，是准确无误的真理。不断实践这一真理的三星，若以强有力的组织继续致力于人才培养上，那么三星将永远不败”。“合理追求”是指在经营企业时，要进行合理缜密的思考，不被眼前利益所迷惑，要时刻观察国内外形势变化并进行把握，妥善做出决策后，采取合理的行动，确保企业经营效率最大化。

伴随着第二任董事长李健熙的继任，三星又有了新的经营理念，即以人才和技术为基础，创造出最高质量的产品和服务，为人类社会发展做出应有贡献的经营理念。在新的经营理念的指导下，为了能满足广大消费者的需求，通过对优秀人才进行针对性培养，增大技术研发投资，不断进行技术的改革创新，培养自主开发的能力，整体提高公司的技术优势，并在行业里处于领先水平。正如李健熙所说的：“如果没有基于技术开发的创新，三星不但不会成为世界一流企业，反而会沦为二流企业。”因此，在实现自主技术开发过程中，摒弃了模仿别人、惧怕风险的思维，转向积极的学习和自我创造，将其转换为产品和服务，提供最优质的产品，最大限度地满足用户需要，提高用户的生活质量。实现为人类社会发展做贡献的理想。

2. 三星的核心价值观

每个有影响力的企业都有自己独特的企业精神，三星在创业之初，就推出了五种经营精神，包括“创造精神、道德精神、第一主义、完美主义、共存共荣”。“创造精神”是指三星通过不懈的努力去探索和创新，由被动变为主动，从一个小企业逐步发展成为优秀的大企业；“道德精神”则是培养企业员工诚实端正的品行，良好的道德素质也是企业文化的外在组成部分，三星多年来一直坚持“事业报国”的宗旨，认为盈利并不是最重要的，重要的是为社会的发展奉献上自己的力量。三星一直对经营和管理做到公平公正、赏罚分明，领导阶级有着良好的道德素质，为道德精神的培养做出了榜样；“第一主义”是在所有方面都要奋争第一，不做第二。李健熙常说：“国家的竞争力取决于有多少个全球第一的专业。”正是因为坚持了“第一主义”，三星才能不断继续前进走向繁荣。“完美主义”是做事情一定要细致精确，力求完美，对自己要求完美，对工作也会有一份特别的热情，这种精益求精的信念也为三星的成功做出了贡献。

随着二次创业的成功发展，三星发展出了新的企业精神，包括“与顾客同行、挑战世界、创造未来”。要求企业员工自觉地从顾客、世界、未来三个方面培养精神。三星希望能从顾客的视角出发，去思考问题，满足顾客的需求，为顾客创造更高的价值。

3. 三星的企业文化优势

首先，三星企业敢于追求“世界第一”，使企业逐步走向世界的前沿。健全的文化体系，为企业的蓬勃发展提供了有力的精神支撑。三星的追求目标是成为世界第一、居于领导者地位的企业，正是这种第一主义，让企业员工信服，让顾客满意，以自己的实际行动得到了社会的认可。其次，“人才第一，企业即人”的经营理念为公司的发展提供了核心力量。通过对人才培养的细化管理，人才的潜力能最大限度地发挥，资源也越来越丰富，文化软实力成功转化为企业的硬实力，即便面对风险，也一定能渡过难关。最后，技术为主的经营与自主经营得到重视和发展。通过对高科技的创新、变革和发展，取得比竞争对手更多的优势，最终在竞争中获得最大价值。最后，三星对企业内部的管理十分严格，保持企业的清廉。这些优秀的理念对三星企业内部向心力的凝聚有着积极健康的促进作用。

二、相关理论

（一）企业发展理论

1. 生命周期理论

关于企业的成长发展研究较为成熟的理论是生命周期理论，自1972年美国哈佛大学教授拉里·格雷纳（Larry E. Greiner）在《组织成长的演变和变革》一文中首次提出企业生命周期概念以来，来自生物学、心理动力学、经济学与管理科学等领域的学者和企业研究者，对企业生命周期问题进行了广泛的探讨和深入的研究。

Greiner（1972）提出的企业成长阶段模型，主要通过创造力、方向、授权、协调，最后是监督和协作来实现成长，将企业发展描述为成长的平静时期和危急时刻的交替，这表明了向一个新阶段的过渡。这个模型不但有助于理解企业发展的不同阶段，同时也指出企业随着生命周期而进行创新和演化，即组织创新的动态演化。Miller和Friesen（1984）总结了早期关于生命周期模型的著作，并将企业发展分为五个关键阶段：出生、成长、成熟、复兴和衰退，如图1–3所示。企业生命周期理论认为，企业就像有机体一样，在可预测的发展阶段（从诞生到衰落）中倾向于以线性的方式前进，并且企业的战略、结构和活动与企业的发展阶段相适应。他们发现在一个阶段和另一个阶段之间有显著的差异，每个阶段的企业在结构、战略和决策方面都有不同的特征。

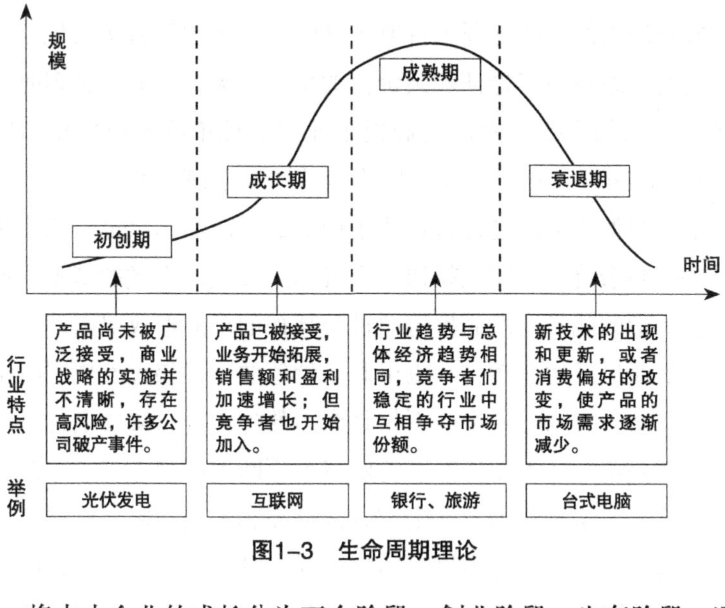

图1–3　生命周期理论

Greve将中小企业的成长分为五个阶段：创业阶段、生存阶段、通过分权的成长阶段、起飞阶段和成熟阶段，通过对中小企业成长各阶段中存在的成长动力和阻力之间相互关系的协调与解决使企业得以成长，并且对每一阶段而言，推动企业成长的动力又往往是阻碍企业进一步成长的最大障碍，通过对这些因素的变革企业得以再次成长。Hanks等通过对126家高科技企业的分析，提出企业成长的四阶段生命周期为创业、扩张、成熟、多元化。创业期的企业规模小且组织结构简单，随着扩张使组织结构变得复杂，到了成熟期组织变得庞大而正式，最后到了多元化阶段组织结构开始部门化。爱迪斯进一步指出，企业的生命周期包括成长和老化两个阶段，这两个阶段主要是通过灵活性与可控性两个因素的关系表现出来，企业在年轻时充满了灵活性，但控制力不一定总是很强，而老化时，可控性增加了，灵活性却减少了。

企业生命周期的每个阶段都有其独有的特征和要求，这些特征和要求的满足需要组织结构、人员、领导风格和决策过程（Kazanjian，1988）。Koberg等人（1996）指出，组织和环境属性对创新的影响受到企业生命周期阶段的调节。但是管理、企业家精神和战略领域的许多工作是概念性的，而不是经验性的。

2. 企业成长理论

企业成长理论的思想起源于古典经济学家对组织和机构大规模生产规律的研究，而马克思在精辟论证剩余价值的生产、流通、分配过程时，其中也暗含了企业成长的思想，然而人们把企业成长理论的开山之作归属于伊迪丝·彭罗斯（Edith T. Penrose，1959）的《企业成长理论》。

资本主义的整个生产过程就是使用价值的生产和剩余价值的实现过程，马克思所讲的剩余价值规律也就构成了资本主义生产方式的基本规律。而所谓剩余价值，指的就是“产品价值超过消耗掉的产品形成要素即生产资料和劳动力的价值而形成的余额”。也由剩余价值的这一伟大发现剖析出了资本主义生产的实质，资本主义生产不仅是商品的生产，它实质上也是剩余价值的生产。也就是说，工人在资本家的监督下不断生产剩余产品以此来追逐最大化的剩余价值，这是资本主义生产方式存在和发展的内在机制。马克思指出：“剩余价值，作为全部预付资本的这样一种观念上的产物，取得了利润这个转化形式。”即利润和剩余价值本身是同一的，它只不过是按另一种方法计算出来的剩余价值。由此可知，在马克思看来，企业的成长即是追求剩余价值（利润）的客观反映。

而彭罗斯的企业成长理论是一种纯内因成长论，建立了一个企业资源—企业能力—企业成长的分析框架。她认为企业的内部资源是企业成长的动力和源泉，即从本质上说企业成长是企业所拥有的资源在与其管理能力的匹配下所开展的一系列动态演化过程。企业的成长并非由市场的均衡力量所决定，而是由每个企业自身使用资源所产生的服务或能力所推动。对于服务，它只能产生于对资源的使用过程，所以在经营活动中每个企业所产生的服务就必然是独特的，是企业特定的或其他企业难以模仿的。她还特别强调了能力的重要性，企业资源的有效利用就构成了企业能力，企业能力决定了企业成长的速度、方式和界限。其中关键是管理能力，它是制约企业成长速度的基本因素，管理能力对企业成长的关键性约束现在通常也被叫作“彭罗斯效应”。因而可以说，企业就是一种资源集合的形式，对资源的使用是通过企业的管理框架而组织起来的。从某种意义上说，可以理解为“任一特定时刻企业生产的最终产品仅仅代表企业使用其资源的方法之一，仅仅是企业发挥其基础潜能的一个事件结果”。

此外，王胜利和王迪（2018）从企业成长的内外部因素角度分析企业成长理论，从内部因素角度来看，企业成长理论经历了从内部分工到创新、知识资源、企业家能力、企业制度变迁等方面的分析；从外部因素角度来看，有基于交易成本、产业发展以及市场环境和制度等企业成长理论。具体来看，从内部分工的企业成长理论是基于亚当·斯密（1776）的“劳动分工理论”，认为分工可以提高产品产量，降低生产成本，促进企业成长；基于创新的企业成长理论以熊彼特（1912）的创新理论为基础，强调创新在企业成长过程中的重要性；基于知识资源的企业成长理论以彭罗斯（1959）的“资源基础论”为基础，揭示了企业成长的动力源泉在于企业内部资源；德姆塞茨（1988）认为企业的知识存量决定了企业配置资源等活动的能力；基于企业家能力的企业成长理论认为企业家管理协调市场协调带来更大的生产力和较高的利润时，企业就随之产生；基于企业制度变迁的企业成长理论认为企业制度随着企业成长也发生变化，在变化过程中促进企业成长；基于交易成本的企业成长理论可知，企业为了把不确定性的风险降低或者变成可控制的风险，降低交易成本，就会扩大规模，推动企业不断成长；基于产业发展的企业成长理论，波特（1985）认为，企业成长取决于企业所在产业吸引力和企业在该产业中的相对优势，它们是企业竞争优势的来源，影响着企业成长；基于市场环境和制度的企业成长理论认为，企业成长面临的法律制度、资金获得等因素也影响企业成长。

（二）领导理论

科学的领导理论是领导工作规律性的反映，领导理论的目的在于寻求领导现象中的因果关系与支配领导活动的一般规律。从20世纪30年代开始，领导问题的研究在美国被积极地开展起来。领导理论的发展经历了特质理论、行为理论和权变理论三个主要阶段。

1. 领导的特质理论

早期的领导理论研究都着重在找出杰出领导者所具有的某些共同的特性或品质上，称为特性论（或品质论）。传统的领导特质论认为，某些人天生就适合担任领导，例如英国遗传学家高尔登（Sir F.Galton）早在1869年就认为领导者的特质是天生的。早期美国管理学家吉赛利（Edwin E.Ghiselli）在他的《管理者探索》中提出了八种个性特征，即才智、首创精神、督察能力、自信心、决断力、适应性、性别、成熟程度等，和五种激励特征，即对工作稳定的需求、对金钱奖励的需求、对指挥别人权力的需求、对自我实现的需求、对事业成就的需求等。在1969年吉布（Gibb）的研究认为天才领导者应该具有7种特质：善于言辞、外表英俊、高超智力、充满自信、心理健康、支配趋向、外向敏感等。后来，斯托格迪尔（Ralph M.Stogclill）等认为领导者的特质应包括16种特质。

之后，又有一种“新特性论”。斯托格迪尔把这些领导特性归纳为六类：身体性特性、社会背景性特性、智力性特性、个性特性、与工作有关的特性、社交性特性。

现代特质理论认为，领导的能力形成是一个动态的过程，领导的特性和品质是在实践中形成的，是可以通过训练和培养加以造就的。

2. 领导的行为理论

行为理论研究的真正萌芽开始于20世纪40年代后期，研究者从对领导的特质分析转向对领导者的行为研究。其中有代表性的研究成果主要有领导风格理论、领导者行为的维度理论和领导方格理论等。

（1）领导风格理论

莱温（Raven）的领导风格理论把领导风格分为专制型、民主型和放任型三类。为了探讨领导风格类型对群体行为和团体效率的影响，莱温和他的同事们于1939年以十一二岁的男性学生为对象进行了实验研究。他们将学生分为三组，让这些学生从事假面具的制作活动，轮流采用三种不同的领导风格对他们进行管理。实验结果表明：在民主型领导下，团体工作效率最高，对工作比较满意；在专制型领导下，团队的工作效率比较高，但成员间的人际关系很差；在放任型领导下，人际关系固然不错，但工作效率最低，数量与质量都非常差，而且对领导者并不满意。

（2）领导行为的维度理论

美国俄亥俄州立大学的亨普希尔（Hemphil）和孔斯（Kongs）在对领导者行为的研究中，提出了领导行为的九个维度，分别是：①主动，指提出新的构想或创新，以领导者激励、助长或抵制新观念和新措施的行为次数为指标。②成员身份，指领导者与团体成员的非正式交往以及互相服务的次数。③代表，指领导者维护团体免受外来攻击，推动团体的共同兴趣及代表本团体的频率。④整合，指领导者控制个别成员的行为，营造愉快的团体气氛，消除成员之间的冲突，或协助个别成员适应团体等行为的表现次数。⑤组织，指领导者规定和分配他自己和其他成员的工作。⑥管辖，指约束或限制团体或部下的行为。⑦信息沟通，指领导者提供信息给下属成员，并从他们那里获得信息，推动成员之间的信息交流，或表示他熟悉关于团体的各种事件。⑧认可，指领导者表示同意或不同意团体成员的行为。⑨生产，指领导者设定成就标准或努力标准，或者鼓励下属成员更努力提高成就标准。

（3）领导方格理论

领导方格理论（Leadership Grid，亦被称为管理方格）由分别来自俄亥俄州立大学和密歇根大学的Robert Blake和Jane Mouton创立。他们将领导定位划分为两个维度：对生产的关注和对人的关注。领导方格图描述了五种主要的领导风格。它在横轴上将“对生产的关心程度”分成9格，在纵轴上将“对他人的关心程度”也分成9格（见图1–4）。领导方格图将领导者的领导行为框定了一个范围，在该范围里以任务为导向的领导行为和以人为导向的领导行为可以相互作用。

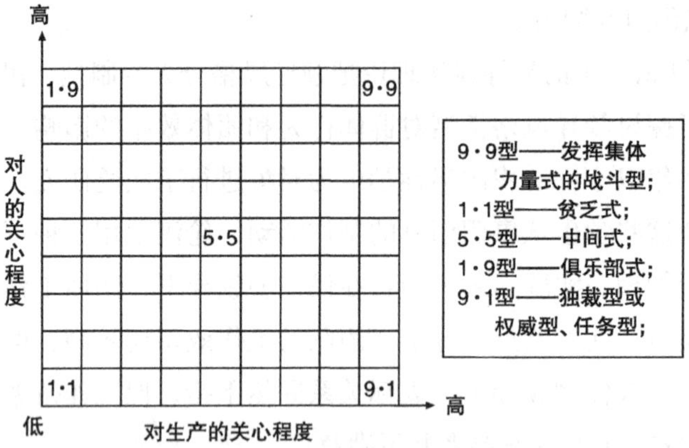

图1–4　领导方格理论

1.1型——贫乏管理型领导对业绩和对人的关心都少；9.1型——任务管理型领导对业绩关心多，控制并统治他人的欲望特别强烈；5.5型——中间式领导者对人的关心和对工作的关心保持中间状态，只求维持一般的工作效率与士气；1.9型——乡村俱乐部管理型领导重视下级的态度和情感，对下级关怀备至；9.9型——团队管理型领导对人和工作都很关心，能使员工和生产两个方面最理想、最有效地结合起来。这种领导方式要求创造出这样一种管理状况：职工能了解组织的目标并关心其结果，从而自我控制，自我指挥，充分发挥生产积极性，为实现组织的目标而努力工作。

3. 领导的权变理论

到20世纪60年代，很多学者认识到要找一个适合于任何组织、任何性质的工作和任务、任何对象的固定的领导人格特质、领导风格类型或领导行为方式都是不现实的，因为领导的有效性是由领导者、被领导者及其环境因素等共同决定的，要根据具体情况来确定领导方式。这种观点被称为权变理论或情境理论，具有代表性的有菲德勒模型、路径—目标理论、领导成员交换理论、领导者参与模型等。

1）菲德勒模型

心理学家菲德勒（Fred E.Fiedler）在1962年提出了“有效领导者的权变模式”，通常被称为菲德勒模式。菲德勒认为，领导风格是影响领导效果的关键因素之一。每个领导者的领导风格是由他的人格特性所决定的，这种人格特性是相对稳定的。菲德勒开发了一种工具，叫作“最难共事者问卷”

（least preferred co-worker questionnaire，LPC），用以确定个体是任务导向型还是关系导向型。另外，菲德勒还指出，一个领导者的领导能力如何，除了取决于他本人的领导形态以外，还取决于他所处情境的顺利程度。他发现，影响领导的情境因素有三个：①领导者与被领导者的关系，即领导者受其团体成员所喜爱和信任的程度；②任务结构，即工作任务结构是否明确；③职位权力，即领导者拥有法定权力的强弱。领导的有效性完全取决于是否与所处环境相适应。

2）路径—目标理论

该理论是1971年由加拿大多伦多大学教授豪斯（Haus）提出的。路径—目标理论是动机期望理论的发展。动机期望理论认为，一个人被激励的过程受效价（目标价值）和期望值（对实现目标可行性的估计）的影响。根据这种观点，路径—目标理论认为，一个领导者要想激励部下，必须解决问题：一是使部下认识到实现目标后所能获得的利益；二是提高部下对实现目标可能性的认识；三是要使部下在工作中得到满足，以刺激他们的工作动机。为了实现上述目标，需要根据部下的状况和环境采取不同的领导方式。部下的状况，主要指部下的人格特性，包括能力、经验、需要等；环境因素，包括任务的结构性质、组织的权力系统和工作群体等。

（三）西方企业家理论

1. 马歇尔企业家理论

“企业家”一词最早出现在16世纪早期的法语中，原意指领导军事远征军的人，后来泛指从事冒险活动的人。1755年法国经济学家坎蒂隆将其引入经济学理论，在《商业性质概论》中多次使用了“Entrepreneur”这一术语，将从事经济行为的人称为企业家。

马歇尔是最早把企业家作为独立生产要素、从分析管理者收入的角度对企业家进行研究的。认为企业家“是那些把企业的风险和管理看成自己在组织工业工作中应尽本分的人，他们冒着或承担营业的风险，集合所需要的生产要素……是以自己的创造力、洞察力和统帅力，发现和消除市场的不均衡，创造交易机会和效用，给生产过程指出方向，使生产要素组织化的人”。

马歇尔的企业家理论概括了企业家的职能，认为企业家是企业生产经营的指挥者和风险承担者，不承担风险的人不能称之为企业家，强调了企业家必须实际经营企业并拥有企业所有权，将创业作为企业家的基础。

2. 熊彼特企业家理论

熊彼特发展是资本主义体系固有的自然性现象。这一发展现象是以破坏经济循环惯性轨道的形式表现出来的，是经济体系内部力量作用的结果，这种力量就是企业家的创新行为。其理论核心是：企业家是创新的主体，创新是经济发展的发动机。

熊彼特企业家理论的主要内容可以概括为：企业家为追求利润目标实现创新的新组合，打破经济均衡状态获取超额利润，于是重点追随者或模仿者相互竞争使得利润机会逐渐丧失，从而再度恢复到均衡状态。这种率先实现创新新组合的企业家作为打破均衡的创造性破坏者才能推动经济发展。

熊彼特认为，对企业家从事“创新性的破坏”工作的动机，固然是以挖掘潜在利润为直接目的，但不一定出自个人发财致富的欲望。他指出，企业家与只想赚钱的普通商人或投机者不同，个人致富充其量仅是他部分目的，而最突出的动机来源于“个人实现”的心理，即“企业家精神”。熊彼特认为“企业家精神”包括：建立私人王国、对胜利的热情、创造的喜悦、坚强的意志。

3. 科斯纳企业家理论

科斯纳从信息不完全角度出发，认为企业家的作用在于：从确认现实经济中不能完全掌握所有交易情报这一事实出发，企业家必须迅速发现对买卖双方都有利的交易机会，并作为中间人参与其间，促进交易的实现，因此他指出：以深刻而敏锐的洞察力去发现时机，才是企业家精神的本质。

科斯纳认为，市场是资源所有者、生产者和消费者的决策相互作用的场所，市场机制的作用在于达到均衡的过程中。修正和改善市场中相互作用的各种决策的市场过程，是各个经济主体在信息不完全的情况下，通过加入市场，获得新信息，而使其决策得以修正，信息的不完全会造成参与市场活动的行为主体之间交易条件的不协调，企业家则可使这些不协调因素在一定程度上消除。

企业家的决策不仅要求他具有单纯的计算能力，而且要求他具有能够发现潜在的更有价值的目的和手段的才能。企业家行为的本质就是及时发现在投入和产出的相对关系中潜在的更有价值的机会，并充分利用这一机会。

4. 奈特企业家理论

奈特将企业经营中的不确定性风险分为两种：一种是可能推测的不确定性风险，叫作风险，是可以通过保险来抵消的；另一种是不可能测定的不确定性，叫作（真正的）不确定性，是不能保险的。他认为，不确定性才是说明利润这一不均衡状态中特有的收入概念，企业家作用的意义和企业组织出现的根据。

奈特认为一个人可以通过三种途径成为企业家：①他拥有可以保证支付各种生产要素的合同收入能力，这是业主式企业家；②他不具有充分的保证能力，需要克服他人与自己共同拥有保证支付合同收入的能力，这就是合伙式企业家；③发起人在组织中发现了他的才能，把他置于企业家的位置，这就是公司式企业家。企业家一方面从事日常经营，所以获得相当于工资的报酬；另一方面又要对所作出决策的后果负责，所以获得总收益减去合同收入后的剩余收入。

以上奈特的企业家理论可归结为：第一，把企业家的作用与处理不可靠因素的能力相结合；第二，为发挥这一能力，必须具有对各生产服务合同收入的保证能力；第三，一方面通过洞察他人能力的能力，另一方面通过让他人相信自己有能力的能力；第四，所谓处理不可靠因素的能力，只能是依赖于对将来形势的“预测”，企业所获利润的大小，有可能受企业家刚毅或懦弱的这种气质程度左右。

第二节　中国的企业家理论

一、中国企业家成长环境分析

（一）宏观环境分析

1. 政治环境

中国政治体系由中国共产党组织、国家机关以及人民政协组成。

中国共产党是中国唯一的执政党，这既是由《中华人民共和国宪法》所规定的，也是由中国特殊的历史发展环境所决定的。坚持党的领导是中国社会主义事业兴旺发达的根本保障。

中国的国家机关包括人民代表大会与政府机构两大部分。全国人民代表大会制度是中国的根本政治制度，在全国人民代表大会闭会期间，由全国人大常委会执行其职权。国务院是中国的中央人民政府机构，这种中央集权的政府管理体制确立于中华人民共和国成立之初，省（直辖市、自治区）、市（自治州）、县（市、区、旗）、乡（镇）是地方政府组织形式。

人民政协是中国最大的政治联盟，主要履行政治协商、民主监督和统一战线等职能。中国共产党领导的多党合作和政治协商制度是中国的基本政治制度，人民政协及八个民主党派、宗教团体等在党的领导下积极开展加强团结、政治协商和民主监督等职能。

民族区域自治制度是富有中国特色政治体制的主要组成部分。这是立足于中国多民族现状，旨在促进各民族发展，维护各民族权益的科学制度，也是新中国民族制度的最大亮点。中国的民族自治制度是世界上实施最成功的制度，为国家的稳定发展起到了重要的保障和促进作用。

中国各族人民在中国共产党的领导下，能够历经重重困难险阻，取得社会主义现代化建设的伟大成就，在实现中华民族伟大复兴的进程中不断披荆斩棘、砥砺前行，很大程度上得益于中国的政治制度。

这种政治制度使中国取得政治环境和谐稳定、全国人民精诚团结、社会快速发展、文明程度不断提升的举世瞩目的伟大成就，为各项社会主义事业的发展奠定了坚实的政治基础。这其中就包含企业家良好成长环境的塑造。

改革开放以来，中国在邓小平中国特色社会主义理论、江泽民“三个代表”思想、胡锦涛科学发展观的引领，尤其是在习近平新时代中国特色社会主义思想的带领下，中国政治环境进一步和谐稳定发展，综合国力不断增强，国际竞争力不断提升，已成为吸引国际投资的最佳环境之一，为中国特色社会主义的发展提供了重要的政治保障。

2. 经济环境

中国的经济环境就是经济体制、经济政策及其执行结果的总体状态。

1978年12月中共十一届三中全会之后，在新的历史条件下，实行改革开放。于1984年中共十二届三中全会提出发展有计划的商品经济，1992年中共十四大提出发展社会主义市场经济。

中国的社会主义市场经济是通过计划和市场两种手段实现社会资源合理配置、收入分配平等的经济运动形态。中国的市场经济是同社会主义制度结合在一起的，因此，它必然具有以下一些基本特征。

首先，在所有制结构上，以公有制为主体，多种所有制经济共同发展。在社会主义条件下，公有制经济不仅包括国有经济和集体经济，还包括混合所有制经济中的国有成分和集体成分，而且公有制形式具有多样化的特征，一切反映社会化大生产规律的经营方式都可以大胆利用。

其次，在分配制度上，实行以按劳分配为主体，多种分配方式并存的制度，把按劳分配和按生产要素分配结合起来，坚持效率优先，兼顾公平，有利于优化资源配置，促进经济发展，保持社会稳定。在社会主义条件下，通过运用包括市场在内的各种调节手段，既可以鼓励先进，合理拉开收入差距，兼顾公平与效率，又可以对过高的收入进行调节，防止两极分化，逐步实现共同富裕。

最后，在宏观调控上，把人民的眼前利益与长远利益、局部利益和全局利益结合起来，更好地发挥计划和市场两种手段的长处。

同时中国的社会主义市场经济体制具有如下特征。

第一，市场经济是自主经济。市场主体不管是人还是企业，必须具有独立的产权，有独立的经济利益，是自主经营、自负盈亏、自我约束、自我发展的商品生产者或经营者。

第二，市场经济是平等经济。在价值规律的作用下，商品交换只能在等价的基础上进行。

第三，市场经济是竞争经济。由于商品的价值取决于社会必要劳动时间，商品生产者都力图使单位产品的个别劳动时间低于社会必要劳动时间，因而必然存在竞争。

第四，市场经济是效益经济。市场经济是以营利为目的的经济。

第五，市场经济是服务经济。商品只有满足他人和社会的需要才能实现其使用价值，商品生产者只有为他人和社会更好地服务才能获得更大的利益。

第六，市场经济是网络经济。为使生产要素有来路，产品有销路，必须发展横向联系；为求得自上而下的指导、协调、规划和监督，必须发展纵向经济。

第七，市场经济是开放经济。市场经济是没有边界的，它反对任何形式的边界封锁、部门分割和非关税贸易壁垒。市场要对国内开放，也对国外开放。

第八，市场经济是动态经济。竞争机制支配企业行为使市场处于非平衡状态，生产要素在竞争中流动又可产生平衡的倾向。

在经济政策上中国一直处在不断的改革进程中，往往会把实施效果好的政策予以法律化，以期不断优化宏观政策调控体系。稳健的货币政策和财政政策，加大基础设施投资，以政府投资引导经济发展已成为中国改革开放成功实践的标杆性成就。

各地方政府尤其是各种层级的经济开发区大多会出台一系列优惠程度更大的政策，以期大量引进资金，加快当地经济社会发展，也取得了巨大的成绩。同时也出现了一些问题，但都在不断纠正中进行了优化和改进。

中国长期高于8%的经济增长速度使美国日益感受到世界第二大经济体的压力，特朗普主政美国以来，不断加大对中国的围堵打压力度，贸易战使中美双方都遭受损失。2020年新冠肺炎疫情暴发，以人为本的防疫政策使中国经济付出了十分沉重的代价。2020年第二季度GDP仅有0.4%的涨幅，意味着中国高速增长时代的结束。全球供应链的重新整合与加强、产业结构的优化调整、就业压力与人口红利减少的背景，都使得中国经济发展速度被迫减缓。这种环境的巨大变化，对中国企业家群体提出了新的更大的挑战。

卢桑斯（Luthans）等人在2000年提出政治经济环境对企业家成长的影响首先体现在国家的政治结构体系及其采取的经济体制上。在高度集权的中央计划经济体制下，国家（或政府）控制着几乎全部的企业和资源，企业无可利用资源，一国的经济发展水平越低，其政府控制经济的倾向就越大。随着计划经济体制逐步转向市场经济体制，国家逐步放开对资源的控制，社会政治经济环境的改善有利于企业家的成长。以中国为例，自改革开放以来，民营经济的快速发展及企业家的大量涌现，与政企分开、放开对资源的控制与退出相关产业等宏观政治经济环境的改变有着很大的关联。

其次，政府的基本制度安排、经济扶持政策以及政府宏观经济政策也影响着企业家的成长。从计划经济向市场经济的转型并不必然导致经济的持续增长。科勒德克（Grzegorz Kolodko）在2000年分析了东欧和苏联国家等转型经济体的经济形势后认为，这些国家经济形势并没有因经济的转型而得到好转，其主要原因是采用了不符合本国国情的经济政策，疏忽了必要的制度安排。他认为，经济能够成功转型的国家不仅关注国有资产的剥离，而且也注重企业家创业的发展，特别是小企业的发展；中小企业的发展是经济转型成功的国家能持续快速发展的关键所在。因而，仅仅依靠稳定的自由化经济政策是不够的，政府需要实行一些合适的制度安排并建立相应的法律体系。基于这些认识，他建议政府应围绕产权制度改革、基础制度安排（包括联合权、特殊的融资工具和渠道、政府金融政策支持、政府补贴以及其他相关支持政策）等方面，促进企业家的成长和中小企业的发展。

3. 社会文化环境

社会文化环境一般指社会结构、人口构成、阶层演变、文化传统与发展创新等方面。

（1）社会环境

从历史来看，中国一直有南方与北方的明显区别，但改革开放以来，北方与南方的差异渐渐被东部与中西部的较大差异所取代。东部沿海地区凭借地缘优势取得更快的发展，使得人们的观念与行为方式不断灵活创新，与中部、西部相比呈现出了更多的不同。同时，经过改革开放40多年的重大调整，日益呈现出固化态势。虽然没有人数众多的中产阶层出现，但中等收入者占据更多的人口资源，高收入群体占据了更多的竞争优势和有利资源，使低收入者增加收入的途径与方式逐渐受到限制。

工业化发展造就了城市化的迅速发展，大量人口涌进城市，使城市基础设施建设和整体管理水平面临着严峻的考验。但各地都经受住了这种考验，使各级地方政府的城市化管理水平得到很大程度提升。但也造成了房地产泡沫的出现，大量的资金堆积在房地产领域，大量的剩余房产积压了大量资金，使得流动资金一直处在紧张状态。

14亿人口的发展中国家在其现代化进程中会不断面临很多社会化问题。现代化建设需要大量专业人才，促成了中国高校的快速发展，每年上千万大专院校毕业生涌向社会也造成了巨大的就业压力。中国各地都无可避免地承受着现代化进程中的剧痛，探索着改革发展之路。

随着中老年人口的增加，我国也面临着越来越严重的老龄化社会的压力。退休人口大量增加，使社会保障体系承受着更大的压力。社会保障制度改革不得不放缓进程，以换取社会改革的稳步推进。延迟退休政策在社保资金增幅不断上涨和就业压力不断加大的双重压力下迟迟不能落地，党政机关和事业单位与国企、民企的养老金差距调整面临着社会稳定的巨大压力，不得不在重重矛盾中求得平衡。垄断型国企与其他国企、国企与民企的养老金差距在逐步缩小，但改革的进程不得不放缓，力度不得不减弱，以取得社会利益的平衡。

始发于2020年的新冠疫情对第三产业带来了一场冲击，酒店、旅游、餐饮、交通等行业面临着紧缩的剧痛，使得经济结构调整的进程和成效都受到了重大影响。二胎、三胎政策放开后，短期内没有产生根本性的改变，这种政策效应的滞后性，使得未来的人力资源结构充满了不确定性。教育产业化与资本的融合，严重削弱了社会公正公平。

（2）文化环境

中国文化的主流是以为人民服务为核心的党政文化，社会主义核心价值观是主流价值观。首先，它倡导“富强、民主、文明、和谐”是立足于社会主义核心价值观的国家制度层面；其次，它倡导“自由、平等、公正、法治”是立足于社会主义核心价值观的社会集体层面；最后，它倡导“爱国、敬业、诚信、友善”是立足于社会主义核心价值观的公民个人层面。社会主义核心价值观的这三个基本层次是有机联系、内在统一的，集中体现了国家、集体和个人在价值目标上的统一，体现了国家目标、社会导向和个人行为准则的统一，是马克思主义价值理论中国化的最新成果。

中国在价值观领域提倡核心价值观的统领作用，也提出多元化的价值观体系，用“一元主导多元，多元丰富一元”实现思想观念的丰富多彩和创新。

中国有五千年文明史，在漫长的历史进程中形成了自己独有的文化传统，儒释道结合，儒家的入世文化，佛教的善念轮回，道家的崇尚自然、尊重规律，都对历史和现实产生了普遍而重大的影响。各种风俗习惯、审美标准都在这些文化观念的影响下演变发展、淘汰更新。

中国倡导宗教合法而自由的活动，基督教、天主教、伊斯兰教都在中国有不少信众。各宗教团体和谐互助，互动发展，形成了丰富的文化土壤。

中国传统节日众多，把重大传统节日设定为法定节假日后，使得传统文化中的积极成分弘扬光大，使得积极的文化传统成为促进社会稳定的重要影响力量。在传统文化影响下形成的风俗习惯在一定程度上丰富了人们的文化生活，有利于塑造健康的人格。

信息时代网络言论的泛滥，促进了信息技术的快速发展，但也导致了信息监管的困难。因此在文化建设中必须重视对网络文化的监管，使其健康发展。

在2019年中国企业家成长与发展专题调查报告中显示，社会规范、风俗习惯、行为自由等因素会影响企业家的创新精神、学习精神、敬业精神和责任精神。蔡宁等也提出良好的社会文化环境可推动技术创新和制度创新，从而极大地促进高新技术产业，例如硅谷的诞生。硅谷的成功经验表明，企业家创业活动离不开鼓励冒险、容忍失败、崇尚竞争、平等开放、讲究合作和以人为本的良好文化环境。正是在这种文化环境下，硅谷凝聚了一大批富有企业家精神的创新人才，推动了技术创新和制度创新的优势结合，从而极大地促进了高新技术产业化，推动了新经济的诞生。

中国长期以来的文化思想以儒家思想为主，故“中庸”观点与企业的生存环境背道而驰，保守思想也不利于企业家的冒险精神。企业家应该生存在竞争与合作的环境下，其创新创业活动离不开敢于冒险、鼓励创新、容忍失败、平等共享、讲究共赢和以人为本的良好文化环境。

4. 法律环境

市场经济本质上就是法治经济，企业家创业过程中的每一个环节都有赖于健全的法律体系的保障。在法律混乱的环境中，企业家行为更多地体现为非生产性行为，而不是生产性行为。那么，从某种程度上讲，健全的法律制度能促使企业家做出生产性行为，并抑制非生产性行为，从而促进企业家的成长。

法律环境是指社会法治系统及其运行状态，主要包括法律规范、司法执行与法律意识三大部分。中国已经建立了较为完善的市场经济法律体系，中央政府和各级地方政府也出台了一系列法规，可以说，构建法治社会的基本规范体系这项巨大工程已经完成。

中国的执法机构由检察院、法院等机构构成。政府系统设置了司法部、厅、局等系统予以配合和协调。人大作为权力机关履行着有效的监督领导职能。各级司法机构都在党的坚强领导下开展了卓有成效的工作，使我国的法制化进程大大推进，全民的法律意识大大增强。随着反腐败工作的不断推进，法律意识的强化、法治社会规范程度的提高都在有序进行，而且信息技术也为法治社会、诚信社会的建设提供了有力的技术手段保障。

企业家产权作为企业家最为关心的一项制度安排，它是影响企业家创业的最重要因素，因而成为许多学者研究的重点。国内也有学者将完善企业家产权视为搞好国有企业改革和促进我国企业家成长的重要措施。丁栋虹（2000）认为，企业家产权分离是我国国有企业企业家行为失范的基本原因；我国的国有经济改革在一定程度上陷入了企业成长的困境，其原因也正是未能建立起有效的国有企业企业家所有权制度——在西方企业家产权制度不断升级和我国历史上企业家所有权制度供给严重不足的背景下，我国国有企业的现实改革却呈现出使企业家产权分离的基本状况：企业家仅仅拥有经营权（二级产权），而不拥有所有权（一级产权）。在此状况下，国有企业的改革是在非企业家主导下实现的，这种改革主导模式并不能充分满足企业家自身成长对所有权的要求。在企业家主权利（指财产支配权，国有企业企业家所拥有的经营权仅仅是从属于主权利的一种附属权利）和剩余索取权双缺的情况下，国有企业企业家的成长缺乏必要的动力源，从而导致国有企业得不到充分的改革。

杨瑞龙（2002）深入分析了我国企业家形成机制的缺陷，认为不完善的激励和约束机制是导致我国企业家不能健康成长的原因所在。对此，他建议应从所有制结构调整（主要解决国有资本有进有退，有所为有所不为的问题）和公司治理机制创新（合理分配控制权和剩余索取权）两方面深化国有企业的产权制度改革。

5. 科学技术环境

科技环境主要包括社会科技水平、社会科技力量、国家科技体制、国家科技力量和科技立法等方面。其中社会科技水平是科技环境的首要因素，它包括科技研究的领域、科技研究成果门类分布及先进程度、科技成果的推广与应用三个方面。进入21世纪以来我国科技迅猛发展，取得了举世瞩目的巨大成就。科学研究遍布各个领域，不少领域已居于世界领先地位。在航天航空、5G等领域的突破已经受到美国的空前打压。因此我们必须看到，我国与发达国家尤其是美日德法等国的科技差距还是十分明显，芯片的卡脖子事件，给中国科技发展提出了更高的要求，我们必须奋起直追，不断攻克各种核心技术，加强各种攻关力量，争取全面领先。

社会科技力量是一个国家或地区的科技研究与开发的实力。我国的社会科技力量主要由中科院系统、中国社科院系统、众多高校和农科院、林科院等专业研究机构和企业研究中心等组成，体系庞大，构成复杂，既有国家级、省级，也有市级、县级、区级研究机构。近年来企业研发力量大大增强，已成为社会科技力量的重要组成部分，如华为、中兴等。

科技体制是一个国家科技系统的结构、运行方式及其与国民经济其他部门关系的总称。主要包括科技事业与科技人员的社会地位、会计机构的设置原则和运行方式、科技管理制度、科技成果推广途径等。国家的科技部、各省（市、区）的科技厅、市级的科技局和县级的科技局是科技管理的政府职能部门，承担科技发展政策制定、法规拟定、科技力量组织管理与成果推广等主要职能。科技协会是其组织社会力量、规范科技管理的主要依靠力量。

科技部指导管理的国家自然科学基金委和社会科学基金委是中国最权威的科技立项和资金管理机构。中央宣传部和各省的宣传部设置社会科学规划办公室负责社会科学类项目的立项与资金管理。国家科技部及各省的科技厅承担自然科学项目、软科学的立项与资金管理职能。

科技决定着社会的发展速度与质量。中国正进入数字化经济时代，随着互联网技术及共享经济的普及，高新技术产业不断扩展，刺激企业家不断创新创业。与此同时，传统的雇佣模式也发生了变化，灵活就业方式也越来越多，“零工经济”通过在线平台呈现就业灵活，不受时间地点限制，去组织化等工作特点。自2020年新冠肺炎疫情期间，许多企业利用互联网技术实现“云课堂”“云办公”等新方式为学生、企业员工提供便利，这也促使大部分企业家将未来的研究方向更多地放在了网络经济上。近年来随着科技的高速发展，人工智能已逐步从科幻走向现实，目前应用最为广泛的便是智能机器人与无人机。对企业来说，不仅可以提高供应链的灵活性，加快生产流程，也可以降低运营成本。

（二）中观（行业）环境分析

美国管理学家波特于1980年出版了“三部曲”当中的第一部——竞争战略》（*Competitive Strategy：Techniques for Analyzing Industries and Competitors*），系统全面地提出了五力模型，对产业结构、产业环境、产业发展和战略决策提出了自己的一整套观点。此后，波特在战略管理领域声名鹊起，甚至掀起了世界各地的企业、产业的竞争战略研究热潮，所提出的五力模型理论是我们分析企业行业环境的科学理论，也是目前为止最为合理有效的理论。波特五力模型将大量不同的因素汇集在一个简便的模型中，以此分析一个行业的基本竞争态势。五种力量模型确定了竞争的五种主要来源，即供应商和购买者的讨价还价能力，潜在进入者的威胁，替代品的威胁以及最后一点，来自在同一行业的公司间的竞争。

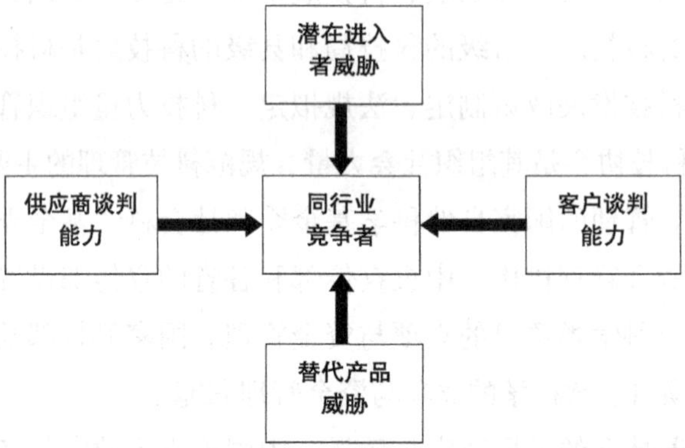

图1–5　波特五力模型

竞争战略从一定意义上讲是源于企业对决定产业吸引力的竞争规律的深刻理解。任何产业，无论是国内的还是国际的，无论是生产产品的还是提供服务的，竞争规律都将体现在这五种竞争的作用力上。因此，波特五力模型是企业制定竞争战略时经常利用的战略分析工具。

不论企业处在哪个行业，五力模型都是其行业分析的有效手段，五种基本力量的对比分析都是确立企业竞争战略的基本途径。

从企业层面来讲，企业在自我成长中要面临诸多挑战与风险，为适应这复杂多变的环境，企业之间必须相互扶持，共同进步，形成良性合作与竞争，以实现企业的健康、可持续发展。

（三）企业微观（内部）环境分析

企业内部环境可以通过企业发展历史、现状、产品结构、整体经营状况等角度分析。本书基于企业家成长视角，将从以下方面进行分析：

1. 企业成长阶段分析

处在不同的发展阶段，就应该采取不同的发展战略。因此内部环境分析首先要进行成长阶段分析，以制定与企业发展阶段相适应的战略。许多学者对企业成长阶段做出了很多研究，著名的研究包括斯坦梅茨的四阶段模型、格雷纳的五阶段模型、丘吉尔和刘易斯的五阶段模型等。根据哈佛大学拉瑞·格瑞纳的企业成长阶段模型，企业在创业阶段、集体化阶段、规范化阶段、精细化阶段和合作阶段，其管理的侧重点都不相同，组织结构与管理模式也相差很大。

2. 企业历史分析

企业历史分析就是将组织的资源状况与以往各年相比较，找到变化和差异。虽不能反映企业的相对资源状况和能力，但有益于企业正确认识自身的变化及对未来可能的预测。主要包括行业历史分析、财务历史分析、人力资源历史分析、产品历史分析、质量管理历史分析、客户历史分析等方面。

3. 企业资源与核心能力分析

企业资源现状和变化趋势是制定总体战略和经营领域选择的最根本的制约条件。

第一，企业资源分为有形资源、无形资源和人力资源；其中无形资源是企业不能在市场上直接获得、不能用货币直接度量，也不能转化为货币资源的经营资产，包含技术资源、信誉资源、文化资源和商标等。

第二，企业能力分析主要涉及资源能力、生产能力、营销能力、研发能力、核心能力等方面。

4. 价值链分析

价值链模型是指由迈克尔·波特提出的“价值链分析法”（Michael

Porter’s Value Chain Model），把企业内外价值增加的活动分为基本活动和支持性活动，基本活动涉及企业生产、销售、进料后勤、发货后勤、售后服务。支持性活动涉及人事、财务、计划、研究与开发、采购等，基本活动和支持性活动构成了企业的价值链。

为了评价企业能力，波特把企业的生产经营活动分为基本活动和支持性活动。其中基本活动包括内部后勤、生产运营、外部后勤、市场营销、商务支持和顾客服务等；支持性活动包括财务、信息、法律服务等基础性活动，研发、设计等技术性活动和人力资源管理与开发等。

5. 企业的核心驱动力

核心驱动力被称为企业的战略发动机和DNA，使得企业能够形成特色鲜明的战略。企业业务的某个部分是战略的驱动力，该驱动力反过来影响管理者在考虑企业产品结构、客户、行业细分和市场地理位置和竞争地位时如何做出决定。

一般来讲，企业的核心驱动力分为：产品导向的驱动力、用户或客户导向的驱动力、市场导向的驱动力、技术导向的驱动力、营销导向的驱动力、物流导向的驱动力、自然资源导向的驱动力、规模或增长导向的驱动力、利润导向的驱动力等。

企业可以为员工创造积极向上、合作共进的工作环境，在工作中实现自我价值，在生活中关照员工及其家属，在情感上关心员工所想，对员工尊重理解，通过企业文化教育及引导培养员工之间互帮互助，优势互补，对企业产生认同感和忠诚感，让员工产生归属感。这不仅有利于企业家与员工的共存与发展，减少矛盾和冲突，促进社会的和谐健康发展，而且有利于提升企业家精神，催生出更多的优秀企业家，也能促进企业的持续健康发展。

从企业家层面来讲，优秀的企业家应该具有高瞻远瞩的战略眼光，又应有脚踏实地的务实态度。不求近功，不安小就。企业家能够勇于承担风险，具有灵敏的应对能力，以积极主动的态度带领企业接受各种前所未有的严峻挑战。企业家应该不断强化自身的素质与能力，放大格局；更加善于思考，终身学习；更加尊重员工，理解他人；更加重视创新，追求可持续发展；更加具有社会责任意识，回馈社会。

企业家是一个群体，可以进行互动，相互学习，积累经验，形成共同的价值观念的发展目标，可以利用关系网络交换或获得信息与资源。企业家从事企业活动所必需的成长资源主要是人、财、物和信息等，当企业家的成长资源即人才、资金、知识、技术等越丰富，企业家的成长性越强。与此同时，企业家的资源整合能力及关系拓展能力越强，企业家的成长性研究就越强。

二、理论基础

（一）企业家理论

康替龙是企业家理论的先驱，自康替龙提出企业家的概念以来，企业家理论发展至今已有近300年的历史，历经古典企业家理论、新古典企业家理论到现代企业家理论的演变，学者们对企业家的关注由企业家本质、企业家特征逐步扩展到企业家经营方式、企业家精神、市场及环境等方面。

随着企业模式与市场环境的不断复杂，企业资本结构和治理结构及企业性质问题成为新的研究热点，相应的契约理论和激励理论也基于企业家理论发展起来。在不同的历史时期，由于市场环境以及人们认识的不同，学者们对企业家的界定有着很大的差异，至今“企业家”这一概念在学术界并未建立起统一的观点。马克思的企业家理论偏向于将企业家看作资本家，认为企业家是资本的人格化、企业的真正权威和精通业务的经营者，但在市场经济环境下，将企业家与资本家混为一谈显然无法体现企业家在企业中所发挥的核心作用，具有很大的局限性；经济学界对企业家的界定大多为“企业经营者”“管理者”或“企业所有者”，但这些观点提出时存在“企业所有者”同时为企业“经营者”或“管理者”的现状，随着代理理论的出现，很多大型企业经营权与所有权分离，对以往的这种认知提出了很大的挑战。

张维迎在《企业的企业家：契约理论》中认为“如果一个资本所有者选择亲自从事经营活动，他即成为一个企业家；如果换一种方式，他挑选另外一个代理人去经营，后者成为一名管理者，而他则成为一名证券持有人。在后一种情况下，他们成为联体企业家。一个股份公司的特征是对企业家身份的分解”。基于当前中国企业发展现状，这种界定更为恰当，因此本文对企业家的选取采取张维迎教授的观点界定企业家身份。不同学者对企业家理论的诸多研究中从不同角度探究了企业家必备的各项素质情况，本文对以往学者所关注的各项素质进行整理归纳，作为中国企业家素质指标的来源之一。

（二）亚企业家理论

亚企业家是指拥有部分或全部企业家素质能力，但没有被社会认可，仍处于企业家潜能阶段的企业经营管理者。亚企业家外延是指企业家素质能力介于一般劳动者与企业家之间的、分布于企业经营管理各个层次的经理人员或中小企业主，而企业家基本上为大中型企业的经营者或控股者。因此亚企业家的数量远多于企业家，亚企业家在向企业家方向发展过程中，形成层次递增的亚企业家群，但最终只有极少数人成为企业家。亚企业家群体的存在具有极其重要的意义，他们不仅是社会经济发展的重要推动力，而且是我国社会主义市场经济条件下，中产阶层形成的基础群体和共同富裕实现的主要力量。

亚企业家群体主要由三类人构成：第一类人是拥有企业家素质能力，但其素质能力没有被社会所认可的企业经营管理者。具体为一些大中型企业的董事长、CEO或有些公司的副职（如我国的二级企业）。第二类人是拥有一定的企业家素质能力，其素质能力没有被社会所认可的中小企业主。这些中小企业主构成最具强烈成为显性企业家愿望的群体，创新、创业、冒险是他们的特性。第三类人是拥有部分企业家素质能力，其素质能力没有被社会所认可的、分布于企业经营管理各个层次的经理人员。这类人可能分化为三部分：自己出来创业，而转化为企业家；安于现有岗位或等待升迁；因自己知识“老化”，或经营管理方式“陈旧”，而退缩至一般劳动者行列。

亚企业家是中产阶层的主要组成部分，亚企业家群体的规模决定了中产阶层群体的规模，中小企业主、企业中各层次的经理人员就是亚企业家概念的外延，亚企业家是社会经济发展的推动力，是推动社会经济发展的主力军。因而，亚企业家群体是整个社会私人品的主要提供者，中等收入者比重的增加只有依赖于亚企业家群体的壮大，亚企业家自然成为中产阶层的最主要组成部分。

（三）素质模型理论

素质模型是指个体胜任某一角色或职位所应具备的各项素质的集合。素质模型的诞生源于麦克利兰博士对不同行业胜任素质的研究，他建立了包含286项（共计760种行为）涵盖各行业胜任素质情况的素质模型数据库，并将其中各行业普遍存在的360种行为进行归纳总结。整合为21项胜任素质，构成胜任素质辞典。胜任素质辞典的21项素质分为管理族、认知族、自我概念族、影响力族、目标与行动族、帮助与服务族六个具体素质族，能够解释各行业领域80%以上的行为及结果，具有较高的代表性。胜任辞典的21项素质是本文素质指标体系设计的重要参考。

1. 冰山模型理论

“冰山模型”理论将个体的胜任素质划分为“水面上下两部分”，其中“水面以上”部分包括个体基本知识与技能，这类素质易于测量，可以通过考核直接获取直观数据，获知其素质水平，且可以通过学习培训活动进行提升；“水面以下”部分包括角色定位、价值观、自我认知、品质和动机，这些素质犹如隐藏在水中的冰山基座，不易观察与培养，但对个体的行为、表现及综合素质水平有着重要影响。

2. 洋葱模型理论

洋葱模型是由博亚特兹在素质模型理论的基础上对冰山模型的进一步演变，洋葱因形如洋葱而得名，每一层代表一种素质情况，由内到外依次为动机和特质，自我形象和社会角色，知识和技能，其中动机和特质是最为核心的素质，由内向外各项素质被观测和培养的难度逐次降低，越靠近外层，越容易通过学习培训活动进行提升。

图1-6　冰山模型

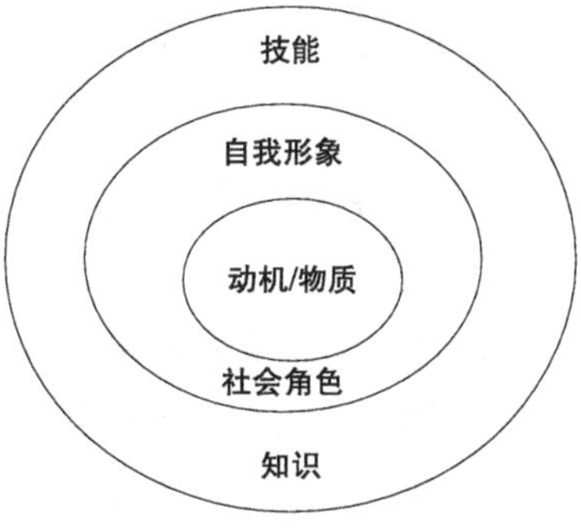

图1-7　洋葱模型

冰山模型理论和洋葱模型理论对素质的可观测性和培养难度进行了分类，个体所具备的各项素质并不都是通过简单的直接学习或培训就可以快速提升的。本文构建回归模型探究对企业家影响较深的素质情况，针对这些素质的提升对现实中企业家成长中存在的问题提出改进意见，基于冰山模型理论与素质模型理论，对知识、技能类素质的培养建议构建学习平台，通过企业家之间的学习交流活动促进能力的提升；对于社会角色、自我形象、动机、特质类素质的培养，建议改善其成长环境，通过解决当前存在的问题，构建更加适宜企业家成长的环境，对企业家相应素质进行潜移默化的影响，从而促进其素质水平的提升。

（四）社会责任论

企业诞生之初，主流经济学提出的“经济人”只追求一个目的，即利益最大化，他们赋予企业的社会责任是追求利润。随着“社会人”的出现，不仅考虑企业的获利水平，而且赋予企业其他的社会责任，企业厂址选择、产品市场定位等，不仅要求企业做大做强，提供优质的产品与服务，而且常常不同程度地考虑企业在未来的生产经营活动中可提供的就业机会、为所在社区增加的社会福利、对周围环境造成的不良影响的程度等。

因此，社会责任是企业管理道德的要求，超越了法律范围，属于出于义务的自愿行为，通过为社会提供优质的产品与服务、福利投资、慈善事业等行为，树立企业良好形象。遵守商业道德是企业家行商的底线，企业商业道德的缺失不仅会对消费者造成经济上的损失，严重危害到消费者的身心健康及生命安全，而且有损企业形象，影响企业的生存与发展，无法得到政府、客户、股东、合作伙伴的认可，更无法实现企业的永续经营。

第三节　现有企业家理论研究的得失

国外关于企业家的研究已有200多年，绝大多数企业家及其素质模型的相关理论都是由西方学者们提出的，他们关注企业家，视企业家为推动社会发展和科技进步的中坚力量。而我国对企业家的关注从20世纪90年代才开始，起步晚且基础薄弱。受传统文化中重农抑商政策的影响，在我国几千年的历史长河中企业家地位极其低下，备受打压；晚清在西方坚船利炮轰击下，让人们看到实业救国的重要性，商人开始受到重视，但随之而来的第二次世界大战又使中国企业家们饱受摧残。改革开放之前实施计划经济，在这种特殊的经济体制之下，企业家的价值无法体现；改革开放后，企业家们迎来新的春天，中国企业家群体如星星之火迅速成长为燎原之势，建立起一座座举世瞩目的商业帝国，为我国的经济、科技、文化等方面发展做出了突出贡献。

但无论是党政机关、新闻媒体还是社会各界对企业家的重视程度都不够，两千年权力社会的深刻影响使得权力崇拜一直成为中国社会的顽疾。这从中国企业管理理论的发展就可以得到印证：大量的研究围绕技术创新、营销创新、物流创新、管理方法创新，很少有针对企业家群体的系统研究。哪个企业家成功了，随之而来的都是传记式的采访，深入企业体味企业家酸甜苦辣的研究少之又少。实事求是地讲，这与企业家对社会的贡献相比落差极大、极不匹配。全社会缺少对企业家起码的理解和尊重，成功了大家都一片赞美之声；失败了则是铺天盖地的诅咒、讽刺和谩骂，更有不少落井下石之举。因此，创造适宜于企业家成长的环境，是中国社会各界必须重视和努力的领域。

第二章

CHAPTER 02

企业家素质及模型研究

第一节　素质构成

随着科学技术日新月异的发展和以高新技术为核心以及以知识和信息为基础的知识型企业的出现，知识经济取代工业经济已成为世界经济发展的必然趋势。在这种知识经济和互联网的时代大背景下，企业内外部环境的特征发生了根本性的变化。不同的经济时代具有不同的环境特征和管理特色，同时，不同的经济时代对企业家的素质也提出了不同的要求。在当今时代，成功的企业家需要具备应对环境变化的各种素质，才能维持自己所在企业成功的存活甚至维持可持续发展。本节将从能力、知识、品德、心理、政治五个方面来具体的阐述。

一、能力素质

企业家的能力素质是企业家解决问题的本领，是企业家能力的外在表现。企业家的能力水平是企业家的核心素质，影响着一个企业的可持续发展。

企业家的能力素质主要包括以下部分：

1. 基本能力

企业家的基本能力主要包括记忆、适应、学习、自控、心理承受、想象、洞察、判断、自信等几个方面。企业家只有具备这几方面的基本能力，才能保证企业在整个运营或经营过程中，避免小的错误的发生，为整个企业的可持续发展提供支持，确定企业经营的正确大方向。

2. 创新能力

创新是一个企业生存和发展的灵魂。相比于企业家其他诸如决策、组织、控制、协调等能力，创新是企业家最根本、最核心的能力。企业家创新能力，就是指企业家通过变革、更新和创造的策略及方式，利用配置已有的资源，实现企业经营效益的最大化所应具备的特殊的综合能力。技术创新可以提高生产效率，降低生产成本；体制创新可以促使企业日常运作更有秩序，便于管理；然而，更重要的是，企业家的思想创新可以改变管理者和员工的固有僵化思路，使整个企业充满生机活力，保障企业沿着更正确的方向发展。本书认为，创新能力体现在两个方面：识别机会和创新过程。识别机会是前提，创新是手段，获得利润是目的。识别机会就是要在市场的均衡或者不均衡中，制造或发现市场的“不均衡”，这要求企业家具有丰富的经验和敏锐的观察力。而创新过程就是把机会转化为利润的过程，这要求企业家具有系统的知识体系。

国家的创新能力是由企业的创新能力组成的，而企业的创新能力取决于企业家的创新能力。企业家的创新能力主要取决于企业家主体的知识水平与结构、所具有的从事创新活动需要具备的各种能力以及有利于创新活动的个性特质。企业家的创新能力主要受制于主体的创新意识、对于风险的态度以及总体知识水平。尽管许多企业家在主观上认为企业家精神意味着要敢于冒险。但在实际决策过程中的行为不太一致，表现较为保守。因此，企业家要寻找到一套适合自己的责任伦理和处事价值观，具备抵抗现有的资本竞争市场风险的能力。

3. 决策管理能力

决策是指组织或个人为了实现某种目标而对未来一定时期内有关活动的方向、内容及方式的选择或调整过程。美国著名管理学家赫伯特·西蒙曾说过，决策是管理的心脏，管理是由一系列决策组成的，管理就是决策，决策就是管理。决策能力是指企业家为了维持企业生存必须具备的最基本的素质，要求企业家快速判断、快速反应、快速决策、快速行动及快速修正。企业家的决策能力是决定着企业成败的关键因素。

企业决策的成败直接影响到人类经济的发展，如果企业家具备优秀的决策能力，那么便会促进企业的正常健康发展，同时会对社会带来福利；反之，若企业家具备的决策能力很弱小，甚至并不具备决策能力，那么很有可能导致企业某一决策的失败，给企业带来不可挽救的损失，从而影响到人类经济社会的稳定和谐发展。

因此企业家必须提高自身素质，认识到决策对企业发展的重要性。一方面，要做到决策民主化，使企业决策由封闭式向开放式转变。企业家应经常深入基层，全面掌握基层工作的基本情况，听取各方面的意见，为做出果断的决策奠定基础。决策民主化是由于信息量的加大和所需技术的日益复杂所产生的后果，同时也可以作为激励员工的一种重要手段。当物质越来越不能满足员工的需求时，以让员工有充分的参与权为本质的目标管理成为新的选择。决策的民主化体现在影响决策制定的人员范围扩大了，而且企业内部允许员工对决策发表自己的意见，并且可以尊重和认真对待员工的决策建议。决策的民主化也保证了决策的完全执行。企业内部各个层次的成员都参与自己目标的设定，参与对组织目标的决策，有利于充分调动每个成员的积极性、创造性和责任感。另一方面，要做到决策科学化。应遵循科学的原则程序，加强市场调查和市场预测工作，准确把握市场发展，做出科学决策，避免个人主观决断带来的损失。同时，丰富的理论知识和业务素质是做出正确决策的重要理论依据，这就要求企业家在工作中勤学肯钻，争当“内行”，用知识武装自己。

4. 组织指挥能力

组织指挥能力就是指企业家为了有效地实现企业目标，把企业生产经营活动的各个要素，包括人、才、物、外部环境和条件等，从纵横交错的关系上、从时间和空间的联系上，有效地、合理地组织起来的能力。企业家的组织指挥能力包括组织、领导、控制等能力。组织工作是为了有效地实现计划所确定的目标而在组织中进行部门划分、权利分配和工作协调的过程。领导工作就是管理者利用自己的职权和威信指导和激励各层员工努力将个人目标与企业目标相一致，并为现企业目标而努力的过程，具体的领导工作表现为：激励下属、指导下属的工作、选择有效地沟通途径、解决企业成员间的矛盾、协调企业各成员关系。控制工作包括确定控制目标、观察实际目标、采取纠偏措施三个过程，控制工作本质是使实际符合计划。管理者的控制能力要强，才能保证企业在预定的发展方向上持续发展而不发生较大方向的偏离。

5. 沟通协调能力

组织沟通是以实现组织目标为目的，组织或组织的领导者和管理者通过各种媒介和渠道，以履行管理职责和实现管理职能的过程中，有目的地进行信息、观点和情感的交流的行为过程。组织沟通包括三个方面的含义：第一，组织沟通需要紧密围绕组织目标开展，虽然有时在具体的沟通活动中可能采取私人交流或者谈心等形式，但是组织沟通是围绕组织目标，为了解决某个管理问题或者完成某项工作任务，而进行的一种行为过程，所以组织沟通和私人交流或者谈心有很大区别。第二，组织沟通的内容包括信息、情感以及观点等的交流和沟通。第三，组织沟通是组织中沟通双方的行为，需要有媒介和沟通的渠道。

沟通协调能力是指个体具备信息的收集和发送能力，能够在恰当的时间通过各种信息传递媒介，将自己的想法、感受与态度、有效明确地向他人表达，并且能对他人反馈的信息给予快速正确的解读，从而了解他人的想法、感受与态度。沟通协调能力是企业家必备的能力之一。沟通协调能力不仅包括企业家对内部员工的沟通协调，处理内部矛盾，协调内部员工关系；而且还包括企业家与外部环境、利益相关者之间的协调沟通，处理好企业与外部环境的关系，为企业的发展营造更好的发展环境，提供更好的发展空间。

6. 人事管理能力

人事管理能力是指一个人能够以小组成员的身份有效地工作的行政能力，并能够在他所领导的小组中建立起合作的努力，也即协作精神和团队精神，创造一种良好的氛围，以使员工能够自由地无所顾忌地表达个人观点的能力。

管理者的人事技能是指管理者为完成组织目标应具备的领导、激励和沟通能力。员工是企业发展的原动力，是企业最宝贵的财富，因此必须提高智慧用人能力。智慧用人包括两个方面：一是优秀的人才识别、选拔、使用和培养；二是广大员工潜能的合理配置与挖掘。人才是组织之本，进入知识经济时代，智力资本已成为组织的第一竞争要素，人才的重要性愈加凸显。企业家如何提高智慧用人能力，并发现人才、培养人才、留住人才，是现代企业用好人才、发展壮大的决定性战略。

二、知识素质

知识是能力的支撑，能力是知识的体现，知识与能力是紧密相连的，企业家只有具备充足的知识，才能拥有更强的能力。企业家应该具备的知识不仅包括基本的学术专业知识，还应该包括科学技术知识，管理的常识，以及广泛的其他学科的知识，如心理学的知识、人力资源管理知识。为了紧跟时代步伐，使企业与世界保持一致性脚步，企业家还应该及时学习了解当今社会发生的最新时讯，以及相关的政策知识，了解当今企业发展的外部宏观环境。

宋志平——企业家专业水平的重要性

人物介绍：

中国建材集团和国药集团两个集团被誉为“我国充分竞争领域快速成长的企业典范”，成为新中国实体经济发展的标杆。在中国建材集团和国药集团改革的过程中，企业家宋志平发挥着重要的作用。

宋志平可谓拥有传奇与成功的人生，他1979年毕业于河北大学化学系，大学毕业分配到北京新型建筑材料总厂工作，历任技术员、销售员、股长、科长、处长、副厂长等职务，1993年担任北京新型建筑材料总厂厂长，1998年兼任中国新型建筑材料（集团）公司常务副总经理，2009年担任中国医药集团总公司董事长，2014年担任中国建筑材料集团公司董事长、党委书记，2017年7月，经国资委研究，宋志平同志任中国建材集团有限公司党委书记，现任中国上市公司协会会长、中国企业改革与发展研究会会长。

国企改革之路：

五年来，宋志平同志为两家央企的迅速发展呕心沥血、辛勤付出，从未向组织叫苦叫累，表现出了一名党员领导干部的高尚风范。他很好地处理了两个企业董事长职务的关系，不仅在中国建材集团领导班子中依然发挥着核心作用，而且在国药集团的领导班子中树立了很高的威信，有力地促进了两家企业的发展和领导班子建设。

具体情况介绍如下：宋志平刚到中国建材时，公司有着33亿元的债务，经过风卷残云般重组1000多家水泥企业，才有了大家看到的一家连续十年荣登世界500强榜单、全球最大的建材企业。2019年中国建材集团营业收入达3981亿元，利润达235亿元，资产总额5962亿元。在宋志平的带领下，中国建材集团实现了营业收入与资产总额从百亿元到千亿元的历史性跨越，发展成为我国建材行业领军企业、全球领先的建材制造商、综合服务商和材料开发商，充分发挥了作为中央企业应有的行业影响力与带动力，为建材行业的结构调整与产业升级做出了巨大贡献。

2009年，作为中国建材集团董事长的宋志平受命同时担任国药集团董事长，带领国药集团先后完成了与中国生物技术集团公司、上海医药工业研究院、中国出国人员服务总公司等四家央企的重组，新集团成为中央企业的医药健康产业平台。同时，宋志平还推动国药集团旗下的国药控股股份有限公司于2009年在香港H股上市。国药集团旗下拥有国药控股、天坛生物、国药股份、现代制药、国药一致等上市公司，具有良好的融资能力。在一系列动作之后，国药集团逐渐发展壮大。2013年国药集团财报数据显示，营业收入从2009年的400多亿元跃升至2013年的2035亿元，成为中国医药行业中首家进入世界500强的企业。2019年收入近5000亿元，利润也超200亿元。

人物评价：

国资委评价宋志平为，“特别是在国药集团工作期间，他锐意改革，致力于整合企业内部资源、科学地制定发展战略规划，促进了国药集团的快速发展。国资委对宋志平同志在国药集团期间的工作是充分肯定、非常满意的”。《国企》杂志和大公网分别称他为“最具探索精神人物”和“国之栋梁”。可以说，宋志平是继日本稻盛和夫之后唯一担任两家世界500强企业领袖的企业家，因此被称为“中国的稻盛和夫”。

总结：

从青少年时期，宋志平就养成了爱读书的好习惯，他广泛涉猎政治、经济、历史、文学、企业管理等多个领域的书籍，尤其对艾柯卡、松下幸之助、杰克·韦尔奇、稻盛和夫等国外大企业家的传记手不释卷。进入企业后，勤于读书的习惯更是让宋志平深受其益，书中的很多新思想、新理念成为他做企业的灵感之源。

由此可见，宋志平拥有很强的专业知识和专业能力，这是在企业改革与企业成长过程中所不可缺失的。所以企业家除了具备其必须的硬条件外，自身软实力的提升也是不可或缺的。

三、品德素质

品德修养是企业家对自己的内在要求，也是企业家的一个重要特征。企业家的品德，是企业家用来调节与处理对己、对人、对事的稳定性的行为特征与倾向。在中华民族发展的历史长河中，不乏重视品德行为的优良传统，中国自古以来坚持德才兼备的原则。良好的品德素质是企业家管理好自己的企业与员工的基础，在现代管理活动中起着至关重要的作用。

章国志：坚持做一名诚信立身的青年企业家

人物事迹：

章国志，男，1973年11月出生于池州市贵池区棠溪镇百安村，凡是认识他的人，只要提起他的为人，无人不竖起大拇指为他点赞，说他是个“人品胜过钱财的人”，更是一位知名的爱心企业家。现任安徽杰羽制鞋机械科技有限公司董事长兼总经理的章国志曾经也是个懵懂的打工仔，1989年他远赴广东打工，由于他吃苦耐劳肯学习，他在台资制鞋企业十余年从最普通的员工做到高层管理人员，随后在东莞创业；一个在他乡创业的人，创业初期的艰辛可想而知……但即使在他负债累累身无分文的时候，也没欠过员工一分钱工资，他的企业一部分员工已经跟随他十年以上了，这也为之后企业搬迁至家乡发展奠定了坚实的技术基础。

经商的十多年中，章国志始终坚持“质量比成本更重要，诚信比生命更可贵”的商业信条。在诚信经营中，企业的知名度和影响力得到不断提升。在公司业绩不断飞速提升的同时，章国志十分注重企业的文化建设，他从诚信第一、品质卓越、服务至上、匠心筑梦的经营理念出发，构建起了公司的企业文化。“这是确保企业得以长久的保障，也能引领员工做诚信之人、做诚信之事。”章国志不仅提升并优化着自身的道德理念，他还经常教导自己的员工，不论客户大小，业务量多少，地位高低，能否谈成生意，不管是对客户还是对供应商，都要热情接待，说话算数、坚守信用。章国志也同样关心员工的切身利益，积极创造良好的工作环境，改善员工待遇，使他们务实、爱岗、敬业，发挥更大的热情和更足的干劲投身工作。在章国志的“客户至上”管理理念下，公司至今未和客户产生过一单纠纷，员工们也在企业的成长中找到自己的归属感。

2008年，章国志抓住市场先机把他的企业搬迁至家乡池州经济技术开发区发展，有一部分老员工毫不犹豫地跟随他的企业回了家乡。“质量比成本更重要，诚信比生命更可贵。”这不是一句简单的口号，这么多年他也一直按这个标准严格做人、做事，2015年，他的一批产品在加工环节出了一点小问题，但在外行的人根本看不出来的情况下，他主动跟客户打了招呼，要求全部召回，在合同规定的期限内再重新赶制一批合格的产品，仅此项，他损失近百万元。有的管理人员私下对他说："章总，这批产品的小瑕疵至于这么较真吗？"但他笑着说："假如让我的客户受了损失，我们的损失就更大了，企业更会因此失去诚信，这样的事我不做。"多年来，很多客户与他在日常的交往与生活的点点滴滴中成了朋友，甚至有一些忘年之交。常言道：物以类聚、人以群分，由于他做人诚实坦荡，造就了他身边的朋友大多是信誉为先，诚实善良之辈。

近几年，章国志已陆续投入20多万元，用于家乡基础设施建设和关爱老人活动。2019年大年三十，贵池区棠溪镇曹村敬老院41位老人每人收到200元的新年红包，棠溪镇百安村分散五保户15户和百安村80周岁高龄老人28人，各收到500元的新年红包，这份合计29700元的新年孝老大礼包，就是池州市青年企业家章国志特意给老人们准备的新年礼物！

人物评价：

章国志一直以来把关心支持社会公益事业作为企业和自身的一项义务。他是一位企业家，更是一位慈善家，创办企业至今，一直都在为家乡和社会事业默默地奉献着爱心。正是他这么多年一如既往的坚持诚实守信经营企业，才使得企业发展蒸蒸日上，现在他的企业年产值达数亿元。自己富起来了，他却始终不忘回报家乡，他时常提起："企业发展的最终目的是服务社会、奉献社会。"不忘初心，方得始终。一路走来，章国志虽事业有成但依然谦逊前行，把社会责任扛在肩上，不断履行着一名诚信企业家的铮铮诺言。

总结：

讲诚信、守信用是我们中华民族的传统美德，也是企业生产经营中遵循的理念。诚信是企业的生命，是企业生存发展之本，是市场的通行证，诚实守信更是参与全球竞争的重要条件。

四、心理素质

企业家心理素质是企业家处理各种复杂事项的心理承受能力，做企业家难，做一个成功的企业家难上加难。对一个企业家来说，需要处理的各种复杂事项很多，不仅包括企业面对的外部环境变化无常的问题，企业运营过程中的突发问题，而且包括企业员工的各种复杂关系的协调处理。这些复杂的事情无形中给企业家带来了很大的压力。面对这些压力时，如果企业家不具备良好的心理素质，则很难处理好这些问题，因而，会给企业带来极大的危害，并且保证不了企业员工的各种利益。

史玉柱——不服输的精神

人物事迹：

1991年，史玉柱成立巨人公司，1996年，巨人大厦资金告急，史玉柱决定将保健品方面的全部资金调往巨人大厦，保健品业务因资金“抽血”过量，再加上管理不善，迅速盛极而衰。1997年年初，巨人大厦未按期完工，只建至地面三层的巨人大厦停工，巨人集团已名存实亡，但一直未申请破产。当巨人大厦倒塌，讨债人蜂拥而至之时，史玉柱庄重承诺：“欠老百姓的钱一定要还。”也正是出于这种“还债”的动力，史玉柱终于东山再起，且赚钱后的第一件事情就是还债。作为一个曾经的失败者，史玉柱认为：“一个人倒下去之后，这个人的价值应该是增加的，因为教训能够使一个人成熟，成功能够使一个人头脑发昏，失败能使一个人更有价值。”2000年，史玉柱再度创业，开展“脑白金”业务。2007年11月1日，史玉柱旗下的巨人网络集团有限公司成功登陆美国纽约证券交易所，总市值达到42亿美元，融资额为10.45亿美元，成为在美国发行规模最大的中国民营企业，史玉柱的身价突破500亿元。

人物评价：

新浪网对史玉柱的评价为，史玉柱绝对是当今中国商界最具争议和最具传奇色彩的人物。早年，史玉柱凭借巨人汉卡和脑黄金迅速腾飞，然后因巨人大厦而迅速坠落。经过几年的蛰伏之后，史玉柱依靠“脑白金”和“征途”重新崛起，人生呈现一个精彩的“N”形转折，被誉为当代中国企业界的传奇人物。

《京华时报》认为，史玉柱从一穷二白的创业青年，到全国排名第八的亿万富豪，再到负债两个多亿的“全国最穷的人”，再到身家数十亿的资本家，史玉柱演绎的真实故事，情节之丰富，命运之跌宕，超乎财经小说的想象发挥。

新华社曾评价，失败有两种，一种是事业失败，一种是精神上的失败。

很多企业在事业失败以后，精神上也败了。但“巨人”在事业上失败后，精神不败，所以可以站起来。

美国《福布斯》网站评价，“史玉柱2004年重返IT行业，并凭借自己创建的网络游戏服务提供商征途网络大获成功。因此，他也成了中国最具传奇色彩，同时也是最难以预测的企业家之一”。

总结：

大多数企业家失败后，就一蹶不振了，甚至有很多小企业家、小创业者在经历了挫折和失败以后，就放弃人生、放弃生命了。但是我们从史玉柱身上应该学到一些特殊的、独特的、罕见的企业家精神，即永不言败、永不服输、敢于再折腾的精神与活力。或许一次失败的打击是致命的，但是企业家们应该把眼光放到长远角度，紧跟时代的步伐，跌倒了还是可以爬起来的！

五、政治素质

宏观政策决定着企业的发展方向、发展路径、发展前景。成功的企业家必须具备宏观的战略眼光，时刻关注宏观政策的变化，以便及时作出应对处理。在经营企业的过程中，企业家必须保证企业的运营发展在宏观的法律框架内，不得逾越，不得作出违法的事，禁止“打擦边球”行为。在为社会提供产品及服务的过程中，企业家应该响应中国共产党的号召，为社会提供高质量的产品及服务，提高产品的性价比，为中国社会的发展贡献自己的一份力量。

任正非——企业家应关注国家命运

任正非创业简介：

任正非是43岁创办的华为，这时的他是个被公司开除，负债200万元，又经历离婚的男人。这么多的打击下来，让中年的任正非丧失了信心。

后来，父亲的两句话却成了任正非的“人生指南”，一句救了深渊中的任正非，另一句则让他取得了今天的成就。第一句是面子是虚的，不能当饭吃，面子是给狗吃的；第二句是知识就是力量，别人不学你要学，不要随大溜。

43岁的任正非重新拾起活下去的信念，找人借了2万块钱，创办了华为，意思是中华有为。为了华为的发展，任正非四处奔波，甚至有一次因为对方爽约，华为的员工直接将对方堵在了厕所。因为任正非对他们说过：“我们要成功，要活下去！不要面子！”很快，华为在这种“不要脸”的口号下，完成了一个又一个订单。最终从一个小作坊，成长为世界性企业。任正非说，谁能忍受别人忍受不了的痛苦，谁就能走在别人的前面。而且华为创办30多年来，始终都在一个地方做深、做精、做透。

如今，2021年4月，《福布斯》全球富豪榜发布，任正非以12亿美元财富位列榜单第2378位。

华为发展现状：

作为中国最大的智能手机厂商，华为的市场定位并不仅仅局限于智能手机的市场，和国内其他手机厂商相比，华为更大的贡献在于对中国网络的建设方面投入很多技术支持，包括正在逐步普及的5G网络也有华为的加入，而且华为提供的5G技术方案不仅在中国的5G网络布局方面有着非常重要的作用，而且全球多个国家和地区都已经和华为签订5G战略合作，由华为帮助这些国家和地区完成5G网络的重要部署工作。

华为心系国家，致力于科技的发展，不断加大研发投入力度是华为一直都在坚持做的事情，2021年年度报告显示，华为整体经营稳健，实现全球销售收入6368亿元人民币，净利润1137亿元人民币，同比增长75.9%。面向未来，华为持续加大研发投入，2021年研发投入达到1427亿元人民币，占全年收入的22.4%，10年累计投入的研发费用超过8450亿元人民币。截至2021年年底，华为在全球累计专利申请量超过20万件。过去5年，已有超过20亿台智能手机获得了华为4G/5G专利许可，目前每年还有约800万辆网联车获得华为4G/5G专利许可。

由于华为5G技术取得了突飞猛进的发展，美国一直在打压华为，试图占据5G领导者的地位，但是华为一直没有屈服，一直在致力于科技的发展，加大科研投入。

总结：

在国家命运面前，企业家们应时刻关注国家的发展动态，努力为国家的进步发展奉献自己的力量。有国才有企业，才有企业家。国家的安全稳定为企业提供了安全保障，所以，企业家不仅应注重微观企业管理方面的发展，更应该从宏观角度关注国家的发展，为企业奉献自己微薄的力量。

第二节　素质模型

一、中国企业家素质模型构建

本文构建了将23项中国企业家素质可归纳为能力素质、知识素质、品德素质、心理素质、政治素质5项指标，具体实证过程如下文所述。

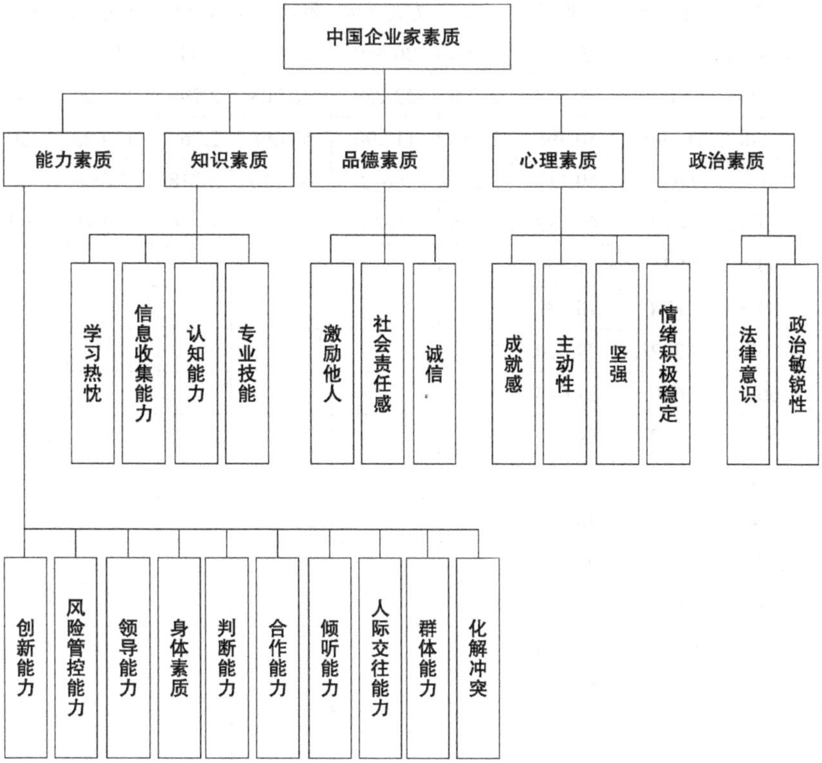

图2-1　中国企业家素质指标体系图

二、中国企业家素质的实证分析

（一）因子分析

如表2-1所示，将问卷获取的23项中国企业家素质情况数据导入进行因子分析，当素质数据可分为5大类时，累计贡献率为67.523%，考虑到企业家素质的复杂性，这一累计贡献率具有较高的代表性。

表2-1　解释的总方差

成分	初始特征值			提取平方和载入			旋转平方和载入		
	合计	方差 / %	累积 / %	合计	方差 / %	累积 / %	合计	方差 / %	累积 / %
1	6.060	26.349	26.349	6.060	26.349	26.349	6.041	26.267	26.267
2	2.796	12.159	38.508	2.796	12.159	38.508	2.790	12.129	38.397
3	2.758	11.990	50.498	2.758	11.990	50.498	2.765	12.023	50.419
4	2.211	9.612	60.110	2.211	9.612	60.110	2.218	9.642	60.061
5	1.705	7.413	67.523	1.705	7.413	67.523	1.716	7.462	67.523
6	.997	4.336	71.859						
7	.891	3.874	75.732						
8	.757	3.292	79.024						
9	.603	2.620	81.644						
10	.569	2.472	84.117						
11	.560	2.435	86.551						
12	.494	2.149	88.700						
13	.472	2.052	90.753						
14	.455	1.980	92.733						
15	.415	1.806	94.539						
16	.305	1.327	95.866						
17	.280	1.220	97.085						
18	.253	1.098	98.184						
19	.182	.790	98.974						
20	.145	.630	99.603						
21	.045	.194	99.797						
22	.043	.185	99.92						
23	.004	.018	100.000						

如表2–2所示，通过旋转成分矩阵可知，筛选出的23项能力素质中，学习热忱、信息收集能力、认知能力、专业技能可归纳为企业家知识素质；激励他人、社会责任感、诚信可归纳为企业家品德素质；创新能力、风险管控能力、领导能力、身体素质、判断能力、合作能力、倾听能力、人际交往能力、群体能力、化解冲突可归纳为企业家能力素质；成就感、主动性、坚强、情绪积极稳定可归纳为企业家心理素质；法律意识、政治敏锐性可归纳为企业家政治素质。

表2–2　旋转成分矩阵

	成分				
	1	2	3	4	5
创新能力	.902	.007	.009	.007	.007
人际交往能力	.830	.078	.012	.032	.032
风险管控能力	.782	.099	.036	.025	.019
群体能力	.719	.181	.046	.016	.041
领导能力	.714	.064	.008	.050	.097
化解冲突	.710	.015	.051	.095	.023
合作能力	.702	.009	.042	.038	.053
身体素质	.687	.061	.008	.049	.116
倾听能力	.655	.037	.007	.040	.036
判断能力	.639	.089	.074	.110	.166
学习热忱	.019	.895	.003	.014	.044
信息收集能力	.072	.830	.026	.061	.015
专业技能	.008	.748	.005	.040	.070
认知能力	.009	.730	.010	.006	.079
成就感	.016	.005	.924	.009	.019
情绪积极稳定	.003	.018	.811	.079	.000
坚强	.008	.061	.743	.053	.010
主动性	.029	.066	.733	.068	.007
诚信	.028	.007	.073	.852	.009
社会责任感	.008	.014	.016	.817	.039
激励他人	.040	.023	.037	.800	.057
政治敏锐性	.025	.008	.029	.015	.910
法律意识	.019	.025	.030	.022	.908

（二）样本信度与效度分析

本文中运用SPSS21.0软件对问卷调查所获取结果进行分析，收集到的592份中国企业家素质调查问卷，共统计了被调查企业家23项素质情况，其数据信度效度分析如下。

表2-3　可靠性统计量

Cronbach’s Alpha	基于标准化项的Cronbachs Alpha	项数
.767	.767	23

由表2-3中数据可知，企业家各项素质数据可信度系数（即Cronbach's Alpha值），表示数据结果的一致性程度，为0.767，大于0.7，可知23项企业家素质数据具有较强的内部一致性，此次问卷调查所获取的数据是可信的。

表2-4　KMO 和 Bartlett 的检验

KMO 度量		.752
Bartlett的球形度检验	近似卡方	7250.685
	df	253
	Sig.	.000

统计学中，KMO检验用于检查变量间的相关性和偏相关性，检验各个变量是否各自独立，检测的P值（P检验的Sig值，代表显著性水平），即当原假设为正确时人们却把它拒绝了的概率或风险。P值越小显著性越好，小于0.05时数据才有结构效度，适合进一步做因子分析。

由表2-4中数据可知，KMO值为0.752，经Bartlett的球形度检验，自由度df（指当以样本的统计量来估计总体的参数时，样本中独立或能自由变化的自变量的个数，称为该统计量的自由度）为253，P值为0.00，经济学中理想的KMO值应大于0.8，当小于0.6时不适合进行因子分析，但现实数据具有复杂性，且数据样本较小，所以此KMO值、P值可以说明各项数据之间有较强的关联性，适合进行因子分析。

（三）中国企业家素质回归分析

本文将新得到的指标与中国企业家综合能力进行回归分析，构建回归方程。

表2-5　拟合优度检验

模型	R	R方	调整R方	标准估计的误差
1	.793	.629	.597	2.66749

通过表2-5中数据可知R方（复相关系数）为0.793，R方（可决系数）值为0.629，统计学中认为调整后的R方更准确，方程的拟合优度（调整的R方）为0.597，说明分析得到5项指标与回归方程具有较好的拟合度。

表2-6　方差分析表

模型		平方和	df	均方	F	Sig.
1	回归	3848.66	5	769.733	108.177	.000b
	残差	4176.786	587	7.115		
	总计	8025.450	592			

由表2-6可知，构建的回归方程Sig值（显著性水平）为0.00，F值（F检验统计量，检测显著性，值越大越显著）为108.177，说明由因子分析归纳所得的5项素质指标对企业家综合能力有显著的影响。

表2-7　系数表

模型		非标准化系数		标准系数	T检验统计量	Sig.	共线性统计量	
		回归系数	标准误差	试用版			容差	VIF
1	常量	70.535	.110		643.635	.000		
	能力	2.224	.124	.565	17.941	.000	.694	5.118
	知识	1.637	.121	.422	13.514	.000	.909	1.100
	品德	1.388	.123	.355	11.298	.000	.900	1.111
	心理	1.720	.121	.444	14.210	.000	.909	1.100
	政治	1.037	.120	.269	8.672	.000	.918	1.089

由表2–7可得，5个自变量的P值（Sig值，即P检验的显著性水平）都小于0.05，容忍度接近于1，VIF值（方差膨胀系数，表示回归系数估计量的方差与假设自变量间不线性相关时方差相比的比值）小于10，说明变量之间不存在严重共线性。

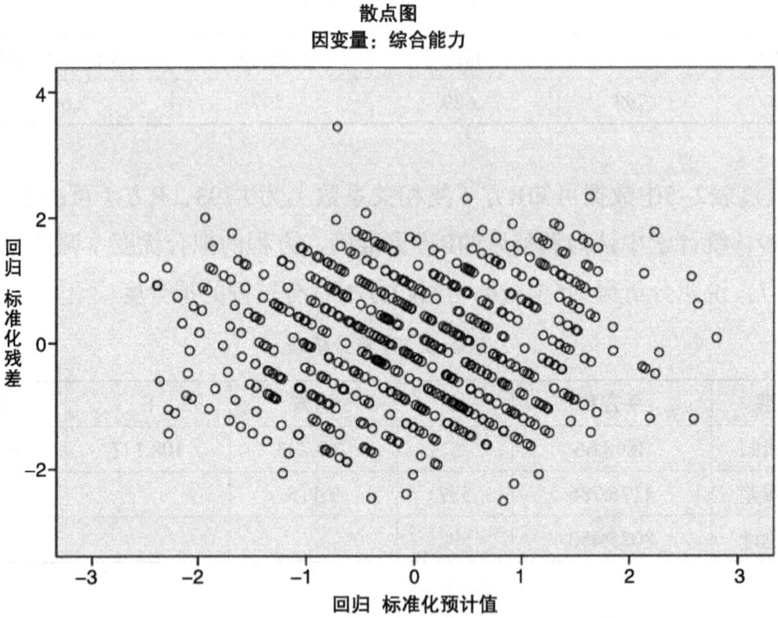

图2–2　残差分布图

如图2–2所示，由残差分布图可以看到，数据分布较为散乱，没有明显规律，说明采用回归分析的方法是合适的。

通过拟合度检验、共线性检验和残差分析，可以发现通过因子分析获得的5项素质指标与中国企业家的综合素质情况之间存在良好的相关关系，且变量之间没有严重共线性，适合通过回归分析的方法探究企业家各项素质与综合能力之间的线性关系。结合系数表获取的回归方程系数，最终可以获得中国企业家素质回归模型为：

企业家综合能力=70.535+2.224×能力素质+1.637×知识素质+1.720×心理素质+1.388×品德素质+1.037×政治素质

三、结果分析

本文通过因子分析对当前中国企业家的23项素质进行降维，归纳为能力素质、知识素质、品德素质、心理素质和政治素质5项指标，通过回归分析构建企业家素质与企业家综合能力之间关系的回归模型。回归方程的系数说明了当下中国企业家素质变化对综合能力的影响情况，通过企业家素质回归模型可以发现能力素质具有最高的影响力，影响系数为2.224，是企业家成长最必不可少的能力；心理素质和知识素质不相上下，在素质能力体系中占有重要地位，影响系数分别为1.720和1.637；品德素质和政治素质影响最弱，但也具备不可忽略的作用，影响系数分别为1.388和1.037。

而通过因子载荷又可以得到23项素质对5项指标分别影响的情况，对能力素质指标影响最大的是企业家创新能力、人际交往能力和风险管控能力；对品德素质指标影响最大的是企业家的诚信和社会责任感；对心理素质指标影响最大的是企业家的成就感和情绪积极稳定；对知识素质指标影响最大的是企业家学习热忱和信息收集能力；对政治素质指标影响最大的是企业家政治敏锐度和法律意识。

通过对中国企业家素质模型的分析可以发现，企业家成长需要构建良好的学习环境和交流平台，提升他们在企业经营中必备的能力，优化人际交往环境，从而降低企业家经营活动可能遇到的风险；需要构建良好的社会舆论环境和法治环境，正确认识企业家的价值，提升他们的政治地位和社会地位，包容他们的过错，提升企业家的归属感和社会责任感，打造良好的诚信体系，提升企业家诚信意识，规范商业经营活动中的不诚信现象；完善市场机制和法治环境，提升企业家经营自信心，正向宣传企业家的正能量，提升他们的成就感；加快相关法律法规的建设和完善，提高法律透明度，使企业家在合法范围内得以公平自由地进行经营活动。

第三节　企业家素质的特点

一、独特性

每个企业家都有单属于自己的思想、思路、管理方式，这些管理方式都带着专属于每个企业家的独特烙印。因为每个企业家的成长经历不同、家庭背景不同、教育经历不同等，为每个企业家的人格特征增添了几分独特性。正是由于这些独特性，使得企业家大获成功，促进企业得以更好发展。以通用电气（GE）的董事长兼CEO杰克·韦尔奇为例，当IBM等大公司大肆宣扬雇员终身制的时候，杰克·韦尔奇首先改革的就是内部管理体制，减少管理层次和冗员，将原来8个层次减到4个层次甚至3个层次，并撤换了部分高层管理人员。在此后的几年间，杰克·韦尔奇砍掉了25%的企业，削减了10多万份工作，将350个经营单位裁减合并成13个主要的业务部分，卖掉了价值近100亿美元的资产，并新添置了180亿美元的资产。从GE内部到媒体都对杰克·韦尔奇的做法产生了反感或质疑，由于杰克太过于强硬的铁腕裁员，杰克被人气愤地冠以“中子弹杰克”的绰号。

这就是杰克·韦尔奇独特的经营理念——数一数二市场原则，立于不败之地。任何事业部门存在的条件是在市场上“数一数二”，否则就要被砍掉——整顿、关闭或出售。

杰克·韦尔奇独特的内在思想、人格特征和经营理念，深深影响着GE的经营理念，影响着GE的命运。

二、艺术性

企业家的管理是科学，更是一门艺术。现代企业的生产经营，要求我们的管理者提高管理水平，管理者就必须具备一定的领导艺术。其艺术性不仅在于管理的技巧性，更在于企业家的管理活动是一种追求美、创造美的艺术活动。每个企业家都应自觉地创造这种现实美。

根据马克思主义哲学中矛盾的观点，矛盾具有多样性，且具体问题具体分析是马克思主义活的灵魂。事物内部矛盾的个性造成了一事物不同于他事物的特点，使物质的各种具体形态呈现出纷繁的多样性。正是由于企业管理活动的内部矛盾具有其个性，才造成它与科学活动的不同特点，因此企业家的管理具有艺术性特征。

企业面临各种各样的外部环境，而且外部环境处于不断的变化过程中，针对不同的外部环境需要采取不同的策略，而采取不同的应对策略或战略的过程就体现了艺术性的特征。

而且企业管理的核心在于对人的管理，企业员工的性格不同，个人目标不同，如何处理员工之间的关系，如何引导员工的目标转向企业的共同目标，为实现目标而付出自己的力量，也是企业家管理过程中艺术性的体现。

企业管理理论不会总停留在同一个水平上，它是不断向前、向更高的层次发展的。从企业的竞争机制到学习型组织的发展，均体现了企业管理的进一步深化与发展。同时企业家在进行管理的过程中也要不断学习、成长和创新。

马克思主义的美学认为，美是一种社会现象，是社会历史发展的产物。美学体现在人类的物质实践活动中，历史地形成人的本质力量的感性显现。企业家在从事管理的创造性活动中显示出来的聪明、才智，在追求企业更好的发展前景中所显示出来的理想、情感、愿望都是企业家本人本质力量的具体表现。

企业家的艺术性体现在企业内部。积极向上、富有前景的企业精神激发了员工的斗志，使企业员工具备较强的责任感与主人翁精神；勇于改革，不断改善企业的经营机制，使企业具有较强的创造创新精神；快捷、迅速、畅通的沟通体系，不仅使企业家获得充足的信息，而且利于员工得到充足的信息反馈，调动员工的积极性。

企业家的艺术性还体现在企业外部，可以通过具体的形象被人们感知。比如企业产品的包装、服务的特色，以及企业建筑物的特点，企业员工服装的精美等。

企业家的领导艺术体现在，企业家不仅要靠管理的职位权力和行政手段来直接指挥下属，还要以身作则，用自身的言行来影响和带动下属。具体体现在企业家要有实事求是的思想，不图名利，敢于承担责任；要有容纳人才、礼贤下士的宽阔胸怀；要有踏踏实实，不求形式的工作作风；要有机动沉着，刚柔兼具，遇事冷静的个性；要有平易近人，不耻下问的好学风格，更需要具备精明强干、思维敏捷，善于审时度势，敢于拍板决断的大将风格，绝不能畏首畏尾，急躁冒进。

企业家还要有创新精神，要有应变的能力。现代企业管理工作没有千篇一律的、可循的和现行的“模式”，借鉴是可以的，照搬是行不通的。现代科学日新月异，人们的思想认识水平不断提高，管理者的领导艺术也需要不断发展完善，只有推陈出新，才能使企业获得发展的生机。

企业家的艺术性还体现在，企业家应该让下属感到自己是员工的支柱和靠山。企业家在员工的心目中，应该经常保有一定的吸引力和魅力，成为员工的“偶像”。

企业家的艺术性还体现在自己所在的企业应有较高的目标，企业家在实施管理工作的过程中，应该结合实际，志向高远，制定出符合企业自身实际的高目标以激发全体成员的工作热情，只有通过全体员工的不懈努力最终实现的目标，才是真正意义上的高目标。企业有了这样的高目标并努力付诸实施，就会不断增强自身的凝聚力，始终充满生机和活力。

企业家的艺术性还体现在企业家要抓住大事。作为领导者其精力是有限的，不可能也没有必要事事顾全，事事躬亲。如果管理者在实施管理工作中不掌握突出重点并兼顾一般的管理方法，而是大事小事都要自己亲自去抓，会挫伤下属的积极性。

三、共鸣性

（一）企业与利益相关者的共鸣

共鸣按物理学上的知识来说，是指物体因共振而发声的现象。还指思想上或感情上的相互感染而产生的情绪。有人说，一切艺术之所以能够感动人，只是因为被感动的人从这种艺术里面引起某种程度的思想上的共鸣。

作为企业家不仅需要管理的艺术性，而且还需要掌握这种共鸣性，让自己的声音、想法、观点能够被组织成员广泛地接受、认可、赞同，这便是企业家共鸣性的最好的展示。当然，企业拥有许多利益相关者，其利益相关者不仅是员工，还有股东、顾客、供应商、合作伙伴等。企业家代表企业发出的声音，代表企业宣传自己的发展前景以及代表企业展示的形象，都需要与利益相关方引起共鸣。这样相互之间的合作才会愉快，发展前景也得以更大可能地实现。企业是与外部环境不断地进行合作、打交道的，如果企业的某种行为、观点或者战略不被自己的利益相关者所接受，或者危害到了利益相关者的利益，那么企业在自己的可持续发展过程中则会很艰难地走下去。

所以，企业家在为企业制定战略等一系列制度的时候，不仅应该取得组织内部相关成员的认同与共鸣，还应该得到利益相关者的认可与接纳，这样才能得到更好的发展。

（二）企业家之间的共鸣

或许每个企业家都有自己管理组织的方法，并且每个成功企业家各有自己的特点与观点。正如马云和王石对房价的看法上，马云曾说，未来社会，房价如葱，年轻人应该将更多的精力用于事业和奋斗上，而不是为了买房而纠结。而作为万科的创始人，王石直接反驳了马云对于房价的看法，王石认为未来中国的房价不可能太便宜，未来的房价的确会做出一些调整，但是却不可能太便宜。虽然二者的观点不同，但是二者对于管理问题，如何让自己的企业活得更好这方面是有共鸣之处的。

四、卓越性

一流的企业家要具有卓越的组织与决策能力，敢于创新、敢担风险，尊重下属，品质高尚，具有合作精神，愿与他人一起工作，能赢得人们的信任。若要成为21世纪一名卓越的管理者，必须经过漫长的实践与学习相结合、知行统一的过程，形成辩证统一、独特敏锐、与时俱进的管理思想形态及管理认知，提高个人的管理能力与技能，从而实现有效、高效的管理。

卓越的企业家首先要有丰富的常识，其次卓越的领导者要善于虚心汲取各种领域的新知识与信息，再次卓越的领导者要既现实又乐观，无论处于何种境地都能有相应的状态去应对，最后卓越的领导者要有充沛的精力能够亲临一线，并有长远的目光，能够着力培养其他的领导者，共同为企业组织的发展出谋划策。

卓越的企业家要做到对个人的管理、对社会关系的管理以及对团队的管理。个人的管理首先要求企业家通过自己的努力来取得并提高组织成员们的信任；其次要求企业家要培养个人独特而敏锐的洞察力以及创新能力。其实，极少数企业家会积极建立并维持与利益群体的社会关系，拓展自己的关系网络，将职业延伸至政治领域，直面政治行为。但是企业家社会网络的建立与维持对企业的发展具有很强的重要性，所以要求企业家重视社会关系的建立与管理。团队的管理要求企业家们为团队设立明确而令人信服的目标，并且为实现该目标而制订现实可行的计划；还要为团队树立正确而积极的价值观与准则，确立成员工作的行为规范与交流方式；最后，重视团队成员个体的要求。

五、创新性

企业家是企业创新的主体。企业为了自身的生存与发展的需要，企业的管理者应该从自我开始进行严格的管理，不断完善企业科学化的管理，运用科学的方法、创新的理念推动企业前进。

企业家要注重企业的战略创新，企业只有找准自身的定位，注重以核心管理和战略定位为战略目标，在未来的发展道路上坚持管理创新、精益管控、高效综合运营的管理理念，加快企业转型升级之路，为实现企业的管理目标而努力。

在管理创新过程中，为保证创新的成功实施，需要有创新提出者、创意形成者、创意评估者、创意决策者、创新过程管理者、创新成果实施者、操作者。在所有的这些角色中，管理创意的提出者、决策者、创新过程管理者、实施者起着决定性的作用。他们应该是管理创新的主体。

在企业创新过程中，无论是企业家新思想的提出、形成与制度化，还是管理技巧的创新，企业家都在其中发挥着不可替代的主导作用。只有当企业家在管理创新的过程中居主导地位时，才能使管理创新保持正确的方向，设想层出不穷；才能使管理理论与管理需求有机地结合起来，大大提高管理创新的成功率，如果不经过企业家的创造性吸收和运用，也难以最终形成系统的有价值的思想体系。管理者在组织中的角色和其在组织中所从事的工作的性质，决定了管理者是管理创新的行为主体。

六、主体性

企业家是企业使命的传播主体，处于最主动的地位，制约着使命传播计划制定、执行和调整的整个过程，是使命传播活动成败的关键要素。企业使命传播是企业使命实践活动与企业使命管理过程的重大环节，是企业家通过各种媒体和企业行为，将使命信息加以解释和阐述，向公众广泛传播、沟通，最终实现企业使命传播目的的完整过程。

企业家往往是企业的最高决策者，通常在企业中居于不可替代的公司代表地位，其标志性言行往往反映使命信息内涵，进而影响到公众对企业使命的认识、理解和反应。而且企业家应该坚持公司政策透明性和合理性传播原则，满足各方利益相关者知情权的要求。在功能使命传播中，管理者应准确界定功能使命中若干因子内涵并传播给相应公众。

在企业发展的各个阶段，企业家都承担着不同的使命传播功能，有着不同的传播重点内容。在企业起步期，企业家领导全体员工打天下，逐步获得市场认可，此阶段主要任务是摸索本企业的基本规律，提出企业假设等自我认识和评价；在企业成长期，管理者要总结公司成长经验和教训，逐步形成本企业使命体系，确保员工众志成城，共同理解；到企业成熟期，则应巩固和凝聚企业使命内涵，做到内外沟通；在企业困难和衰退时期，管理者应该对照企业使命内容和实践过程，总结经验、教训，调整使命有关要素和实践策略，以图东山再起。

管理者做到以上主体地位，需要具备调查技能、策划技能、激励技能、预警分析和监控技能、倾听技能、假设和创新技能。在企业家经济中，知识在生产中扮演着极为重要的角色。

第四节　企业家素质模型研究的意义及其局限性

受中国宏观环境的影响，适应中国市场的企业家们所应具备的素质能力与其他国家企业家有所不同：从当代中国企业家的成长环境和成长历程的对比分析中可以看到，中国企业家具有顽强的生命力，尽管成长过程历尽曲折，但中国企业家们依然抓住每次短暂的发展机遇，不断进步，时至今日中国企业家在中国国家建设和经济发展中扮演着不可替代的作用，并在世界上拥有极高的影响力，其坚忍不拔、越挫越勇的精神在中国企业家身上彰显得淋漓尽致。中国企业家的成长环境相较于其他国家企业家具有独特性。

第一，中国企业家成长与发展要适应中国特色社会主义独特的政治体制，企业家的各项经营活动很大程度上要考虑国家政治的发展方向，市场与政府之间关系较西方国家更为密切，政府对市场的干预更为频繁。

第二，中国市场经济体制尚不健全，国家发展处于改革深水区，改革乏力，但经济发展进入新常态，产能过剩，市场瞬息万变，国有企业在资源分配、信息获取、社会地位等方面比民营企业有用巨大优势，市场竞争之间存在诸多不公平。

第三，传统文化下中国“人情社会”观念深入人心，处事方式更加复杂多变的文化环境现状；要适应中国科技发展起步较晚，很多部分行业尚无法掌握行业核心技术，创新能力不足，科技成果转化率较低，但科技进步迅速，在很多领域拥有世界先进水平。

第四，媒体监管机制不健全，人们对企业家存在误解。

第五，中国企业家要面对经济全球化对中国市场的冲击，中国企业家在很多领域比西方发达国家实力更弱，却要面对他们相同的市场竞争。

第六，中国企业家要面对西方国家在关键技术和重要资源方面的封锁，中国企业家们在很多领域难以引进技术和设备，需要自力更生，艰难发展。以美国为首的西方国家实行贸易保护政策带来不公平竞争，中国企业家在海外市场的开拓充满艰辛，甚至威胁到人身安全。

总而言之，中国企业家与国外企业家在成长环境上具有较大差异，相应地，需要不同的素质来适应环境对生存的需要。中国复杂的宏观环境对企业家成长与发展提出了更高的挑战，因此，对中国企业家的评价要根据企业家真实的素质特点来分析，这样才符合我国企业家的真实特点，能够为亚企业家的成长提供有价值的方向。这也是本书不引用国外既有企业家素质模型，而是通过调查研究构建新的企业家素质模型的原因所在。

第五节　亚企业家素质

一、亚企业家理论

亚企业家理论是阮德信博士在《亚企业家论》中首次提出的。亚企业家内涵是拥有部分或全部企业家素质能力，但没有被社会认可为企业家的企业经营管理者；也可以定义为：亚企业家是指拥有部分或全部企业家素质能力而仍处于企业家潜能阶段的企业经营管理者。

亚企业家外延是指企业家素质能力介于一般劳动者与企业家之间的、分布于企业经营管理各个层次的经理人员或中小企业主。亚企业家主要由三类人构成：第一类人：是达到第一层次的企业家素质能力，但其素质能力没有被社会所认可的企业经营管理者；第二类人：是处于第二层次的企业家素质能力，其素质能力没有被社会所认可的中小企业主；第三类人：是处于第二层次的企业家素质能力，其素质能力没有被社会所认可的、分布于企业经营管理各个层次的经理人员。

亚企业家具有以下特性：（1）亚企业家的“经济人”特性；（2）具有强烈的创业欲和事业成就欲；（3）亚企业家是经济活动中最具创造力和创新力的群体；（4）勇于冒险、承担不确定性；（5）具有一定的经营管理能力。

亚企业家向企业家转化的条件是：当社会的边际收益等于边际成本，达到帕累托最优时，社会的收益最大化，此时，亚企业家转化为企业家，包含三方面含义：一是亚企业家拥有第一层次企业家的素质能力；二是这些企业家素质能力能被表现出来；三是这些表现出来的企业家素质能力被社会所认可。

二、亚企业家素质情况调查

亚企业家群体通常在企业中为中层管理者，因此本次调查将企业中层管理者作为调查对象，为避免不同评价主体评判标准的差异性，本次调查对收集到的173份亚企业家23项素质情况样本均值数据如下表2–8所示。

表2-8 描述统计分析

	N	极小值	极大值	均值	标准差
VAR00001	173	59.00	82.00	70.3931	5.85348
VAR00002	173	44.00	2.00	61.9422	8.08725
VAR00003	173	29.00	74.00	51.3468	9.36756
VAR00004	173	42.00	84.00	62.9538	8.98630
VAR00005	173	34.00	78.00	53.7457	8.90806
VAR00006	173	33.00	74.00	54.2023	8.18958
VAR00007	173	27.00	65.00	45.5896	8.57045
VAR00008	173	47.00	87.00	69.3064	8.55514
VAR00009	173	44.00	86.00	65.8960	9.46048
VAR00010	173	34.00	88.00	60.4566	12.16431
VAR00011	173	42.00	79.00	60.9075	8.88706
VAR00012	173	39.00	84.00	63.9480	10.51094
VAR00013	173	37.00	104.00	67.1792	13.38462
VAR00014	173	36.00	77.00	57.5029	8.95767
VAR00015	173	43.00	93.00	65.0058	10.11475
VAR00016	173	49.00	103.00	75.5145	10.63759
VAR00017	173	42.00	93.00	68.5607	10.29072
VAR00018	173	45.00	69.00	56.9942	6.32501
VAR00019	173	27.00	78.00	52.8092	9.69017
VAR00020	173	21.00	68.00	43.9306	9.48964
VAR00021	173	36.00	87.00	60.2139	11.16918
VAR00022	173	30.00	60.00	44.5376	6.98296
VAR00023	173	17.00	56.00	38.1040	8.87121
综合有效的 N（列表状态）	173 173	30.00	78.00	63.9480	10.46353

由均值可以看出，亚企业家群体的各项素质得分大多位于55至65之间，综合能力评价均值为63.9480，相较于企业家群体评价有不小的差距。由标准差可以看出亚企业家各项能力素质的标准差大多大于8，证明亚企业家各项素质存在较大差异。

第六节　企业家与亚企业家素质比较

一、指标关系分析

在构建企业家素质模型过程中将23项影响企业家综合素质的要素降维，归纳为能力素质、知识素质、品德素质、心理素质和政治素质五个指标，重新梳理了中国企业家的指标体系。根据企业家素质调查问卷获取到的原始数据及因子分析后获得的五项一级指标数据构建一级指标与二级指标之间的回归方程，厘清各项要素对一级指标的影响情况。

（一）能力素质指标分析

根据指标体系，能力素质包含创新能力、风险管控能力、领导能力、身体素质、判断能力、合作能力、倾听能力、人际交往能力、群体能力、化解冲突素质，根据调查问卷原始数据与因子分析获得的一级指标数据进行分析构建一、二级指标间的回归方程，探究两者之间影响关系。

表2-9　模型汇总

模型	R	R方	调整R方	标准估计的误差	更改统计量					Durbin-Watson
					R方更改	F更改	df1	df2	Sig. F更改	
1	.992[a]	.984	.984	.112	.984	3603.583	10	582	.000	2.020

a. 预测变量：(常量)，VAR00010，VAR00002，VAR00007，VAR00004，VAR00005，VAR00006，VAR00009，VAR00003，VAR00001，VAR00008。

b. 因变量：REGR factor score　1 for analysis 1。

通过表2-9中数据可知，方程的拟合优度为0.984，说明分析得到10个指标与回归方程具有较好的拟合度。

表2-10 Anova[a]

模型		平方和	df	均方	F	Sig.
1	回归	509.405	10	50.941	3603.583	.000[b]
	残差	8.227	582	.014		
	总计	517.633	592			

a. 因变量: REGR factor score 1 for analysis 1。

b. 预测变量: (常量), VAR00010, VAR00002, VAR00007, VAR00004, VAR00005, VAR00006, VAR00009, VAR00003, VAR00001, VAR00008。

由系数表2-10可得，自变量的Sig值小于0.05，F值较大，说明变量之间不存在严重共线性，适合构建线性回归方程。

通过拟合度检验、共线性检验可以发现二级指标与一级指标之间存在良好的相关关系，且变量之间没有严重共线性，适合通过回归分析的方法探究二者之间的线性关系。

表2-11 系数

模型		非标准化系数		标准系数	t	Sig.	B 的 95.0% 置信区间		共线性统计量	
		B	标准误差	试用版			下限	上限	容差	VIF
1	(常量)	10.488	.058		−180.276	.000	−10.602	−10.374		
	VAR00001	.23	.002	.158	14.894	.000	.020	.027	.244	4.101
	VAR00002	.15	.001	.146	22.817	.000	.014	.017	.663	1.508
	VAR00003	.14	.001	.133	16.082	.000	.012	.015	.397	2.518
	VAR00004	.14	.001	.131	16.090	.000	.012	.015	.415	2.411
	VAR00005	.12	.001	.118	9.484	.000	.010	.015	.176	5.680
	VAR00006	.14	.001	.123	17.828	.000	.012	.015	.578	1.729
	VAR00007	.13	.001	.116	17.421	.000	.011	.014	.611	1.636
	VAR00008	.017	.001	.161	11.869	.000	.014	.020	.149	6.732
	VAR00009	.013	.001	.118	16.680	.000	.011	.014	.548	1.824
	VAR00010	.014	.001	.138	19.871	.000	.013	.016	.569	1.758
	VAR00010	.014	.001	.138	19.871	.000	.013	.016	.569	1.758

a. 因变量: REGR factor score 1 for analysis 1。

通过系数表获得一、二级指标之间的线性相关系数，得到回归方程为：

能力素质=0.23 × 创新能力+0.15 × 风险管控能力+0.14 × 领导能力+0.14 × 身体素质+0.12 × 判断能力+0.14 × 合作能力+0.13 × 倾听能力+0.017 × 人际交往能力+0.013 × 群体能力+0.014 × 化解冲突素质+10.488

（二）知识素质指标分析

企业家知识素质包括学习热忱、信息收集能力、认知能力、专业技能素质。根据调查问卷原始数据与因子分析获得的一级指标数据进行分析构建一、二级指标间的回归方程，探究两者之间影响关系。

表2-12　模型汇总

模型	R	R方	调整R方	标准估计的误差	更改统计量					Durbin-Watson
					R方更改	F更改	df1	df2	Sig. F更改	
1	.989[a]	.979	.979	.13816093	.979	9127.382	3	589	.000	2.101

a. 预测变量：(常量)，VAR00017，VAR00016，VAR00015。
b. 因变量：REGR factor score　4 for analysis 1。

通过表2-12中数据可知，方程的拟合优度为0.979，说明分析得到四个指标与回归方程具有较好的拟合度。

表2-13　Anova[a]

模型		平方和	df	均方	F	Sig.
1	回归	518.625	4	129.656	5065.986	.000[b]
	残差	15.049	588	.026		
	总计	533.673	592			

a. 因变量：REGR factor score　2 for analysis 1。
b. 预测变量：(常量)，VAR00014，VAR00013，VAR00012，VAR00011。

由系数表2-13可得，自变量的Sig值小于0.05，F值较大，说明变量之间不存在严重共线性，适合构建线性回归方程。

通过拟合度检验、共线性检验可以发现二级指标与一级指标之间存在良好的相关关系，且变量之间没有严重共线性，适合通过回归分析的方法探究二者之间的线性关系。

表2–14 系数

模型		非标准化系数 B	非标准化系数 标准误差	标准系数 试用版	t	Sig.	B 的 95.0% 置信区间 下限	B 的 95.0% 置信区间 上限	共线性统计量 容差	共线性统计量 VIF
1	(常量)	5.225	.077		–132.542	.000	–10.377	–10.074		
	VAR00011	.230	.002	.275	23.816	.000	.039	.046	.361	2.770
	VAR00012	.020	.001	.364	37.996	.000	.038	.042	.522	1.917
	VAR00013	.329	.001	.282	32.871	.000	.027	.031	.650	1.539
	VAR00014	.134	.001	.305	34.900	.000	.032	.036	.628	1.591

a. 因变量: REGR factor score 2 for analysis 1。

通过系数表2–14获得一、二级指标之间的线性相关系数，得到回归方程为：

知识素质=0.23×学习热忱+0.2×信息收集能力+0.329×认知能力+0.134×专业技能素质–5.225

（三）品德素质指标分析

企业家品德素质包含激励他人、社会责任感和诚信素质。根据调查问卷原始数据与因子分析获得的一级指标数据进行分析构建一、二级指标间的回归方程，探究两者之间影响关系。

表2–15 模型汇总

模型	R	R 方	调整 R 方	标准估计的误差	更改统计量 R 方更改	更改统计量 F 更改	更改统计量 df1	更改统计量 df2	更改统计量 Sig. F 更改	Durbin–Watson
1	.986[a]	.932	.912	.15997958	.972	5065.986	4	588	.000	2.132

a. 预测变量: (常量)，VAR00014，VAR00013，VAR00012，VAR00011。
b. 因变量: REGR factor score 2 for analysis 1。

通过表2–15中数据可知，方程的拟合优度为0.912，说明分析得到五个指标与回归方程具有较好的拟合度。

表2-16　Anova[a]

模型		平方和	df	均方	F	Sig.
1	回归	522.683	3	174.228	9127.382	.000[b]
	残差	11.243	589	.019		
	总计	533.926	592			

a. 因变量: REGR factor score　4 for analysis 1。
b. 预测变量: (常量)，VAR00017，VAR00016，VAR00015。

由系数表2-16可得，自变量的Sig值小于0.05，F值较大，说明变量之间不存在严重共线性，适合构建线性回归方程。

通过拟合度检验、共线性检验可以发现二级指标与一级指标之间存在良好的相关关系，且变量之间没有严重共线性，适合通过回归分析的方法探究二者之间的线性关系。

表2-17　系数

模型		非标准化系数		标准系数	t	Sig.	B 的 95.0% 置信区间		共线性统计量	
		B	标准误差	试用版			下限	上限	容差	VIF
1	(常量)	9.835	.060		−163.103	.000	−9.953	−9.716		
	VAR00015	.254	.001		52.818	.000	.052	.056	.576	1.735
	VAR00016	.245	.001	.405	54.222	.000	.043	.046	.642	1.558
	VAR00017	.341	.001	.375	51.248	.000	.039	.042	.669	1.495

a. 因变量: REGR factor score　4 for analysis 1。

通过系数表2-17获得一、二级指标之间的线性相关系数，得到回归方程为：

企业家品德素质=0.254 × 激励他人+0.245 × 社会责任感+0.341 × 诚信素质+9.835

（四）心理素质指标分析

企业家心理素质成就感、主动性、坚强、情绪积极稳定。根据调查问卷原始数据与因子分析获得的一级指标数据进行分析构建一、二级指标间的回归方程，探究两者之间影响关系。

表2-18 模型汇总

模型	R	R方	调整R方	标准估计的误差	更改统计量					Durbin-Watson
					R方更改	F更改	df1	df2	Sig. F更改	
1	.989[a]	.977	.977	.14238409	.977	6314.709	4	588	.000	2.118

a. 预测变量: (常量), VAR00021, VAR00019, VAR00020, VAR00018。
b. 因变量: REGR factor score 3 for analysis 1。

通过表2-18中数据可知，方程的拟合优度为0.977，说明分析得到4个指标与回归方程具有较好的拟合度。

表2-19 Anova[a]

模型		平方和	df	均方	F	Sig.
1	回归	512.078	4	128.020	6314.709	.000[b]
	残差	11.921	588	.020		
	总计	523.999	592			

a. 因变量: REGR factor score 3 for analysis 1。
b. 预测变量: (常量), VAR00021, VAR00019, VAR00020, VAR00018。

由系数表2-19可得，自变量的Sig值小于0.05，F值较大，说明变量之间不存在严重共线性，适合构建线性回归方程。

通过拟合度检验、共线性检验可以发现二级指标与一级指标之间存在良好的相关关系，且变量之间没有严重共线性，适合通过回归分析的方法探究二者之间的线性关系。

表2-20 系数

模型		非标准化系数		标准系数	t	Sig.	B的95.0%置信区间		共线性统计量	
		B	标准误差	试用版			下限	上限	容差	VIF
1	(常量)	10.221	.069		−148.221	.000	−10.356	−10.085		
	VAR00018	.051	.002	.324	29.107	.000	.048	.054	.312	3.209
	VAR00019	.028	.001	.265	33.499	.000	.026	.029	.620	1.614
	VAR00020	.036	.001	.327	37.526	.000	.034	.038	.510	1.962
	VAR00021	.0307	.001	.307	38.560	.000	.030	.033	.609	1.642

a. 因变量: REGR factor score 3 for analysis 1。

企业家心理素质=0.051×成就感+0.028×主动性+0.036×坚强+0.307×情绪积极稳定+9.347

（五）政治素质指标分析

企业家政治素质包含法律意识、政治敏锐性。根据调查问卷原始数据与因子分析获得的一级指标数据进行分析构建一、二级指标间的回归方程，探究两者之间影响关系。

表2-21　模型汇总

模型	R	R 方	调整 R 方	标准估计的误差	更改统计量					Durbin-Watson
					R 方更改	F 更改	df1	df2	Sig. F 更改	
1	.971a	.942	.942	.22992448	.942	4829.306	2	590	.000	2.012

a. 预测变量: (常量)，VAR00023，VAR00022。
b. 因变量: REGR factor score　5 for analysis 1。

通过表2-21中数据可知，方程的拟合优度为0.942，说明分析得到四个指标与回归方程具有较好的拟合度。

表2-22　Anova[a]

模型		平方和	df	均方	F	Sig.
1	回归	510.605	2	255.303	4829.306	.000[b]
	残差	31.191	590	.053		
	总计	541.796	592			

a. 因变量: REGR factor score　5 for analysis 1。
b. 预测变量: (常量)，VAR00023，VAR00022。

由系数表2-22可得，自变量的Sig值小于0.05，F值较大，说明变量之间不存在严重共线性，适合构建线性回归方程。

通过拟合度检验、共线性检验可以发现二级指标与一级指标之间存在良好的相关关系，且变量之间没有严重共线性，适合通过回归分析的方法探究二者之间的线性关系。

表2-23 系数

模型		非标准化系数		标准系数	t	Sig.	B 的 95.0% 置信区间		共线性统计量	
		B	标准误差	试用版			下限	上限	容差	VIF
1	(常量)	6.356	.114		-89.072	.000	-10.368	-9.921		
	VAR00022	.432	.002	.478	35.180	.000	.074	.083	.529	1.889
	VAR00023	.427	.002	.579	42.636	.000	.064	.070	.529	1.889

a. 因变量: REGR factor score 5 for analysis 1。

通过系数表2-23获得一、二级指标之间的线性相关系数，得到回归方程为：

企业家政治素质=0.432×法律意识+0.427×政治敏锐性+6.356

（六）一级指标得分差异分析

根据五项一级指标各自与二级指标之间的线性关系，代入亚企业家调查问卷所获数据，可得到亚企业家五项指标的得分情况，进而根据中国企业家素质模型回归方程可以获得企业家素质标准下亚企业家能力素质的综合得分。鉴于问卷数据较多，难以展示各被调查者的指标得分情况，此处对各条数据求平均值，从而反映被调查者五项素质的水平情况。

表2-24 企业家与亚企业家素质指标得分对比表

	能力素质	知识素质	品德素质	心理素质	政治素质
企业家各素质平均得分	67	71	76	69	79
亚企业家各素质平均得分	54	63	70	66	41

通过表2-24对比可知亚企业家群体在各项素质方面均弱于企业家群体，这也从侧面印证了本书所构建企业家素质回归模型及一二级指标线性关系模型的科学性。在各项一级指标方面，亚企业家的能力素质和政治素质、知识素质三方面明显弱于企业家群体。参照23项素质指标平均得分情况，能力素质中，亚企业家身体素质与企业家群体不相上下，甚至还略有超出，其他各项素质明显处于劣势；知识素质中，亚企业家的专业技能高于企业家群体，而其他素质明显不足；政治素质中亚企业家两项素质都大大低于企业家群体。

亚企业家品德素质与心理素质虽然与企业家群体相差不多，但其中各项内容差异较大：品德素质中亚企业家群体的社会责任感明显低于企业家群体；心理素质中亚企业家情绪稳定素质及成就感素质高于企业家群体，而主动性和坚强素质明显低于企业家群体。

二、亚企业家成长存在的问题

针对亚企业家群体与企业家群体之间各项素质的差异性，对被调查者随机抽取30人展开访谈，访谈提纲见附录C，对访谈结果整理如下。

（一）亚企业家各项素质参差不齐

亚企业家群体多为中层管理者，其岗位职责局限于某一范围之内，对大多数中层管理者而言只需要在职责之内具备某一方面的良好素养即可胜任工作，这也使得大多亚企业家群体往往有其突出之处，但其他各项素质往往并不出众，甚至有部分人还存在明显的短板。

企业家群体处于公司的顶层，多与社会各界精英人才打交道，因此他们有更多的学习机会；同时企业家自身素质的缺点也更为致命，这也迫使他们努力改变自己，不断补足短板，各项素质综合发展。而亚企业家的工作范围相对企业家群体来说小得多，人际交往也常常固定在某一范围之内，对于他们来说学习机会较少，自身缺点带来的危机感也没有那么强烈，因此往往提升和发展自身的动力不足。

企业家群体往往是由亚企业家发展而来，大浪淘沙之下，往往最优秀的人才能脱颖而出，这也使一些综合素质不够过硬的亚企业家难以获得进一步发展。

公司晋升机制往往是由低一层员工选取优秀员工晋升至高一层，在晋升过程中对员工综合素质的考量把关不严，往往有一技之长，或在某一项工作中表现良好，就给考核者留下刻板印象，获得晋升的机会。

综合来讲，亚企业家自身各项素质参差不齐有其各方面成长环境的局限性，但要想获得更好的进步，使其优秀素质获得社会的认可，就不得不全面发展自己，努力提升自身综合素质。

（二）亚企业家能力素质明显差于企业家群体

企业家群体处于公司高层，往往要统筹更多的工作安排，协调众多员工，游刃于形形色色的商业交往中，而能力素质中的判断能力、风险管控能力、合作能力是商业运营中必不可少的极本素养，因此企业家群体在这些方面有短板必然难以生存；相对而言中层管理者大多只需要做好企业内的本职工作，对这些素质的依赖性低得多，该项素质的硬性需求和实际作用要低于企业家群体，因此实际水平也低于企业家群体。

企业家群体需要与更多的社会精英群体合作交流，同时也要管辖、协调公司内更多的员工，因此领导能力、倾听能力、人际交往能力和化解冲突能力的需求和应用机会、学习机会都要比亚企业家群体强得多。

企业家群体往往把握着企业的发展方向，需要付出更多脑力劳动，同时还要面对众多应酬，即便他们更加注重养生和身体健康，但实际的健康状况往往不够理想。这从侧面也反映了亚企业家群体应该更加注重身体健康状况，这样才能保持充沛的精力和体力完成更高层次的工作。

企业家群体的工作往往代表着企业当前及未来的发展状况，在当下快速发展的市场行情下，墨守成规就意味着要落后挨打，因此企业家群体需要具备良好的创新能力，同时他们也能够将这种创新自主地付诸实践。而亚企业家群体要受限于知识、阅历和能力，在创新实力方面略有不足，同时他们还要受到更高层次管理者的约束，一些创新的想法往往难以实现，这也打消了他们创新的积极性。

（三）亚企业家知识素质提升的困难所在

亚企业家群体在知识素质方面普遍明显低于企业家群体，在访谈过程中发现多数亚企业家群体对提升知识素质存在很多困难。

一是亚企业家群体的工作更为琐碎，工作时间固定，没有太多空余时间进行自我知识素养的提升。

二是亚企业家群体的收入远不如企业家群体，因此在学习的硬件条件方面难以与企业家群体相匹敌。

三是公司没有相应的学习氛围，亚企业家群体大多已经离开学校进入职场多年，重新拿起书学习也往往变得很困难。

四是亚企业家工作相对简单，对更高层面能力素养的认知、需求及学习动力不足。

五是亚企业家群体工作和社交接触的层面与企业家群体存在较大差异，信息获取的渠道不足，信息获取和辨别的能力存在不足。

（四）亚企业家政治素质严重不足

国家政策对企业家经营活动有着直接影响，中国的社会主义制度下，国家政策决定着企业家的经营方向和经营状况，而政策的制定往往难以预测，具有很大的不确定性，国家政策对企业家的影响也往往具有不可逆转性，如一些环保政策的出台往往会导致大量高污染企业迅速没落甚至破产倒闭。

企业家群体作为企业的掌舵人必须拥有良好的政治理解能力和政策解读能力，有良好的政治敏锐性，才能及时把握时机，为企业发展制定更加有力的策略。

此外在经营活动中必须要严格遵守经济法的相关内容来制定经营策略避免违法违规造成不必要的经济损失，如果政治素质太差将难以生存。而亚企业家群体在公司中多为中层管理者，大多数工作内容都是执行公司既有的策略，起协调、上传和下达的作用，对政治素质需求不高，因此在这一方面明显低于企业家群体。

（五）亚企业家社会责任感不足

社会责任感是一种较高层次的个人素养，通常情况下拥有较为丰富社会阅历、有良好经济基础的人会偏向于这一素养的培养和提高。相对于企业家群体，亚企业家的经济收入、企业地位都远远不如，其精力多放于公司晋升加薪方面，对类似自我修养提升活动的关注要少于企业家们。

很多时候对于企业家来说社会公益活动不仅仅是一种对社会的回报，同时也是对公司的宣传，此外，社会舆论也会对企业家们有一定的社会公益要求，迫使他们不断为社会做出贡献，因此企业家群体的相关付出会多一些。而亚企业家处于公司中层，并无来自社会的压力，也不需要通过这一方式进行宣传或是炒作，因此表现出的社会责任感要低于企业家群体。

拥有较高的社会责任感同时意味着会更多服务于社会，这需要一定的经济实力，从这一方面来讲企业家群体有着更大的优势。

（六）亚企业家与企业家群体心理素质的差异原因

通过访谈发现中国企业家群体与亚企业家群体在素质方面的差异存在各种不同原因。

1. 企业家群体相较于亚企业家有更为丰富的社会阅历和人生阅历

企业家经受过更多的挫折和失败，因此需要他们有坚强的品质和百折不挠的精神才能够战胜困难获得成功，而这也将是一个大浪淘沙的过程，只有积极主动地突破困难，不断进取才能获得当下的成就，他们往往有良好的主动性和坚强的毅力，而同时由于工作性质，企业家面对多变的市场环境，会遭受各种难以预料的变化，对其心境会产生巨大的影响，往往情绪会产生较大的波动；而亚企业家群体工作相对稳定，面临的挑战和压力小得多，因此在旁观者看来情绪稳定性较好，但面对挫折和失败其坚强程度相对企业家群体多有不足，工作的积极主动性更是远远不如。

2. 亚企业家与企业家群体在工作中所处环境不同

企业家群体所接触的层面更高，他们有机会认识更多的商业经营策略，因此对商业经营中各项事务的认知、分析会考虑得更深更广，信息的收集会有更多的渠道，他们身处政治对商业经营的影响之下，也深知信息、知识对自身成长的重要影响作用，因此各项素质的提升会更加重视，同时也有广阔的实践舞台，并得到验证的机会，这也成为他们生存的根本。而亚企业家群体在企业中处于管理者中层，本身工作性质及成长条件与企业家存在较大差异，因此他们的各项素质相对于企业家群体并没有那么显著。

3. 亚企业家群体在自身经济条件方面存在天然劣势

亚企业家群体的收入普遍低于企业家群体，因此他们在提升自身各项素质方面的投入会相对较少，效果也会大打折扣；此外，企业家群体往往是企业拥有者或持股人士，公司的经营状况越好，其获利越多，而亚企业家群体作为公司的中层管理者难以享受这种条件，因此企业家们在工作上的积极主动性要高于亚企业家群体。

第三章

CHAPTER 03

企业家价值

第一节　社会价值

企业家的社会价值主要体现在企业的社会价值上，追求社会价值最大化，而企业实现自身的社会价值主要靠企业承担自己应该承担的社会责任上。企业家的社会职责不仅是创造社会财富，还要推动社会进步。企业在追求股东利润最大化的过程中主动维护非股东利益相关者的利益，便是企业肩负社会责任的体现。因此，承担社会责任、追求社会价值应当成为新时代企业家精神的核心理念。

一、企业家创造的社会价值

张载曾经说过：为天地立心，为生民立命，为往圣继绝学，为万世开太平。企业家创造社会价值就应该为社会服务。

企业家在引领企业践行社会责任的过程中，应该更加注重社会可持续的高层次发展理念，在与其他企业进行竞争的过程中，注重公平正义。企业家创造的社会价值有利于客户、供应商、员工、社区、环境以及其他的利益相关者。

优秀企业要主动追求企业的社会价值最大化，努力担负起社会责任，包括提供就业机会、开发创业平台、拥抱科技革命、推动节能环保、促进环境友好、拓展绿色金融、大力扶贫济困、实现各类人群的平等发展与社会共同进步。

新冠肺炎疫情重创世界经济，让企业面临前所未有的压力。企业家在引领企业复原的过程中，企业社会责任大有施展之道。企业履行社会责任，更有利于增强企业的发展韧性。企业家要和自己的企业团队同甘共苦，让所在团队充满凝聚力，让组织成员感受到归属感，企业家还要虚心听取各方意见，经得起各种社会舆论，经得起不公、不正的待遇，以宽容胸怀和战略定力坚持创业为人、服务社会的初心，控制企业运营给社会带来的风险和伤害。

只有带领企业实现社会价值，企业家才会得到员工的积极响应，增加企业利益共同体的凝聚力，在危机中发现新机遇，实现不间断经营。企业社会责任并非主要在于股东利益，而在于所有受企业行为影响的利益相关者。企业家社会价值的发挥不是用来证明对公益事业的资助，而应源于决策层的高远信念，并在决策中对利益相关者整体考量；可持续发展理念应该作为企业战略基础，成为企业的宗旨和目标。国内很多央企的社会实践证明担负企业社会责任可产生双赢效果而不是一种噱头或时髦，也不是财大气粗企业的奢侈品，更不是慈善事业的新花样。更有很多文献已经研究证明企业的慈善行为实际是以追求私益为根本目的的，企业的慈善行为基于多种动机而存在。总而言之，是以光鲜亮丽的外表掩饰自己丑恶的嘴脸。

企业的社会责任不再是一个选择而是一种必需，企业社会责任将被视为一项战略、一种管理模式、一种提升企业社会形象的实践活动，甚至成为留住企业员工的双赢战略，而且尊重和履行社会责任的企业也将从越来越多的“负责任的消费者”处得到回报。

由中国社科院课题组编写的《企业社会责任蓝皮书：中国企业社会责任研究报告（2019）》可知，在2019年，中国企业300强社会责任发展指数为32.7分，整体处于起步者阶段；约五成企业发展指数低于20分，仍在“旁观”。受评价方法更为严格的影响，2019年企业社会责任发展指数相比2018年出现小幅下降。

二、影响社会价值的因素

（一）企业文化

企业文化是企业在长期生产经营活动中自觉形成的能被绝大多数员工所遵守的，具有企业特有的使命、愿景、宗旨、精神、价值观和经营理念，以及这些理念在生产经营实践、管理制度、员工行为方式与企业对外形象中的体现的总和。

企业应该建立正确、符合时代要求的企业文化，如果企业文化只是为了企业的发展，仅仅是为了企业的利益需要，而不顾及社会利益及其他社会利益相关者的利益，势必会影响企业社会责任的履行，从而影响企业家社会价值的发挥。

企业社会责任与企业文化相互融合、相辅相成。企业社会责任能为企业文化提供保障，使优秀企业文化不断积累与沉淀，并转化为企业的价值观念、行为准则和经营理念，进一步促使社会责任成为企业自觉遵守的企业经营行为，有助于企业的快速发展与提高企业竞争优势，实现可持续发展。而优秀的企业文化是企业履行社会责任的内在动力，并奠定了坚实的思想基础。和谐的企业文化塑造出的价值观、责任感和使命感在潜移默化中直接影响着企业员工的思想和行为，再由企业员工拓展到家庭和社会。例如，大连万达集团企业文化的核心理念中提出万达的使命是“共创财富，公益社会”。

（二）创新技术

如果企业家不具有创新精神，在这个变化多端的时代，就会落后于世界的发展，从而无法给企业注入勃勃生机，导致企业无法满足社会的需求，无法为社会提供必需的服务和产品，终将走向灭亡，也就无法实现社会价值。

企业为实现绿色转型升级，在研发、生产、采购、销售等生产经营过程中不断创新，实现绿色经营以保护环境，有时需要研发绿色技术以实现企业社会责任。例如，纺织业为大幅减少水污染的污水染色技术，到利用废旧塑料瓶、废旧衣物制作的再生纤维，再到性能优异的碳纤维材料，一项项创新技术带领着纺织业跨入绿色低碳发展新阶段。广汽丰田为了开展节能减排，首次采用了全球领先的“浓缩液回收”技术，每年可节约工业用水40万网吨；导入大量的先进制造设备，在降低能耗方面达到世界领先水平冲压车间的伺服压力机比传统压力机降低能耗30%以上；采用“VOC全过程管理”的方式，放弃油性涂料而大量采用更昂贵但VOC（可挥发性有机物）更低的水性涂料，同时采取改善措施降低有机溶剂的使用量，进一步减少VOC的排放，使得VOC的排放量达到世界领先水平。

（三）政治因素

中国的政治体制决定了政府对企业履行社会责任的需求。我国采用的是自上而下的政治体制，地方政府的市长由中央政府任命，其在任期间的绩效考核情况是晋升评价的主要标准之一。因此，以市长为例，为实现一个市的不断发展，市长会督促地方企业履行企业社会责任。研究发现，当市长被替换时，企业社会责任活动的水平和倾向会增加。这种增长在那些政治关系更有价值的公司中更为突出，即非国家控制的公司、较小的公司，以及在更腐败的政府统治下的城市经营的公司。

此外，通过企业社会责任活动花费资源与新政府建立联系的企业会得到奖励。这些企业获得了更高水平的政府补贴，或有更大的未来获得政府补贴的倾向。这些公司的表现也超过了那些没有通过企业社会责任投资政治网络的公司。就其慈善的本质而言，企业履行社会责任可以通过增加股东财富以促进社会福利的提升。企业家也要响应国家的号召，企业的一些规章制度要符合国家政策的要求，否则便会丧失企业发展的机遇，带动不了企业可持续发展，从而实现不了自己的社会价值。

《中华人民共和国国民经济和社会发展第十四个五年规划和2035年远景目标纲要（草案）》提出，坚持绿水青山就是金山银山理念，坚持尊重自然、顺应自然、保护自然，坚持节约优先、保护优先、自然恢复为主，实施可持续发展战略，完善生态文明领域统筹协调机制，构建生态文明体系，推动经济社会发展全面绿色转型，建设美丽中国。在此背景下，诸多企业也提倡绿色发展，例如新能源行业的高速发展。

三、提高社会价值的有效方法

（一）建立正确的企业文化

建立正确的企业文化需要有正确价值观导向，使员工接受企业的价值观，规范员工角色，引导员工创新，使他们在企业文化所营造的氛围中相互促进，共同进取，形成合力；需要继承和弘扬中华民族传统文化和优秀企业的文化传统，在学习和借鉴国外企业优秀文化的基础上进行改革和创新；需要注重培育和弘扬企业家精神，承担社会责任。

被誉为“经营之圣”的日本企业家稻盛和夫，对企业经营有着独特的见解，在企业经营实践中有着辉煌成就，对中国企业文化的建立提供了有益的借鉴与启示。稻盛企业以“以心为本”“敬天爱人”和“利他经营”为核心理念，在这种核心企业的引领下，京瓷才由当初一个默默无闻的小企业成为在世界上闻名遐迩的大企业。

他在自己的《新经营·新日本》书中说道："我到现在所搞的经营，是'以心为本'的经营，换句话说，我的经营就是围着怎样在企业内建立一种牢固的相互信任的人与人之间的关系这样一个中心点进行的。"稻盛在长期的企业经营实践中，每遇到挑战都会反复问自己，"作为人，何谓正确"，并回归到"追求正确的为人之道"的哲学原点，进而以此为原则展开思考和采取行动。面对企业经营中每天都在发生的各种情况和问题，应当把"作为人应该做正确的事并以正确的方式贯彻始终"作为根本判断基准。企业一方面要获取高收益，另一方面还要与顾客建立彼此尊重信任的关系，且因解决了社会问题而赢得社会的尊重与认可。基于这样的认识和担当，稻盛本着光明正大的经营态度"谋利有道"，并积极承担责任回报社会，这就是"敬天"的应有之义。而"爱人"则是满足员工物质生活和精神生活两方面需求，关爱、体谅员工，与员工共进退，企业就能排除万难、成就事业。稻盛和夫主张的"利他之心"既包含着与竞争对手互利双赢的一面，也包含着优待员工，回报社会。他认为利己则生，利他则久，让利于人，在同行业中靠质量与服务取胜，承担社会责任。

企业家承担着企业文化的倡导示范、整合和变革等责任，是企业文化建设的核心推动力量。因此企业家是否具有高度的文化自觉，就成为企业文化建设成功与否的关键性因素，企业文化的塑造必须以培育企业家精神作为基石。正如习近平总书记指出："市场活力来自人，特别是来自企业家，来自企业家精神"。国学大师季羡林对稻盛和夫给予了充分肯定和极高评价，将其推崇为知识经济时代企业家的典范与楷模。稻盛和夫被认为是极富企业家精神的杰出代表，他身上体现了以创新创业精神、社会担当精神和敢冒风险精神为主要内涵的企业家精神，故而稻盛经营哲学和京瓷的成功完全可供中国企业家借鉴。

（二）努力创新

新时代为鼓励企业家的社会价值创造，必须大力培育和弘扬企业家精神，其中更为重要的是培育和激发企业家的创新精神。创新为第一发展动力，只有不断地创新，才能更好顺应时代的潮流，企业才能永续发展。因此，优秀的企业家应该勇于创新，善于创新，依靠创新来促进企业的成长，进而不断推动中国迈向现代化进程。

创新具有高风险性和高不确定性的基本属性，高度的不确定性可能会加剧和放大创新的潜在风险，降低企业家未来的预期收益，改变企业创新的意愿和态度。因此，真正的企业家是那些能够识别出有价值的商机并利用这些商机以及能够承担和处理创业风险的人。

企业家的创新精神还体现为一个成熟的企业家能够发现一般人无法发现的机会，能够运用一般人所不能运用的资源，能够找到一般人所无法想象的办法。根据熊彼特的创新理论可知，可以为企业引入一种新的产品、提供一种新的产品质量、实行一种新的管理、采用一种新的生产方法、开辟一个新的市场。有时候，因为一个活跃的市场，土地、劳动者、资本等要素只要在具有优秀企业家精神的人手中，才能在复杂多变的竞争环境中发展壮大起来，才会成为财富的源泉。

努力创新，不仅需要政府制定适当的政策，创造良好的环境，激励科技人员创新热情，还需要良好的金融体制和资本市场提供资金支持。企业家对创新的态度源自政府减少对经济的行政干预，稳定的经济发展政策以及良好的营商环境，降低政府对经济的微观干预，放松各项管制对企业家的创新意愿态度具有重要意义。

（三）关注国家政策变化

在2019年中国企业家成长与发展专题调查报告中显示，社会规范、风俗习惯、行为自由等因素会影响企业家的创新精神、学习精神、敬业精神和责任精神。2020年7月21日，习近平总书记召开企业家座谈会并发表了重要讲话，强调企业家要在爱国、创新、诚信、社会责任和国际视野等方面不断提升自己。实际上这就为中国企业家提出了要求和期望。他还指出，对于中国企业家来说，即将到来的“十四五”，是一个充满各种机遇和挑战的时期。如何抓住机遇迎接挑战，是摆在每一位企业家面前的、既富有挑战性同时颇具吸引力的新课题。党的十九大报告指出“创新是引领发展的第一动力，是建立现代化经济体系的战略支撑”。科技创新已经成为驱动中国经济发展的重要引擎。2020年政府工作报告进一步明确要求提高科技创新支撑能力。

在高度集权的中央计划经济体制下，国家资本一直在占据绝对的主导地位，而政府对资源的分配拥有绝对的权力，在这种情形下，民营资本的趋利本能必然导致依附于政府关系。但随着向市场经济体制的转移，国家对资源控制的逐步开放以及经济扶贫政策的实施，促进了企业家的成长及中小企业的发展。

政府宏观经济政策，如税收政策、补贴政策等，影响着企业家的创业倾向。财政补贴是一种直接激励政策，是政府为鼓励企业创新直接无偿给予的财政性专项资金。税收优惠政策是一种间接激励手段，是指国家运用税收政策对某一部分特定企业给予减轻或免除税收负担的一种措施。财政补贴与税收补贴在一定程度上分担了企业创业投资失败的部分风险，因此有利于企业创新创业，投资有风险的活动。

2021年企业将中国特色社会主义核心价值观融入企业文化，将核心价值与实际行动相结合，把价值理念赋予实践探索。它通过党和国家政策，明确了市场和政府的关系，激发了企业活力，并在潜移默化中将这一主流价值观念赋予企业家精神中。使更多的企业转变了从前重义轻利、注重个体利益的价值观，树立与祖国风雨共担、同舟共济的价值追求。意味着企业不再只是追求自利性，追逐利润的最大化，而是在共同合作中谋求发展，这有利于形成良性的竞争环境。

河南许昌于东来——企业家人性管理的重要性

其实，真正的企业家是不以营利为目的的，真正的企业家是关心社会安危以及员工幸福，具有大家风范。

这样的企业家在中国的人数极少，但是令人最佩服的莫过于河南许昌的于东来，他创建了河南胖东来商贸集团。

在于东来事业发展的同时，他不忘为国家、社会奉献爱心，先后为福利院、希望工程等捐款。比如，1996年，于东来三兄弟在电视上看到美国航母编队驶入台湾海峡，于是拿着几万块钱连夜跑到有关部门，表示要支援国家造航母，那时候他才刚创业不久。2003年“非典”，于东来捐了800万元。2008年汶川地震，捐款捐物近1000万元，并组织公司员工前往灾区参加救援。2020年1月25日，于东来向武汉红十字会捐赠5000万元用于新型冠状病毒肺炎疫情防控。

也许有人会说，众多的创业者都会捐款，只不过是为本企业打个广告，增加自己的知名度、让自己包装成“好人”形象，其实还是对员工很克扣的资本家。如果于东来真的属于这种“资本家”，那他企业的经营情况便不会像实际中那样如日中天。

胖东来实际发展情况：

许昌胖东来的发展速度与业绩惊人，在许昌市场的地位至今仍固若金汤。他的商业网络覆盖许昌和新乡两地，涉及百货、超市、医药、通信、珠宝和影院等多个行业或业态，年营业额在20亿元左右。于东来特有的经营理念就是“说实在话，真心服务百姓”。2006年，胖东来走出许昌，进入新乡，丹尼斯在新乡的店迁了地址，世纪联华的店拱手相让，大商与沃尔玛推迟开业。现如今，“胖东来”已经拥有30多家连锁店，总营业面积超过15万平方米。其中有2万多平方米的大型购物中心——胖东来生活广场，也有服饰、家电和通信等专业商场，还有遍布全市的便民连锁店。“胖东来”在全省同行中具有相当的影响力。

是什么让胖东来这么快地发展呢？这个问题值得我们思考！

于东来注重打造开心团队，企业员工们像兄弟姐妹，情同手足，开心工作；打扫卫生的大妈看见地上脏了，甚至会主动跪在地上擦地，只是因为这样擦，擦得干净。与其说这是企业，不如说是一个温馨快乐的大家庭。这个大家庭就是于东来创建的胖东来商贸集团，于东来也曾以“家长”的身份自称，所有的员工见到他，都亲切地叫他“东来哥”。

对于做企业，于东来用了两个词：尊重和快乐。尊重顾客的人格，带一个快乐的团队。他还呼吁：“把员工当自己的亲人看，而不是赚钱的工具。如果有40%至50%的中国企业家能做到视员工为家人，社会一定能够和谐。”

“让所有员工感觉我们是最快乐的企业。”于东来这样说，他也是尽力这样做的，不仅给员工发高工资，还动员商界的其他老总多关爱员工，提高员工待遇。在“胖东来”，员工最不担心的就是自己的工资。说起自己的愿望，于东来希望他的每一位员工都能开上车，都能买得起自己的房子，并为此不懈努力。于东来还倡导“开心工作”自然少不了举办各类文体活动。开心的生日聚会，欢乐的全员旅游，隆重的集体婚礼等，都让胖东来人深深体会到这个大家庭的温暖。

其实，于东来只念过7年书，没有过多的文化背景，而他却把“以人为本”这一最朴素的管理哲学演绎得淋漓尽致。他会用发自内心的、最直白的、最朴实的语言去感化每一名员工，这些语言具有强大的号召力。

作为一个商人，于东来给人的最深印象不是生意经，而是他对做人、对人生、对思想境界的追求与探索。没有管理专业的资深学历，没有高不可攀的家庭背景，凭借“以人为本”的朴实信念，于东来将一个企业家的强烈社会责任感灌注到每个人心中。在众多的零售企业家中，于东来不是最有钱的，但他是最“舍得”的。给员工加薪、援助灾区，他认为这些钱都是最该花的。

企业家评价：

曾有人这样评价于东来：“有这样一个企业家，别人在想方设法赚更多的钱，他却嫌自己的企业太‘大’了；别人在教导下属好好工作，他却要求员工快乐生活。文化程度不高，却总能出惊人之语；圆领T恤+方口布鞋，尽显率性风格，他就是‘鬼才’于东来。”

其他企业家都争相扩张，欲望总也满足不了，总想挣很多的钱。但是作为许昌胖东来商贸集团的董事长，于东来似乎没有太大的“野心”，当别人想方设法把企业做大做强的时候，于东来却嫌自己的企业太“大”了。谈起此事于东来满不在乎，他说，“我从来没有想过要把企业做多大，我最根本的想法就是管好一个店”。可就是在这不经意间，他的企业越做越大。

于东来谈管理，很容易“扯”得很远，会把一切上升到人性的高度。在一次行业内的人力资源研讨会上，一些老总就人才招聘、留住人才等方面诉说了他们的苦恼。坐在台下的于东来忍受不了在这些问题上的“磨叽”，拍案而起说：“你一个月给他多发一万元，我就不相信他会跳槽。”于东来认为，任何事情都是由人来操作的，只要是人来执行，就必须要解决人的思想问题。

在于东来眼里，什么“KPI指标”“绩效考核”都是肤浅的，只有“人性”才是最根本的。他对“人性”的解释也很简单：当你真心对员工好的时候，员工也会真心回报你。因此，当其他的老板想方设法倡导员工努力工作的时候，于东来却要求他的员工快乐生活。

胖东来公司流传着这样一本小册子，它是于东来给员工制定的“规划手册”。这本由“人生规划”“工作标准”“生活标准”等几个重要部分组成的小册子，体现出这位草莽英雄的细腻之处。比如，在“人生规划”里，它详细介绍了从基层员工到高层管理者的技能要求和配套的生活福利。以住房为例，按照于东来的规划，基层员工的住房条件是两三个人合租一间二居室的房间；课长级别的员工能够拥有一套属于自己的60—80平方米的住房；处长则可拥有100平方米的住房，精装修、家电齐全，欧式风格、田园风格、现代风格随便挑选。与之对应地，“人生规划”里还规划了一个营业员成长为店长需要的时间、技能等。按照规划，一个营业员成长为店长的时间为六年。换而言之，一个新加入胖东来的员工，只要好好工作，踏实肯干，6年之后就可以享受到120平方米的豪华住房。

“我不仅教员工如何工作，还要教他如何体验生活、享受快乐”，于东来试图构筑这样一种商业国度，他希望他的每一位员工都能开上车，都能买得起自己的房子，并为此不懈努力。胖东来虽地处许昌、新乡等河南二线城市，但员工工资却是河南省零售业里最高的。在胖东来，员工最不担心的就是自己的工资，普通员工每月近2000元。按年薪算，科长助理是4万元，科长是6万元，店长助理35万元，店长50万元，区域经理100万元……放眼全国的零售业，有这样高工资的恐怕不多。据说，于东来每去新乡开一次会，新乡胖东来店的工资就要涨一次。

可以说，于东来的商业思维是“疏狂”和“缜密”的辩证法。他是一个思维活跃的人，总能跳出世俗的圈子，从另外一个角度观察问题。因此，他比一般人更容易接近成功。于东来文化程度不高，初中毕业就外出打工了，但他却能出口成章，每每语出惊人。他用发自内心的、最直白的语言去感化每一位听众，这些朴素而煽情的语言具有强大的号召力。于东来经常到“四方联采”另外几家企业去讲课。这些企业的员工都很欢迎于东来。据说，曾经有家企业员工一听到“东来哥”来了，便立即像变了个人似的，更加卖力地投入工作去了。

“天才”和“率性”往往是联系在一起的。于东来的率性，有些时候也难免“百密一疏”。胖东来进驻新乡招工的时候多出一批员工。于东来不忍心遣散他们回家，便出资在许昌市区建立了一个运动服饰专卖店，安置这些员工。由于选址、定位等各方面原因，这家店不能给胖东来带来多少利润，每月盈利只有5万元左右。于东来大手一挥，说这5万元不要上交了，分给门店的兄弟们吧。

于东来的辞海里，有两个词汇被反复提及，那就是“真爱”与“快乐”。于东来认为，你要“快乐”，就必须学会如何去“真爱”。于东来大大咧咧的外表下，隐藏着一颗细腻而敏感的心。因此，他总能直面人性弱点，体会到生命中的许多不完美和不愉快。于东来常常提到“快乐”，但他认为自己其实是一个经常不快乐的人。正因如此，他才倡导快乐，寻求快乐，希望别人能够快乐。

总结：

其实，在众多零售企业家中，于东来不是最有钱的，但却是最“舍得”的；于东来的企业不是做得最大的，但却是最懂得生活的。甚至可以这么讲：于东来在对生活的感悟以及对生命的追求方面的成就要远远大于他在事业上的成就。

从某种意义上说，于东来的成功是“非商业思维”的成功。他把“人性”看成管理的本质，故而他能够把复杂的事情简单化。对他而言，管理就是如何更好地调动员工的积极性。因此，当他“掏心掏肺”对员工好的时候，这种“人性”力量给他巨大的回馈。不可否认，这种朴素甚至原始的理念更让他接近成功。

多少年来，我们一直崇尚西方的管理思维。“二八法则”“六西格玛定理”，这些西方工业文明的产物，追求的是效率和利益至上，从而忽略了“人性”的东西；而于东来却反其道而行之，从“人性”管理出发，提倡真、善、美。这种以“人性”为驱动的管理理念，对于其他中国零售企业有借鉴意义。当企业为“招不到员工”或者“留不住人才”而发愁的时候，或许可以回头想想于东来那句话：“你一个月给他多发一万元，我就不相信他会跳槽。”这句貌似质朴而随意的话，还真是值得琢磨。

第二节　经济价值

社会可持续发展要讲究义利兼顾，企业家的天职就是为创造财富。企业家的财富观也是市场经济的财富观。市场经济使财富的母体由生产要素本身转向要素的组合方式。在企业家看来，财富不是大自然的恩赐，而是人类的创造；不是杯里的水，而是井里的水；不是汲之有限而是掘之无限，掘井者也就是财富的创造者。

一、企业家创造的经济价值

企业家是经济社会发展的动力源。自改革开放以来，世界经济持续繁荣发展，其中最为重要的原因是社会诞生了一种人或者叫一个阶层，这就是企业家或者叫企业家阶层。他们把土地、人才、资本、科技、管理和制度等各种要素有机结合起来，使这些要素的效用得到淋漓尽致的发挥。企业家不仅给人类带来了直接发展成果，与之伴生的企业家精神更是给人类社会带来了彻底变革。正是由于这些企业家的推动，中国经济才实现了前所未有的发展。

企业家创造的经济价值，主要是通过企业为社会、为员工、为顾客创造经济价值。

企业家为社会创造的经济价值，主要体现在为积累社会财富、创造就业岗位、促进经济社会发展、增强综合国力做出了重要贡献。企业的核心价值就是不断创造社会财富，并为社会创造价值。我们国家的GDP的来源超过70%是来自企业，来自企业家的带领，也就是说企业创造社会财富增长。例如，清末民初的南通实业家张謇，他以爱国之心、报国之志，继承“以天下为己任”的优良传统，投身于救国的实践之中。通过兴实业、办教育、广慈善等多种途径，全方位、多层面致力于民众生活的改善，被现代人称为“爱国企业家的典范”。

企业家为员工创造的经济价值，主要体现在创造工作岗位，提供稳定的收入等。例如从2016年开始，万达集团就实现每年开业50个左右的万达广场，创造就业岗位大幅增加。万达集团已经连续3年新增就业占中国当年新增就业总数1.5%，连续十年超过中国当年新增就业1%的成绩。2018年平均每个万达广场就能创造超过4000个稳定的服务业就业岗位。稳定的就业为一个员工，一个家庭都能带来稳定而幸福的生活。

企业最终的目的是为顾客创造价值。正如著名管理思想家彼得德鲁克所说："对于企业目标唯一有效的定义就是，创造顾客。"顾客的福祉必须被企业家视为一种目标，而不仅仅是公司获取利润的手段。企业必须为顾客服务，并为顾客寻找最佳的利益。公司要蓬勃发展，必须向顾客提供竞争对手没有的新产品、新服务和新价值。

二、影响经济价值的因素

（一）企业文化

企业家创造经济价值，最有效的方法是通过企业文化建设培养劳动者，经过企业文化培养的劳动者具有高尚的思想道德情操、高度的政治觉悟和责任感以及较强的认识、实践能力，他能适应社会经济的发展变化，所创造的社会经济价值就会比一般劳动者创造的要多。

发挥企业文化建设的经济价值，必须做到：首先，必须充分发挥企业文化建设对生产力发展的精神动力价值；其次，必须充分发挥企业文化建设对经济发展的保证作用；最后，必须充分发挥企业文化建设对经济建设环境的优化作用。

花旗银行的企业文化的核心是"以人为本"。花旗银行发展成为全球最具有经营竞争力、价值创造力的大银行，是因为花旗银行其建设的独特企业文化。花旗银行从成立之初，就确立了"以人为本"的战略，其人力资源管理战略是注重对人才的培养与应用。不断创出"事业留人、待遇留人、感情留人"的亲情化企业氛围，让员工与企业同步成长，让员工在花旗有"成就感""家园感"。

（二）品牌价值

马来西亚的著名品牌百盛自进入中国市场以来，就以时尚潮流引领者为定位，在不断与消费者市场互动过程中，认识并找准自身品牌的优势和定位，顺应市场需求，创立了品牌经济价值。百盛是一个以百货商品为经营重点的连锁品牌，从其发展历程、客户管理系统、线下互动体验以及线上线下联动机制可以看出品牌经济价值创造的规律。

品牌的经济价值由客户经济价值，品牌主观价值，企业品牌价值培育三方面构成。

品牌价值实现途径：一是建立联动机制，企业在品牌主观价值和消费者经济价值实现方面，除了专家和第三方机构对品牌指数的评估和认定之外，还需要与消费者建立起对等的沟通渠道，用“以人为本”的理念结合科学化管理的客户信息，使得品牌价值体系的管理更具有“智慧型”体系的特征。二是严格的、全面化的质量管理，品牌的经济价值主要通过客户的经济价值体现，科学化、模式化管理产品服务质量就成为企业品牌经济价值实现的基础。三是注重预防性管理，从产品质量的全过程实现严格的、全面化的质量管理，要进行科学划分和统筹职能，注重预防性管理。

（三）技术水平

科学技术的发展过程，以及由此引起的生产技术变化，使科学技术在物质生产中的地位和作用，也随之发生了根本性的变化。科学技术已成为直接的生产力，而技术水平则会影响企业创造的经济价值。技术水平是提高企业经济效益的重要因素。它可以在不增加劳动力、资源和基金的条件下，使生产总量在原基础上得到不断提升，以尽可能低的投入，获取较大的经济效益。

由于各个国家科技基础、经济实力的不同，投入科学技术的比重也有明显差异。世界上一些发达国家在重视一般技术的同时，集中人力、物力、财力投入知识高度密集的研究，从而提高企业产品技术与市场的竞争性、经济结构的合理性和生产环境的文明性。因此，要想提高经济效益，就必须首先重视科技进步，提高技术水平已成为提高企业经济效益的源泉。

正如华为技术水平的发展，为华为带来了较大的经济价值。技术产生经济效益的主要体现为将新科学技术应用于劳动资料的制造、改造，可以促使劳动资料的进步，提高劳动生产率；研究开发新材料可以扩大劳动对象的种类，提高劳动对象的质量，提高资源利用率；劳动者学习和掌握了科学技术，就可以提高劳动者的素质和技术水平，从而提高劳动生产率，增加产品产量，降低消耗，提高产品质量；管理人员学习和掌握了科学管理方法，可以提高管理人员素质，改进经营管理，提高企业经济效益。

三、提高经济价值的有效方法

（一）创立正确的企业文化

企业文化是企业发展的核心与精髓，而企业家精神又是企业文化的核心与精髓，是影响企业经济增长最重要的非经济因素，因此，创立正确的企业文化必须以培养企业家精神为基础。企业家应当本着创新创业精神，社会担当精神，敢冒风险精神，为企业发展，构建和谐社会做出巨大贡献。企业家强则经济强，企业家精神是经济发展的重要源泉，优秀的企业家精神可推动中国经济实现高质量发展。

创立正确的企业文化，坚持以社会核心价值观为根本，以习近平新时代中国特色社会主义思想为指导。企业家立足企业发展要求和企业员工的现实需求，加大社会主义核心价值观宣传教育力度，坚持用习近平新时代中国特色社会主义理论武装教育企业员工，凝聚人心、积聚力量，引导干部员工树立正确的价值观。用社会主义核心价值体系构筑企业核心价值观，塑造企业精神，制定企业发展标准、岗位职责和纪律守则，在企业奖惩、干部任用和培养等方面融会贯通。在企业中形成自觉践行社会主义核心价值体系的良好风尚，可以对内生成培育企业精神，创造企业价值、为企业员工提供精神指引，对外强化企业品牌、彰显企业力量、树立企业形象。

创立正确的企业文化，坚持以人为本，致力于提高员工的思想道德素质和科学文化水平。党的十九大报告指出：要建设高素质专业化干部队伍，注重培养专业能力、专业精神，增强干部队伍适应新时代中国社会主义发展要求的能力，提高全民族道德素质。企业家可通过教育引导，将员工价值追求与企业发展目标相一致，实现文化柔性与制度刚性的融合与统一，进而激发企业员工的工作积极性；还可以通过激励奖惩，宣扬褒奖优秀典型的事迹与精神，起到带动作用引导和推动企业文化，并用人文关怀传递高尚价值追求和道德情操，用心理疏导促进心理和谐、促进价值共识，培育职工优良心理品质，提升职业素质，促进职工全面发展。

创立正确的企业文化，坚持与信息科学技术深度融合。企业要重视自身的发展与互联网信息技术的创新相结合，重视企业文化的建设与管理，提高企业在现代市场中的竞争实力和适应能力。信息技术的快速发展，使得企业员工的生活方式、思维方式、行为模式发生了巨大的变化，因此企业需要与时俱进，打破传统企业文化建设中的时空限制，充分考虑到员工的发展需求，用高速的互联网手段传播企业的文化与精神，用新媒体新平台动态把握员工的信息动态，强化与员工的信息交流，让企业员工真切地体会到企业领导层的理解和重视，提升员工对企业的归属感和忠诚度，实现企业与员工的同生共荣，推动企业的发展与创新。

（二）建立较高的品牌价值

在数字经济时代的背景下，建设优秀的品牌价值，塑造各具特色的企业品牌，是企业得以健康持续发展的生命力所在。优秀的品牌价值具有强大的生命力和非凡的张力，成为企业核心竞争力的重要一环，只有适应时代发展要求，从企业发展理念、决策执行、效率活力等多方面进行创新改进，才能为塑造品牌奠定牢固的基础。

企业家通过媒介传播其行为信息和社会责任行为可以影响顾客的产品质量感知、品牌判断、购买意愿和品牌形象认知。在消费者眼里，企业家是组织的“意见领袖”和“品牌代言人”，当消费者对一家企业的企业家有好感时，便会对其公司的产品和服务产生好感与信任度，例如消费者信任任正非，便会对华为的所有产品产生好感。因此，企业家可有效利用企业家积极正面的口碑提升品牌形象，防止企业家消极负面的口碑的产生，以免贬损品牌声誉。企业家也可以通过承担社会责任，例如做一些社会福利事业，慈善事业来提高品牌声望，树立良好的企业形象。

（三）注重技术水平的发展

中国正进入数字化经济时代，随着互联网技术及共享经济的普及，高新技术产业不断扩展，刺激企业家不断创新创业。与此同时，传统的雇佣模式也发生了变化，灵活就业方式也越来越多，“零工经济”通过在线平台实现就业灵活，不受时间地点限制，去组织化等工作特点。自2020年新冠肺炎疫情期间，许多企业利用互联网技术实现“云课堂”“云办公”等新方式为学生、企业员工提供便利，这也促使大部分企业家将未来的研究方向更多地放在了网络经济上。近年来随着科技的高速发展，人工智能已逐步从科幻走向现实，目前应用最为广泛的便是智能机器人与无人机。例如快递公司京东、顺丰利用人工智能实现快速分拣及配送工作，减少人力。对企业来说，科技水平的提高不仅可以提高供应链的灵活性，加快生产流程，也可以降低运营成本。

企业的竞争归根到底是人才的竞争，企业要广泛地、大批量地培养科技人员，从提高个人素质提升到企业发展的高度，要将科技人才的成长方式由个人的自由发展转变为有组织的、有计划地培养。同时还要加强培训，建立企业科技人才是数据库，录入信息，制定科技人才培养计划，通过各种手段强化科技人才的培养力度，在数量和质量上保证大量的科技人才成长。最后，企业应制定科技技术工作奖励办法，明确科技工作奖励标准。通过奖罚分明的制度，在企业提拔和职称评选中明确需要有科技贡献，形成带动效应，并为培养新一代的科技人员创造条件。科技人才带动企业科技水平的发展，使得企业具有核心竞争力，从而使企业做大、做强、做优。

第三节　文化价值

文化价值是社会产物，不能把文化价值仅仅理解为满足个体文化需求的事物属性。人不仅是文化价值的需求者，而且是文化价值的承担者。文化价值任何时候都是为人服务的，人类不需要的东西不具有文化价值。同时，文化价值又是由人创造出来的。不管是人的文化需要，还是满足这种需要的文化产品，都只能在人的社会实践中形成。人们创造文化需要和文化产品的能力，本身也是文化价值，而且是最本质的文化价值。任何社会形态都有该社会特有的文化需要，这种文化需要只有通过人们的文化创造活动来满足。

进入20世纪末期，随着科学技术的日新月异，生产力水平的巨大进步，所谓“科学化管理”的管理模式越来越在新时期显示出其弊端的一面。企业文化是企业在长期的生产经营活动中所形成的，带有本企业特征的企业经营哲学，是企业员工共同拥有和认可的思维方式和行为方式的总和。企业文化是企业家创造的文化价值的主要体现，是扎根于企业，服务于企业，最终目标是打造一个始终保持活力和旺盛生命力的企业，而一个经久不衰的企业都必然具有优良的文化传承和文化创新。

一、企业家创造的文化价值

企业家创造的文化价值主要体现在一个企业的企业文化中，企业文化是企业家文化的自然延伸。先进的企业文化能推动企业走向成功，而企业文化的精髓则源自企业家。作为一个企业的领导者，企业家精神与企业家形象是企业文化的一面镜子，卓越的企业文化是企业家德才、创新精神和事业心以及责任感的综合反映。企业家深知肩负塑造企业文化责任的重担，在企业文化建设中，企业家从本企业的特点出发，主要以自己的企业哲学、理想和价值、伦理观和风格，融合成企业的宗旨。

企业文化具有很丰富的内涵，它主要包括精神文化、制度文化、行为文化和物质文化四大部分，其中，精神文化居于核心地位。企业文化其实具有丰富的经济学内涵，因为它是一种特殊的“资本”，是企业最重要的“无形资产”。从经营管理企业的角度讲，企业文化具有导向、凝聚、激励、约束和整合功能，是一种以文化为载体全新的管理方式即“文化管理”。“文化管理”是相对于“经验管理”和“科学管理”来说的，是企业管理理论发展的最新阶段。作为个体的人正在企业中变得越来越重要，以效益为最高目标，将人作为经济工具的“科学化管理”模式在新环境下显得后继乏力，日薄西山，而就在这时“以文化为根本手段来对企业进行管理”的“企业文化”学说，应运而生。

现如今，企业的文化管理已经在21世纪成为一种世界性的浪潮，企业组织也越来越意识到规范的组织文化对企业组织发展的重要意义。在学术领域，还产生了“柔性管理组织”“扁平化人事管理”“宽带薪酬制度”等时兴的概念。精神是人的精神，意识是人的意识，通过满足人、引导人从而管理人的思路才是“文化管理”的要素和核心。例如法律与道德，现在国家提倡“依法治国”，要求人人遵守法律依法办事，用法律规则来指导人的社会生活，以法律为准绳来约束人的社会行为，可是社会在不断地发展，新情况在不断涌现，人作为社会人势必也会随着环境的变化而发生改变。

所以国家在提倡“依法治国”的同时也提倡“以德治国”，针对当前建设和谐社会的需求，我们既要进行普法教育，让公民学法懂法，更要加强道德的学习，让社会形成一个良好的道德氛围。治国如此对于企业管理也是一样，单纯靠制度管理和奖惩措施的企业管理模式，时间一久必然会带来管理的僵化从而导致对抗、消极等诸多问题的产生。那么当制度管理失效、管理效率变低、管理成本提高的时候，只能靠文化。在当前新形势下，文化已经成为企业的灵魂，是推动企业持续成长、高速运转的强大精神力量。如果企业失去了企业文化的滋养和创新，再高明的管理经营手段也将难以取得持续的成功。

此外，在市场竞争中，品牌是企业竞争的制胜法宝，品牌其实也是企业文化的一种扩展，具有非常丰富的文化属性。在企业品牌建设过程之中基于文化价值的企业品牌建设非常重要。品牌文化主要是指有利于识别某项产品，可以从名称、符号等各种元素中做好区分对待。

随着市场经济的不断完善，市场经济竞争在不断加剧，这就使产品同质化的现象变得越来越严重，企业很难通过价格或者是质量的差异来获得绝对的竞争优势，企业的竞争已经上升到品牌的竞争，而品牌之间的竞争归根到底还是文化价值的竞争。品牌是企业竞争的制胜法宝，品牌其实是企业文化的一种扩展，具有丰富的文化属性。在进行品牌形象塑造时，文化常常可以起到良好的催化作用。

二、影响文化价值的因素

（一）企业家

企业家凭借着其价值观、行为准则以及人格魅力凝聚企业员工，引领着他们迈向共同理想。企业家文化对企业文化的形成与发展有着至关重要的作用，是企业文化的核心。企业家的思想道德品质、文化素养、人生历程、实践经验、企业哲学以及价值观在领导的过程中会潜移默化的影响着员工，有些优质的企业家文化在一个相对稳定与较长的共同工作中形成共同认可与遵守的行为准则。

企业家是企业文化主旨的设计者，企业文化的塑造，企业精神的提炼，企业文化的形成是企业所有的人共同创造的结果。但企业文化的主导信念，都是先在上层确定形成，然后逐级下达，任何改变信念的工作都必须在企业家的领导下进行，而不是职工群众的自发行为。企业的员工会以企业家为中心履行他们的职责和任务。我们知道戴尔公司和IBM公司都是世界著名的公司，但他们员工的行为是完全相反的。戴尔公司要求员工着便装，只要求员工完成任务就行。而IBM公司要求员工着正式装，并且告知如何完成任务。从中我们可以看出企业领导的行为和价值对企业员工的影响。

（二）员工的贯彻执行

员工要有效践行企业文化，必须充分认识其在企业文化建设中的重要地位，这是员工践行企业文化的内在动力。在市场经济条件下，相当多的员工认为，企业文化应该主要由企业领导人去践行，与员工的关系微乎其微，只要他们把本职工作做好，拿到应该属于自己的薪酬就够了，这种不能充分认识员工在企业文化建设中重要地位的现象非常普遍，是造成员工不能有效践行企业文化的一个重要原因。作为企业的主体和最重要的资源，员工是建设企业文化的主力军。员工只有充分认识到自身在企业文化建设当中的重要地位，才能全身心地投入到企业文化建设当中，有效践行企业文化，并积极推进企业文化的建设进程。

在践行企业文化的过程中，员工要起到继承和发扬的双重作用。已有的企业文化是企业领导人和全体员工集体智慧的结晶，是鼓舞和激励员工最大的精神动力，是企业精神和文化内涵的精华，也是企业最宝贵的思想财富。因此，员工要正确对待这笔属于本企业的宝贵精神财富，一方面，要把它完整地继承下来；另一方面，要随着时代、社会及企业的发展，不断与时俱进、开拓创新，为其增添新的内容。员工要积极发挥自己的聪明才智，不断创造符合时代发展需要的新的企业文化。

企业文化不是空洞的口号，而是蕴含着丰富深厚的精神内涵和文化底蕴的，员工如果不能正确认识和深刻理解其精神实质和内涵，只是肤浅粗略地了解其浅层意思，就无法融会贯通，将企业文化真正融入自己的生产生活方式当中，就不可能有效践行企业文化。因此，员工要不断加强学习，在企业宣传部门的大力宣传引导下，通过自己的认真努力，对企业文化进行全面深入的学习。

（三）企业现实情况

企业文化的内容虽然丰富多彩，但仔细分析，会发现所有的企业文化都有共和特征，共同反映了企业文化的普遍特征，决定因素是企业的现实情况。正确认识企业现实情况，并从其现实情况出发，是解决企业一切问题的根本出发点。践行企业文化，这一实践活动的本身就具有高难度、复杂、融合、高标准的特点，而这些都是以企业的现实情况为基本依据的。正确认识企业的现实情况，并从企业的现实情况出发践行企业文化，员工才能有效执行企业文化的现实依据。

三、提高文化价值的有效方法

对于企业来说，优质的企业家文化首先应该具备以下条件：第一，优质的企业家文化一定要能提高企业的经营管理能力，为企业带来良好的经济效益，促进企业可持续发展；第二，优质的企业家文化一定要以人为本，具有科学的人文思想；第三，优质的企业家文化一定要能形成优质的企业文化，并促进其不断发展。

企业品牌文化价值建设策略：企业增加品牌文化重视程度，完善企业品牌文化保障机制，品牌文化纳入企业管理目标，加大经费投入构建国际品牌，注重思想政治加大队伍培养。

企业家应该顺应市场需求，加强企业文化建设。企业文化作为一家企业的灵魂，可以决定企业发展的底蕴和空间，可以决定企业的生存和覆灭。首先要注重文化体系的建设，其次注重文化理念的贯穿，最后让文化体系落地，将先进的管理理念融入企业文化之中，突出解决企业文化理念，深化融合问题，以安全文化、经营文化、管理文化为载体，巩固、提高整体文化水平，促进企业文化建设的制度化、标准化、规范化。

企业家还应基于企业发展的实际情况出发，搭建文化理念体系，搭建符合自身企业发展方向的安全理念、管理理念、经营理念、服务理念、行为理念、人才理念。

企业家还应融入中心践行，推动企业转型发展，企业所处的社会和经济环境危机与机遇并存，通过学习与实践、磨合与碰撞、扬弃与再造，对管理理念和管理方式进行深刻变革，厘清发展思路，找准战略定位，适应新的形势、化解危机和抓住机遇、健康发展。

第四节　科技价值

科学技术是现今经济和社会发展的主要推动力量，科学技术革命对生产方式产生了深刻影响，科技的发展促进了劳动资料和劳动对象的变革，促进了劳动者科学文化素质的提高。科技革命对人们的生活方式产生了巨大的影响，由于科技革命推动了生产力的发展，人们的物质生活条件和精神条件大大改善。科技革命也带来了思维方式的变革，科学技术渗透到经济、军事、政治等方面。

企业家的价值是将一件“科技品”真正地变为“日用品”，如果大众对一个产品的第一反应是科技含量高，那么这个领域就将会孕育大量的企业家。

一、企业家创造的科技价值

科技自立自强是国家强盛的根基，科技创新驱动经济发展是我国新时代的重要发展战略，但也离不开企业家创新。从基础研究、应用研究、开发研究到工艺研究、市场开发、形成产品、服务于人民，必须经过科技创新和企业家创新。

经济发展的过程就是企业家引领科技人员创新的过程。在经济周期底部，没有负担的企业家开始寻找市场机会。一些基础技术和应用技术已经成熟，但是产品技术还不成熟，或者只是被用在局部高端市场而没有大众化，企业家会尝试把这些技术运用到大众化产品中。早期，产品的功能并不成熟并且价格昂贵，企业家引领科技人才不断地攻克各个技术环节，产品核心功能不断适应市场需求。随着技术成熟，不同企业的同种产品的核心功能的差异逐渐减弱，企业家尝试以更好的质量更低的价格获取竞争优势，引领科技人员转而在工艺上进行创新。当产品的稳定性、易用性等都已经达到完美，企业家会致力于市场创新，为不同客户群采取不同的产品策略，引领科技人员根据特定需求制造个性化的产品。

大型高科技企业的科技创新通常是由企业家领导下的企业内部科研机构完成的。有“现金牛”业务的大型科技企业一般组建科研中心、科研大学等科研机构，科研人员是企业的核心层，科研部门带领其他部门发展。由于企业部门多，业务多，人员众多，要求的管理水平较高，因此，企业家是企业的灵魂人物。企业家要组建科研班子、设计科研部门的组织结构、制定企业发展方向。企业家必须理解科研人员的技术路线，建立科学有效的薪酬激励机制，把科研成绩与企业的发展、企业的业绩联系起来，激发科研创新活力。

推动科技型企业的建设，已成为我国实现经济社会高质量发展的必经之路，为“十四五”高质量发展提供科技支撑。推动一批科技型企业建设，能带动我国整体科技水平的提升。科技型企业在发展过程中，能够带动智能制造、新能源和新材料等战略性新兴产业的集体性突破，并将触发和引爆经济社会其他领域的创新，带动各相关技术迈向更高水平。企业科技水平在一定程度上也代表着一个国家的科技实力。

在2018年中化集团经理人年会上，中化集团董事长宁高宁发表了内部演讲，在演讲中，宁高宁震撼地评价了华为创始人任正非。他说:“在中国真正用研发引领持续发展的企业家，可能就任正非一人。”

任正非，注定是中国商业史上无法绕开的名字。从最初以生存为目的的建立起一家名叫“华为”的民营企业，历经了35年的打磨与淘洗，如今已经连续六年位列中国民企500强榜首，并且凭借174.6亿欧元的年度研发投入成本，超越微软、三星与苹果公司，成为全球范围内研发投入排名第二的企业。

华为的成长和它的创始人任正非密不可分。在企业家任正非的带领下，华为已经成为全球最大的专利持有企业之一，截至2018年年底，华为累计获得授权专利8.78万项，其中1.11万项为美国专利，超过90%的专利为发明专利。华为目前最强大也最能拿出手的技术当属5G通信技术。华为已经投入了20亿美金进行5G研发，超过了欧美主要设备供应商5G研发投资的总和，在最新的5G标准必要专利中，华为占比达到20%。另外，华为已经和全球运营商签订了50多个5G商用合同，将超过15万个5G基站发往世界各地。

二、影响科技价值的因素

（一）教育体制

根据党的十九届四中全会，我国国家治理一切工作和活动都依照中国特色社会主义制度展开，企业发展首先进行思想政治教育制度，围绕社会主义核心价值观展开各项活动。

中国教育制度以实现教育现代化为方向，以建设教育强国为使命，形成了完备的制度体系，发挥着强大而卓越的制度优越性。提升教育制度优越性，是提高教育制度效能，建设教育强国，实现教育现代化的必然要求。中国教育制度优越性是基于传统教育制度的传承，是基于近代教育制度的创新，是基于中国共产党建立教育制度的探索。

教育对科学技术的影响主要体现在以下几点。

一是教育为科学技术的发展和创新提供知识积累。任何新的科学技术的产生和发展总是建立在前人的科技成果基础之上的，教育的重要任务就是传递人类已有的科学知识、经验和最新科技成果，促进科技进步与创新的发展。

二是教育为科学技术的发展培养所需人才。科技的进步和先进技术的发明，都依赖于掌握科学技术的人才，而人才的培养在于教育。1978年3月18日，邓小平在全国科学大会开幕式上的讲话中指出，科学技术人才的培养，基础在教育。邓小平始终把科学技术作为现代化建设的关键，把教育作为现代化建设的基础。习近平总书记在推进“十四五”时期经济社会发展中同样提出，加强创新人才教育培养，要把教育摆在更加重要位置，全面提高教育质量，注重培养学生创新意识和创新能力，为我国科技创新提供强大动力。

三是教育为科学技术转化为生产力创造条件。发达的科学技术，先进的生产工具和丰富的劳动对象，若没有人的活动就不可能产生任何经济效益。无数事实表明，科学技术只有被劳动者掌握，才能转化为现实生产力；而劳动者要掌握现代科学技术，就必须通过教育。因此，教育是科技向生产力转化的中介。随着知识经济的发展，教育特别是高等教育，不仅承担着科技转化为生产力的中介，而且成为高新科技产业和信息产业发展的重要基地。目前，许多国家的大学广泛地参加搭配知识产业的发展中，围绕大学形成了高新科技产业园区。

（二）科技创新和研发的相关体制

科技创新是国家进步的原动力，当前中国正在大力建设创新型国家，科学进步和技术创新逐步成为国家经济社会发展核心驱动力。熊彼特最早在创新理论中就系统阐述了资本支持科技创新发展的重要性。政府在不同阶段制定相应的科技政策，以求持续激励企业参与创新活动、提高企业核心竞争力。科技政策力度越大，越能提高企业的创新水平，科技政策会引领企业的策略性创新行为和实质性创新行为。

2016年中共中央、国务院发布《国家创新驱动发展战略纲要》，要求提高企业创新能力，加快提升我国创新水平和能力。2008年9月，广东省政府颁布《广东省建设创新型广东行动纲要》，全面推进创新型广东建设。2019年2月，国务院公布《粤港澳大湾区发展规划纲要》。党的十九大报告指出“创新是引领发展的第一动力，是建立现代化经济体系的战略支撑”。科技创新已经成为驱动中国经济发展的重要引擎。2020年政府工作报告进一步明确要求提高科技创新支撑能力。创新在构建双循环格局中仍然是重要发力点，未来要提升我国科技创新实力、构建“双循环”的新发展格局离不开各类经济主体的参与，更离不开政府政策的支持。

根据内生增长理论，科技创新具有公共品的性质，具备较强的外部性，不仅具有“知识溢出”效应，还存在“价格溢出”效应。“知识溢出”效应是指研发企业自身所获得的收益会小于社会收益。当企业收益无法弥补研发成本时，企业开展科技创新活动的积极性会下降，进而减少研发投入，造成市场失灵。“价格溢出”效应则指科技创新产品及服务所带来的价值增加没有完全体现在价格的差异上。科技创新具有高风险、高投入、高回报、不确定性等特征，并非所有企业都有能力承担创新的风险与投入，单纯依靠市场这只“无形的手”无法使资源达到最优配置。

地方政府为提高当地的创新实力，往往会借助于一系列政策措施刺激企业加大创新投入，如研发补贴、出口退税政策等。面对政策激励，企业很有可能会响应政府号召，加大创新投入与研发强度，而研发强度的增强则会提高企业的创新能力。从资源基础理论来看，企业资源的不可复制性、不可流动性与独特性是企业持久竞争优势的重要源泉，各类资源可以转换为独特的能力进而会提高企业的科技创新水平。

（三）人才选任的体制机制

企业的竞争归根到底是人才的竞争，企业要广泛地、大批量地培养科技人员，从提高个人素质提升到企业发展的高度，要将科技人才的成长方式由个人的自由发展转变为有组织的、有计划地培养。同时还要加强培训，建立企业科技人才是数据库，录入信息，制定科技人才培养计划，通过各种手段强化科技人才的培养力度，在数量和质量上保证大量的科技人才成长。最后，企业应制定科技技术工作奖励办法，明确科技工作奖励标准。通过奖罚分明的制度，在企业提拔和职称评选中明确需要有科技贡献，形成带动效应，并为培养新一代的科技人员创造条件。科技人才带动企业科技水平的发展，使得企业具有核心竞争力，从而使企业做大、做强、做优。

人才选任要从组织和个人两个不同的角度去考察，既要满足组织的需要，又要考虑满足组织成员个人的特点、爱好与需求。从组织需要的角度去考察，要使设计合理的组织系统能有效地运转，必须使机构中每一个工作岗位都有合适的人去占据，使实现组织目标所必需进行的每项活动都有合格的人去完成。为组织发展准备干部力量，管理干部的成长往往需要较长的时间，组织在选任人才的同时要注意管理干部培训计划的制定和实施。从组织成员角度去考察，通过人才选任将每个人的知识和能力得到公正的评价、认可与运用。知识与技能的提高，不仅可以满足人们的心理需求，使人们在工作中更加积极、主动、热情，而且往往是通向职业生涯总职务晋升的阶梯。

人才选任可以通过外部招聘或内部提升两种方式进行。外部招聘可以获得“外来优势”，有利于平息和缓和内部竞争，为组织带来新鲜空气，但由于外聘者不熟悉组织内部情况，缺乏一定的人事基础，因此需要一段时间的适应才可以进行有效的工作。而内部提升有利于鼓舞士气，提高工作热情，调动组织成员积极性，有利于招聘工作的正确性，有利于被聘者迅速展开工作。

（四）经济发展情况

实体经济与数字经济是我国经济发展的重要支柱，我国既要“坚持把发展经济着力点放在实体经济上”，也要高度重视数字经济的重要作用，将其作为推动我国经济高质量发展的重要突破口。

从2020年新冠肺炎疫情的暴发来看，无论是应对突发性的重大公共事件，还是继续保持经济的繁荣发展，从根本上都离不开实体经济的支撑。面对西方社会的经验和教训，我们必须树立对待实体经济的科学态度。构建现代化经济体系，必须将重心放在实体经济上，特别是面对新发展阶段所提出的新要求，更加需要将做大做强实体经济作为主攻方向。习近平总书记明确指出：“实体经济是我国发展的本钱，是构筑未来发展战略优势的重要支撑。”离开高质量的先进制造业集群和不断巩固壮大的实体经济根基，从根本上无法顺利实现建设社会主义现代化国家和中华民族伟大复兴的目标。

所谓数字经济，就是指人类通过对大数据的运用，实现资源的优化配置与经济高质量发展的一种经济形态。数字时代里数字就是最大的财富，同时也是推动人类社会发展的中坚力量。人们每天通过互联网媒介所产生的海量数据，正在变成一种具有经济价值的重要资源，数字经济也日益成为实现我国经济高质量增长的重要突破口。无论是企业还是个人，对数据占有和利用的多寡，直接关乎其收益的多少。“十四五”时期，不仅是我国开启全面建设社会主义现代化国家的新时期，也是数字经济加速成为经济增长新动力的关键期。因此，必须充分利用好人工智能和大数据技术，不断催生发展的核心驱动力。习近平总书记明确指出，必须“发展数字经济，加快推动数字产业化”，充分发挥信息技术在推动创新中的作用。因为发展数字经济是当前我国经济发展的必然趋势。

从国内来看，近年来我国在大数据和人工智能领域已经取得了一些成就，在既有成绩的基础上不断开发数字经济新的增长点既符合我国新时代高质量发展模式的要求，也能够满足新发展格局的需要。从国际来看，数字时代的到来使数字经济的发展变为一种不可逆转的历史趋势。面对世界各国相继在数字经济上发力的紧迫感，作为网络大国的中国更应该牢牢把握数字经济发展的历史机遇，加强对数字经济的理论研究，加快推进数字经济的产业化应用，为我国的经济发展创立新的增长点，为世界数字经济的发展贡献中国力量。

（五）科研著作权维护机制

科研著作是智力创作的成果，具有原创性、独特性，不应随意剽窃、复制。受著作权保护的作品应当是智力创作成果，该构成要素体现了作品的两个本质要素，第一是智力创作的行为和过程；第二是该行为和过程产生了一定的结果。因此，智力创作是一种可判断作品相对完整性的创造性活动。根据《中华人民共和国著作权法》（2010年修订），著作权法所称作品，指文学、艺术和科学领域内，具有独创性并能以某种有形形式复制的智力创作成果。

有关著作权涉罪案件行刑衔接程序的具体规定主要散见在国务院公布实施的《行政执法机关移送涉嫌犯罪案件的规定》和公安部、最高人民检察院等机关制定的《人民检察院办理行政执法机关移送涉嫌犯罪案件的规定》《关于加强行政执法机关与公安机关、人民检察院工作联系的意见》《关于在打击侵犯著作权违法犯罪工作中加强衔接配合的暂行规定》等相关规范性法律文件中。从现实情况来看，由于我国尚无行刑衔接程序基本法的统一指引，著作权涉罪案件行刑衔接程序大都遵循如下运行机制：著作权行政管理部门发现著作权违法行为并决定是否移送案件→公安机关接受、侦查移送案件并移送检察机关审查起诉→检察机关审查起诉并提起公诉→审判机关依法审判。不难看出，该机制是一种单向的流水式工作机制。公安机关、检察机关只需接受著作权行政管理部门移送的案件，而无须向著作权行政管理部门反馈移送案件的办理情况，检察机关也未介入著作权行政管理部门、公安机关各项办案内容的法律监督。换言之，各机关之间缺乏必要的监督制约。

三、提高科技价值的有效方法

（一）培养人才

习近平总书记强调，办好我国高校，办出世界一流大学，必须牢牢抓住全面提高人才培养能力这个核心点，并以此来带动高校其他工作。立德树人是高校的立身之本，人才培养质量是高等教育的生命线。推进高等教育现代化，重在理念、要在行动、贵在创新，我们要以习近平新时代中国特色社会主义思想为指导，贯彻党的教育方针，落实党的十九大和十九届四中全会精神，紧密结合高等教育的实际，着力推进高等教育治理体系和治理能力现代化，为落实立德树人根本任务提供全面制度保障。

培养人才，要在实现科教融合、产教融合、理实融合的有机联系，高水平科技创新与高层次人才培养的密切结合，产教融合是产业与教育的深度合作，理实融合是教育教学的基本规律。在科教融合培养人才的过程中，教学与科研始终是相互促进、相辅相成的。推进科教融合培养人才，就要以学生发展为中心，加强科研同教学的结合，推动高校与科研院所深度合作培养人才。

要创新办学模式，把产教融合、协同育人理念贯穿人才培养全过程，在校内打通融合渠道，实现资源共享、平台共建，促进跨学院、跨学科的交叉融合、互动发展；在校外汇聚各类社会资源、拓展育人空间，与政府、行业产业和技术最新发展成果相结合更新教学内容。着力开发专业课程中的思政资源，理论联系实际加强学生思想政治教育，形成思政课程+课程思政同向同行的思想政治工作新格局。要厚植爱国主义情怀，注入红色基因和劳模精神、工匠精神，加强品德修养和职业道德教育，塑造未来人才之魂，培养服务国家服务人民、造福人类和可持续发展的优秀人才。

（二）培养良好的创新氛围

第一，完善产权保护制度，严格依法保护产权。要激发释放企业家的创新、创业和做大、做强、做优企业的热情和干劲，先得让创造价值、追求财富的企业家对未来有良好稳定的心理预期，而良好稳定的心理预期形成，关键在于有法治权威和政策激励等来保护产权，为企业家权益“保驾护航”。

第二，充分尊重和保障企业家的经营自主权。经营自主权是法人财产权的通俗说法，是企业能够独立对自己生产和经营活动做出决策和管理的权利，企业自主经营是市场机制发挥作用的基础。经营自主权是企业家发挥作用的重要保障，没有经营自主权，企业家的职能和作用就无从谈起，更不可能激发出企业家精神。

第三，营造良好的市场营商环境和鼓励创新、创业的文化氛围。激发企业家精神，并让企业家精神竞相迸发，离不开良好的市场营商环境和鼓励创新、创业的文化氛围。尤其要宽容和善待企业家在创新、创业中的挫折和失败，如此，才能真正鼓励探索、激励成功，才会激发全社会的创新意识、创新精神。

（三）营造包容性的企业文化

学会尊重员工的个性发展，在企业的文化管理中增添高度重视员工个性发展的内容，以求调动员工的生产积极性、主动性和创造性，让企业可以更加充满活力地发展，有力地跟上时代快速前进的步伐。

在美国的企业文化管理之中，一直是崇尚个性的，即尊重员工的个性自由和个性发展。但现在，美国的企业文化管理更进一步地倡导惠普文化，惠普文化即惠普之道，就是指企业要相信和尊重个人，包括企业员工和企业客户，而尊重员工被放到首要位置。在惠普文化中，是包含崇尚个性的，只是比崇尚个性包含了更多的尊重人的含义。

例如，美国的国际商用机器公司（JBM）有20万名员工，是世界上最大的公司之一，在世界上100多个城市设有分公司，人称“日不落”公司，其业务牵涉面甚广，生产、制造技术水平居于世界前列。该公司的成就与企业文化密切相关，因为该公司强调员工应该是有相同的信念和价值观，员工之间必须讲究友善和民主。公司尊重个人，尊重个人的尊严和权利。公司要为顾客服务，对顾客给予世界上最好的服务。因此，该公司的企业文化在美国被认为是企业文化的典范。再如，美国摩托罗拉公司的企业价值观是尊重每一个员工作为个人的人格尊严，开诚布公，让每位员工直接参与对话，使他们有机会与公司同心同德，发挥出各自最大的潜能；贯彻普遍公认的——向员工提供均等发展机会的政策，为员工创造了一种健康积极的文化氛围。

还有，成立于1812年的美国花旗银行，历经了两个多世纪的潜心开拓，已成为当今世界规模最大、声誉最响的全能金融集团。难能可贵的是花旗银行十分注重对本企业人才的培养与使用，其人力资源政策主要是不断创造出事业留人、待遇留人、感情留人的亲情化企业文化氛围，让员工能够与企业同步成长，让员工在花旗能有成就感和家园感。这些都是美国新的企业惠普文化管理的体现。

（四）推进企业家和科技人员协同创新

大型高科技企业的科技创新通常是由企业家领导下的企业内部科研机构完成的。有“现金牛”业务的大型科技企业一般组建科研中心、科研大学等科研机构，科研人员是企业的核心层，科研部门带领其他部门发展。由于企业部门多，业务多，人员众多，要求的管理水平较高，因此，企业家是企业的灵魂人物。企业家要组建科研班子、设计科研部门的组织结构、制定企业发展方向。企业家必须理解科研人员的技术路线，建立科学有效的薪酬激励机制，把科研成绩与企业的发展、企业的业绩联系起来，激发科研创新活力。企业家要整合科研团队和市场队伍，使他们相互配合，把科研与当前的产业和当前的市场联系起来。

推进高校和科研机构的科研人员与企业家协同创新。在我国，大量科研资源聚集在高校和科研机构，企业家必须利用好高校和科研院所的科技力量。高校和科研机构的科研人员与企业家有多种协同创新的方式。

第一种方式是高校和科研机构与企业进行技术转让。技术转让的只是显性的知识，企业家要获得隐性的知识，还必须与高校和科研机构建立沟通机制，与科研人员建立密切联系，与科研人员结成利益共同体，共享科技成果的收益和共担科技成果风险。

第二种方式是高校和科研机构的科研人员到企业兼职工作。在这种情况下，科研人员不会成为企业的核心层，企业要对科研人员制定特定的待遇和发展制度。

第三种方式是企业家到科研机构兼职工作。企业家可以把市场、企业的需求等信息带给科研人员，影响科研人员的技术路线，为以后的进一步合作打好基础。

第四种方式是高校和科研机构与企业合作开发技术。在这种情况下，企业家应掌握主导权，科研人员要按约定的合作协议行事。

第五节　创新价值

企业家的灵魂是创新，资本主义的诞生和发展就是欧洲对旧有的制度和文化的突破和创新。中国企业家如果要为国家、为民族做出伟大的贡献，仅仅沿着西方的足迹走下去是不够的，中国企业家更应该清醒认识什么是我们创造的，什么不是我们创造的，什么本应该是我们创造的。

一、企业家创造的创新价值

宋志平说："没有创新，在企业中职位再高，也只能是企业的领导者或管理者，而不是企业家。"天九共享集团联席总裁、天九共享金融科技集团董事长、中国投资协会高新委副会长徐浩然也总结道："创新、企业家精神、价值，这三点是独角兽企业的核心命脉。"

党的十八大以来，我国创新型企业的研发投资规模不断扩大，2016年总体创新投资强度超过欧盟十五国平均水平。然而，2017年《福布斯》杂志发布"全球最具创新力企业"的百强榜单，仅有6家中国公司入围。实际上，企业创新力不只取决于研发投资规模，企业家创新能力也是企业创新能力与市场竞争力提升的关键。早在19世纪，马克思就将企业家誉为"我们工业制度的灵魂"，而在市场经济中，企业家创新价值的显化是通过实现生产要素的新组合，以促使各生产要素最大限度地发挥作用，从而为企业创造价值。

但是，当今社会对企业家角色仍存在诸多误解，如将民营企业家等同于资本家，将国有企业家视为公务员，这与我国经济向创新驱动发展转型的阶段不相适应，有碍于激发新时代企业家创新活力。2017年《中共中央国务院关于营造企业家健康成长环境弘扬优秀企业家精神更好发挥企业家作用的意见》发布，提出"激发企业家创新活力和创造潜能"。党的十九大报告进一步强调，"激发和保护企业家精神，鼓励更多社会主体投身创新创业"。

宋志平提出创新是有规律可循，也有模式可依的，并总结了企业常用的而且在现实中行之有效的五种创新模式，包括自主创新、集成创新、可持续性创新、颠覆性创新、商业模式创新。企业应根据自身状况和发展阶段，在实践中认真研究，活学活用。

（一）自主创新

我国是发展中国家，长期以来采取的是追赶型经济发展模式。改革开放后，我们最初的创新大部分是模仿创新，现在想再模仿就比较难了。

第一，我们的技术水平提高了，可以模仿的东西已不多。

第二，和早期工业化阶段不同，现在知识产权法律法规越来越严格，再模仿很容易“踩雷”。这就促使企业用自主创新创造更多的财富，而不能简单地通过模仿获得这些技术。

第三，随着我国经济的发展，企业有了一定的创新能力和资金实力，在许多领域从跟跑者到并跑者，逐渐成了领跑者。我们现在要转变创新方式，从模仿创新向集成创新、自主创新发展，不能只是简单地模仿，模仿永远做不出最好的东西，只会模仿创新的企业永远称不上真正的一流企业。

自主创新相对比较难，投入大、耗时长。在医药行业里，一种新药的研发大概需要10年时间、20多亿美元的投入。据了解，国外的大型制药企业往往不是追求琳琅满目的药品，而是只研制几种好药，每种药一年可能有上百亿美元的收入，当然一旦专利到期，技术解禁后收入就会有所下降。自主创新不容易，但在一些关键核心技术上我们必须通过自主创新攻坚克难。例如，华为正在加快自主创新的步伐，以防国外的技术封锁。

（二）集成创新

20世纪70年代，西方人提出了集成创新的概念，就是把各种创新要素结合起来，既有借鉴的又有企业自己的，或者把其他行业的一些创新要素放在本行业里集成起来，就如同“把做面包的技术用在蒸馒头上”，是介于自主创新和模仿创新之间的一种创新模式，是一个知识重组、技术重组、要素重组的创新过程。

今天很多创新是集成创新。全世界由某个企业单独开发的技术可能是比较少的，各企业在创新过程中互相借鉴、互相学习，寻找资源配置的最佳方式来开发新技术，实现各种要素的有效集成和优化组合。能广泛吸纳国内外资源为我所用，将分散创新的研发效率、大规模创新的协同效应和大规模应用的市场效应紧密地结合在一起的企业，才能占据主动权。

在集成创新方面，中国建材多年来大胆迈步，重组国内外高科技企业，积极引入先进技术和高层次人才，牢牢控制了行业制高点，真正做到了在相关领域领先一步。在风电叶片领域，中国建材在2007年收购了德国的NOI公司，后来更名为SINOI公司。

NOI公司位于德国的北豪森市，鼎盛时期曾是欧洲第二大风电叶片供应商。德国风力发电走入低谷的时候，由于股东撤资，这家公司当时进入了破产保护程序。中国建材抓住有利时机，成功收购了这家公司，成立了海外研发中心。这场重组开创了中国本土企业收购国外风电设备公司的先河，成为“中国学生”收购“洋师父”的典型案例。通过重组，中国建材一跃成为全球兆瓦级风电叶片的领导者。

（三）可持续性创新

企业中大量的创新属于可持续性创新。德鲁克曾说，多数企业家认为十年之后企业90%的产品会改变，但统计数据显示，十年之后很多企业90%的销售收入还是依靠已有产品，只不过这些产品在不断更新换代。企业要立足于现有产业，在现有的产品基础上不断提升技术，开拓细分市场，深入挖掘创新潜力。

以水泥行业为例，中国的水泥产量是每年约24亿吨，占全球的60%。水泥在中国是一种性价比最好的胶凝材料，没有水泥，城市建设和日常生活都是无法想象的。这么多年来，从小立窑生产水泥到湿法水泥再到现在的新型干法水泥，技术水平一直在进步，产品品质不断提高。

新中国成立初期，苏联援建的一个年产200万吨的水泥厂当时需要12000人，20年前中国建材在鲁南的两条日产2000吨水泥生产线需要2000人，而今天一条日产5000吨的自动化生产线只需要300人，同样规模的最新的智能化生产线仅需要50人。中国建材在山东泰安建设的世界首条工业4.0水泥工厂，应用GPS定位、“互联网+”、大数据处理、生产智能化模拟系统等技术，能效、环保和效益指标均达到世界先进水平，最大限度地接近了“零人员、零排放、零电耗”，被称为“世界水泥的梦工厂”。

（四）颠覆性创新

颠覆性创新即用全新技术颠覆传统技术。一般来讲，一个行业15—20年发生一次颠覆性创新，但并不是所有企业都能做成，这主要取决于企业的战略以及资金、人才、技术等资源条件。企业在做好持续性创新的同时，也应积极尝试颠覆性创新。一些领先企业之所以会走向失败，就是因为对持续性创新比较坚持，而对颠覆性创新不够敏感。当年柯达发明了数码相机，但柯达因太珍惜胶卷赚取的高额利润，后来眼睁睁看着别人用它的数码技术把自己逼得活生生地破了产。

我们看到今天不少汽车公司既做汽油车，也做电动车，上汽智己汽车、一汽的高端纯电动轿车新红旗、北汽极狐阿尔法S等都是最新型的电动车。说明企业今天对于创新高度敏感，没有人敢掉以轻心，因为大意会失“荆州”。企业可以把进行颠覆性创新的部分独立出来，成立新部门，与原有业务分开，让不同专家分别进行创新，这样才能把矛和盾都做好。

（五）商业模式创新

对于企业来讲，高科技固然重要，但同时也应注重中科技、低科技和零科技。高科技对社会的贡献率约占25%，而中科技、低科技、零科技约占社会贡献率的75%。什么是零科技？商业模式创新就是零科技，虽然这看起来没有太多的科技，但却创造了很高的商业价值。

麦当劳、肯德基、星巴克、家乐福等知名企业，从事的都不是高精尖事业，而是通过探索新的商业方法、商业组织，创造了惊人的业绩。包括今天讲的很多消费互联网企业，比如京东、淘宝，就科技而言并没有什么创新，而是应用互联网技术建设了一个平台，创造了巨大的价值。

企业不是为了创新而创新，而是为了解决客户的问题，为客户创造价值而创新，这是根本理念。做企业要在商业模式上动脑筋，学会在价值链或价值网中思考问题，通过改变商业模式的构成要素或组合方式，用不同以往的方式提供全新的产品和服务，不断提高价值创造能力和盈利水平。例如，通过开展“水泥+骨料+商混+机制砂+干拌砂浆+固废处理”的全产业链运营，提高产品的附加值和竞争力，一个中等水泥厂就能创造可观的利润。

二、影响创新价值的因素

（一）企业创新能力

企业内部因素是影响企业创新能力的主要因素，着重考虑企业内部员工创新行为、管理层薪酬激励、企业规模以及团队认可度等影响。企业外部因素则主要包括税收政策、行业差异、法律环境等影响。

1. 员工创新行为

员工是一个企业创新的源泉，也是企业最宝贵的财富。例如，2019年5月以来美国的一系列措施将中美贸易战推向高潮，华为被列入美国商务部工业和安全局（BIS）的实体名单（entity list）。5月17日凌晨华为海思总裁发布了致华为员工的一封信在网络上引发热议，我们才知道原来在过去的数十年中华为人早已未雨绸缪，自行研制出了备用芯片，从今天开始正式投入使用，这充分展现了华为员工的创新能力。任何一个企业都应当培养员工的创新意识，并且创造一个开放和包容的工作环境进而激发员工的创新潜力。

2. 管理层薪酬激励

在两权分离和代理理论的背景之下，管理层的薪酬与企业业绩有着密切的关系，但是进行企业研发是一个比较长的过程，通常需要跨越几个会计年度，所以管理层基于短期业绩的压力会减少研发费用的投入进而抑制了创新能力。

3. 企业规模

现有研究已经表明，企业规模和创新产出呈现倒“U”形的关系，说明企业规模的扩张可以促进企业的创新产出，但是当企业达到一定规模之后企业的创新能力将会下降。

一般来看，大企业的技术创新投入越多，技术创新的成果也就越多。但是如果大企业中存在某种程度的低效率，就会产生完全不同的结果。关于中小企业创新份额在统计数据中所占比重较高的现象，中国青年学者张建忠给出了合理的解释，他认为这可能与以下三方面因素有关：一是统计数据中渐进性创新比例较高；二是中小企业对非连续性、偶发性技术创新捕获能力比大企业强；三是大企业技术创新成果的外溢和扩散，在中小企业产生经济效益，即大企业创新效益的外部显示。

4. 团队认可度

如果目标明确，组织成员了解决策指标，那么渐进式创新就可以在组织中自上而下推行。但对于改变竞争格局的创新来说，情况刚好相反。战略模糊不清，传统的指标也无法在流程早期应用，因为真正新的东西既没有参照系，也没有比较基准，可能会无意中把重大创意扼杀在摇篮里。只有当有决策权的领导者与其团队成员不遗余力支持并参与创新，团队成员才有可能去不断创新。

5. 企业外部因素

近年来国家不断调整税收政策，激励企业的研发投入，通过税收补贴的形式支持科技创新。2018年7月23日国务院常务会议决定，将研发投入按照实际发生额的75%在税前加计扣除；形成无形资产的，按照无形资产成本的175%在税前摊销。税收激励政策减轻了企业负担，降低了企业面临的经营和财务风险，进而增强了企业的创新产出。这也在一定程度上缓解了管理层的业绩压力，从长远来看，创新产出将会给企业带来更多的现金流，有利于增加企业未来业绩。

不同行业的创新能力有很大的差异性，高新技术行业的企业更愿意进行自主创新，尤其是近几年大数据迅速发展，产品更新换代的速度极快，如果不保持创新能力将很快会被淘汰。比如柯达公司，曾经无比辉煌的百年巨头因为没有及时意识到数字科技给予传统影像部门的冲击，依赖于传统的胶卷行业，最后走向破产。相比之下，传统的制造业企业较少地进行自主研发创新，更多的是通过技术引进来实现产品业务的更新。但是从企业长远发展的角度来讲，自主研发创新更有利于企业创新。

此外，我国的专利制度的建立和实施工作与发达国家相比起步较晚，产权保护制度不健全，在很大程度上降低了企业的创新意识。而在产权保护制度健全的国家，企业通过申请专利保护来提升自身的竞争力，我国亟须从国家层面上通过推进相应的专利保护战略以弥补自身起步较晚的劣势。

（二）创新思维

中国企业创新能力不强，深层原因在于中国传统文化缺乏创新思维。权力文化、关系文化与现世文化是中国传统文化中制约企业创新的主要因素。

所谓创新思维，就是不受现成的常规思路的约束，寻求对问题全新的、独特性的解答和方法的思维过程。在知识和信息量迅速增加的今天，能否驾驭知识和信息进行创新已成为衡量水平高低的关键因素。

1. 创新思维能萌发卓越的经营战略

传统的思维方式是孤立的、线性的，它可能实现一定思维的小延伸，但不能实现一定思维的突破。创新思维往往表现为思维的跳跃性，它包括纵向超前思维、横向综合思维及立体的、多维的思维。创新思维能使一定思维突破和飞跃，表现为思维进程的跨阶段、思维方式的多层次和思维结果的高境界，也就是说，创新思维能使人们从传统的框框及狭窄的思维陋习中解放出来。

世界是最大的饮料公司——美国可口可乐公司的董事会主席葛施达，就是具有这种创新思维的人，常把超常规的想法变为超常规的经营方法。1981年他一上任，便出人意料地做了两件事：一是瞄准中国市场的巨大潜力。把可口可乐目标指向中国，在北京制作和出售可口可乐汽水，从而打开了广大的中国市场。二是收购了一家与饮料业风马牛不相及的公司——哥伦比亚电影公司。人们对后者惊愕不已，而他自己解释道："一定要使每一个观众在看哥伦比亚电影时喝可口可乐汽水。"这些决策，使该公司跨入了更广阔的市场领域，呈现出勃勃生机。

2. 创新思维能提高企业家的预见力

在信息时代搞风险投资，企业家应有远见，这个要求已越来越强烈。以前的经理只把最主要的注意力放在"如何解决问题"上，而现代企业家更注意在多变的环境中"如何及时地准确地找出问题"。从而制定出适应预想中的未来环境的措施。

为了同日本小汽车进行较量，美国通用汽车公司总裁选择了一条不同寻常的道路：另外成立一家名为萨坦公司的新企业，并兼并一家营业额达25亿美元的计算机生产企业——电子数据系统。其用意何在？一是通用汽车公司打算将信息技术应用在工业社会的产品中去，为工业社会型的企业向与信息时代相适应的企业转变做好准备。二是电子数据系统能大大简化通用汽车公司内部现有的信息处理部门，并大大提高效率。

功夫不负有心人。像通用汽车公司一样，美国三大汽车公司经过艰苦调整，在20世纪90年代的今天，以低价优势卷土重来，把日本汽车在美国市场的占有率挤掉了4.2%的份额，而重登世界第一汽车生产王国的宝座。这一巨大成就与这些企业家们的创新思维和卓越的远见是分不开的。

3. 创新思维能培养企业家的直觉意识

直觉在其他领域很早就受到了重视。但人们发现它也是进行企业管理的有力武器。直觉的管理意识在信息时代日益重要。因为信息时代的各种数据像洪水般涌现，当一个问题极为复杂，与此有关的信息和数据纷繁庞大，而又必须及时决策时，直觉意识便起作用了。

人民捷运公司在初创时，因机场罢工和巨额亏损，面临着倒闭的危险。为了生存，人民捷运公司用科伦布等机场来取代正在罢工的纽阿克机场。从当时的情景看，做出这项决策是很危险的。公司拥有的经营数据和资料因罢工根本不起作用，甚至在分析这条航线是否合算时，公司也无法通过调查研究作出满意的回答。然而，顿·伯尔总裁和经理们凭着"第六感官"，毅然地走出了这一步，从而使公司从危机中走了出来。人们争购该航线59美元一张的机票，座位利用率竟高达85%，人民捷运公司开始缓过劲来，以致后来出现了美国企业史上最高的增长率。

三、提高创新价值的有效方法

（一）提高企业创新能力

1. 完善和落实激励企业自主创新的相关政策。

进一步落实《规划纲要》配套政策及其实施细则，特别是与激励企业自主创新相关的税收优惠、金融支持、政府采购等政策，加强政策的宣传和培训，使企业能真正享受到政策带来的优惠，激励企业增加研发投入，提高自主创新能力。做好政策实施的评估督促，建立政策跟踪研究和不断完善的长效机制，在实践中健全和完善政策体系。

2. 加大对企业技术创新的支持力度。

支持企业更多地承担国家及地方重大科技项目。鼓励科研机构和高等院校面向企业开放共享科技资源。建设一批面向企业的技术创新服务平台，帮助企业开发新产品、调整产品结构、创新管理和开拓市场，提升核心竞争力。构建一批产业技术创新战略联盟，促进产学研紧密结合。加大对科技型中小企业技术创新的财政支持力度，建立和完善支持中小企业发展的科技投融资体系和风险投资机制，发展科技中介服务机构，扶持和壮大一批具有创新能力和自主知识产权的中小企业。

3. 加强企业研发条件和人才队伍建设。

加快推进创新型企业建设。在具备条件的企业建立国家重点实验室、工程中心等基地，鼓励企业与大学、科研机构共建各类研究开发机构，支持企业研发能力建设。鼓励企业引进海外高层次人才，开展各类人才的培训，与高等院校和科研院所共同培养技术人才。鼓励企业探索建立知识、技术、管理等要素参与分配的制度和措施。

利用科技中介机构、技术转移机构等搭建科技人员与企业双向选择的信息交流平台，形成科技人员服务企业的长效机制。从科研院所和高校选派一批科技人员进入企业，研发技术、开发产品。特别是鼓励科技人员带技术、带产品进入企业推广应用。鼓励科技人员直接创办科技型中小企业，促进科技创业。

（二）培养创新思维

在《飞奔的物种》中，脑科学家、《西部世界》科学顾问伊格曼和音乐家安东尼，以脑科学为基础，结合科技、艺术领域的众多案例，揭示了创造力突破的核心法则：3B法则。扭曲（Bending），原版会被调整或扭曲到变形；打破（Breaking），指的是一个整体被拆开；融合（Blending），两个或者更多的素材会结合在一起。3B法则可以捕捉到在进行创新思维时大脑是如何运作的。

1. 扭曲

扭曲是对现存原型的改造，通过对大小、形状、材料、速度、顺序等方面进行改变，它打开了充满各种可能性的源泉。

（1）大小可扭曲

扭曲可以通过多种方式对一项资源进行重塑。以重塑大小为例。克拉斯·奥登伯格在纳尔逊-阿特金斯艺术博物馆前的草坪上的作品《羽毛球》，就是将羽毛球放大成圆锥形帐篷的大小。

而挡风玻璃的发明也运用了大小可扭曲，在美国发明家埃德温·兰德之前，几代发明家都致力于把大块水晶应用到挡风玻璃上。但一块由15厘米厚的水晶制成的挡风玻璃，透过它根本无法看清任何事物。

后来有一天，兰德迎来了顿悟的时刻：将水晶缩小。通过把人手可握的水晶变成肉眼不可见的东西，兰德很快就成功地制造出了不仅透明，还可以减少眩光的挡风玻璃。

（2）形状可扭曲

通过扭曲形状，建筑师弗兰克·盖里，将通常为平面的建筑外部扭曲成了有起伏或有旋转的样子。类似的思路，还使未来的汽车容纳了更多的燃料。

一家名为蜗壳（Volute）的公司开发出一种自身能够层层折叠的氢槽。这种氢槽可以塞进车体中，并通过扭曲的方式尽可能地利用那些未使用的空间。

2. 打破

在打破的过程中，一些完整的事物被拆开；而通过组装这些碎片，一些新的东西出现了。

19世纪末期，农民们开始有了用蒸汽机取代马匹的想法。然而，他们的第一台拖拉机干活的本事却不高，过重的机车，压实了土壤，毁坏了庄稼。从蒸汽转变到油动力的确起了一些作用，但拖拉机还是很笨重，不易驾驶。

在当时看来，机械耕作好像永远都没有办法实现。然后哈利·福格森提出了一个打破的想法：去掉起落架和外壳，然后把座椅直接安装到发动机上。他的“黑拖拉机”比较轻，因而能在耕作方面发挥非常好的效果。通过这种保留部分结构、丢弃其余部分的方式，现代拖拉机的雏形诞生了。

打破使我们能够把坚实或连续的东西分解成可管理的部分，而我们大脑的破坏设施，则把世界分解成可以重建和重塑的单位。

3. 融合

在融合时，大脑会以神奇的方式将两个或更多信息源结合在一起，许多极具创造性的飞跃都是惊人的组合体。

iPhone的诞生就是融合最好的证明。早在1984年，卡西欧 AT-550-7腕表就拥有让用户可以直接用手指在表面上滑动并进行调整的触摸屏。而在这款腕表出现的10年后，同时也是iPhone出现的13年前，IBM就在世界上第一款智能手机——西蒙上添加了触摸屏。它既有手写笔，也包含了一些基本的应用程序。可以发送和接收传真、电子邮件和页面，并且有世界时钟、记事本、日历和联想输入法。虽然由于当时手机电池容量过低、话费高昂等原因，西蒙未能流行起来。但就像卡西欧的触摸屏一样，西蒙把它的“遗传物质”留在了由于“从天而降”的灵感而设计出来的 iPhone 上。

这些设备一步步地为史蒂夫·乔布斯“革命性”的产品奠定了基础。所以说，iPhone的诞生并非凭空而来。

史蒂夫·乔布斯说：“创造就是把事物联系起来。当你问那些富有创造力的人他们是怎么做到的，他们会感到内疚，因为他们并没有真正做什么。他们只在看到一些东西一段时间之后，可以很敏锐地将之与自己的经历联系起来，并合成新的东西。”

第四章

CHAPTER 04

中国企业家成长环境

第一节　当前中国企业家的宏观环境及其特点

一、当前中国企业家所处的宏观环境

（一）国际环境

国际金融危机后，经济低迷、社会动荡、科技变革、地缘冲突等各种因素相互交织，增大了全球经济复苏的不确定性。当前，全球经济出现转暖迹象，经济复苏处在重要关口，逆全球化思潮和保护主义抬头，全球各种乱象丛生，根源是金融危机后全球经济的低增长困境和发展不平衡。

近年来，国际上逆全球化思潮泛起，保护主义、民粹主义、孤立主义凸显，难民危机、恐怖主义等对经济造成巨大冲击。且大多数国家应对全球经济变局的主要做法是：通过加快经济社会改革重塑国家竞争力，推动经济转型应对内外环境变化，加大科技创新力度抢占制高点，创新区域经济合作机制增强发展活力。当今和今后的一段时间，世界多极化、经济全球化深入发展，国际大环境总体对我国有利，和平发展、互利共赢成为全球共识。但国际关系错综复杂，来自外部的风险和挑战不可小视。从短期看，2015年、2016年世界经济虽然仍将保持周期性温和复苏态势，但不稳定性不确定性仍然较多。

（二）国内宏观环境

中国经济发展进入中高速增长阶段，经济增速换挡回落，经济发展进入新常态。经济结构不断优化升级，在产业结构方面，第三产业逐步成为主体，产业结构从制造业为主向服务业为主转变；需求结构方面，消费需求逐步成为主体；在城乡区域结构方面，城乡区域差距逐步缩小，城镇化速度不断加快，城乡二元结构逐渐被打破，区域差距逐渐拉近；收入分配结构方面，居民收入占比上升，发展成果惠及更广大民众。在这些结构变迁中，先进生产力不断产生、扩张，落后生产力不断萎缩、退出，既涌现出一系列新的增长点，也使一些行业付出产能过剩等沉重代价。

从动力层面看，新常态下，中国经济将从要素驱动、投资驱动转向创新驱动。制造业的持续艰难表明，随着劳动力、资源、土地等价格上扬，过去依靠低要素成本驱动的经济发展方式已经难以为继，必须把发展动力转换到科技创新上来。

从风险层面看，新常态下面临新的挑战，一些不确定性风险显性化。虽然我国经济运行保持在合理区间，但楼市风险、地方债风险、金融风险等潜在风险渐渐浮出水面。一些非银行金融机构，在高利贷的引诱下盲目扩张，形成巨额坏账，在金融政策回归常态化及经济下行压力持续化的情况下，开始释放局部的金融风险；房地产、煤炭等行业中的一些企业，因资金流不足导致资金链断裂的事件累有发生；还有一些地方对土地财政的过度依赖及融资平台的过度负债，所积累的隐性风险也开始显性化。尽管总体看来，金融风险和财政风险可控，但这些因素会导致社会融资成本上升，对一些行业或地方经济发展产生较大的影响，增加经济运行的不确定性。全球经济复苏并不顺利，而且我国传统比较优势减弱，而新的国际比较优势还未形成，导致出口增长对经济增长的贡献率明显下降，出口增长不仅出现了新常态，从过去的高增长转为与GDP大致同步的温和增长，而且月度、季度间增长极不稳定，连续几年都出现了“过山车式”的波动，有时增长10%以上，有时为负，很难把握，企业也很难适应。

综合以上特征，我国当前的经济新常态，实质上就是经济发展告别过去传统粗放的高速增长阶段，进入高效率、低成本、可持续的中高速增长阶段。虽然我国进入中高速增长阶段，但是我国的经济增速仍然大大高于发达经济体和许多新兴市场国家，而且是结构更加稳定、合理的经济增长，是更加全面、协调、可持续的稳态增长。

技术水平是指所处地区或行业的整体技术现状。其高低影响着企业家经营决策：技术成熟能掌握一定主动权，在正常经营活动外可以进行创新研发；若技术落后，没有参与市场活动话语权，在生产和研发方面成本上升。目前我国整体的技术水平仍落后于发达国家，除少数领域走在世界前列外，自主创新的整体水平相对较低。技术方面受制于人，企业只能选择以高额的成本购买国外技术以及使用权，严重影响了企业利润。

提升企业技术创新能力是坚持走中国特色自主创新道路、实施创新驱动发展战略、建设世界科技强国的重要内容。党中央、国务院高度重视科技创新。2006年《国家中长期科学和技术发展规划纲要（2006—2020年）》正式提出“自主创新，重点跨越，支撑发展，引领未来”的科技工作指导方针。2012年《关于深化科技体制改革加快国家创新体系建设的意见》明确提出确立企业在技术创新中的主体地位。党的十八大以来，以习近平同志为核心的党中央把科技创新摆在国家发展全局的核心位置，大力实施创新驱动发展战略，推动我国科技事业发生历史性变革，取得历史性成就。当前，我国科技创新仍然存在一些亟待解决的突出问题，企业技术创新能力不强，尤其是企业对基础研究重视不够，重大原创性成果缺乏，底层基础技术、基础工艺能力不足等。我们必须紧跟新一轮科技革命和产业变革的步伐，充分用好新科技浪潮的“科技红利”，大力提升企业科技创新能力，把科技的力量转化为经济和产业竞争优势。

提升企业技术创新能力是重塑我国国际合作和竞争新优势、推进“双循环”新发展格局的形势所迫。当今世界正经历百年未有之大变局，新冠肺炎疫情全球大流行使这个大变局加速演进，保护主义上升、世界经济低迷、全球市场萎缩。在国内外环境深刻变化的形势下，党中央提出加快构建以国内大循环为主体、国内国际双循环相互促进的新发展格局，这是根据我国发展阶段、环境、条件变化提出来的重大战略部署，是重塑我国国际合作和竞争新优势的战略抉择。我们必须深刻认识到，目前我国在一些关键核心技术受制于人的局面尚未根本改变，创造新产业、引领未来发展的科技储备远远不足，很多产业还处于全球产业链、价值链中低端。因此，只有大力推动企业技术创新，加快关键核心技术攻关，提升产业链供应链现代化水平，才能下好先手棋、打好主动仗，把竞争和发展的主动权牢牢掌握在自己手中。

提升企业技术创新能力是我国经济社会实现高质量发展、全面建设社会主义现代化国家的必然要求。我国即将进入“十四五”时期，这是我国全面建成小康社会、实现第一个百年奋斗目标之后，乘势而上开启全面建设社会主义现代化国家新征程、向第二个百年奋斗目标进军的第一个五年，我国将进入新发展阶段。当前我国社会主要矛盾已经转化为人民日益增长的美好生活需要和不平衡不充分的发展之间的矛盾，这对科技创新提出了新的更高的要求。习近平总书记强调，要以科技创新催生新发展动能。面对新形势新要求，我们要统筹中华民族伟大复兴战略全局和世界百年未有之大变局，充分发挥科技创新在高质量发展中的引领作用，要大力提升企业自主创新能力，尽快突破关键核心技术，这是关系我国发展全局的重大问题，也是全面建设社会主义现代化国家的必然要求。

（三）新冠肺炎疫情下的宏观环境

新冠疫情以来，各种经济预测的理论层出不穷，但是最主要的观点都认为疫情给全球化的经济带来巨大影响，会让全球化的步伐大幅放缓，尤其是会对中国的经济发展和结构带来巨大冲击。从社会舆论角度，美国是想要遏制中国的领头羊，美国前任总统特朗普多次在推特上使用"中国病毒"的方式来描述新冠病毒，其他各种媒体摇旗呐喊，网络上也出现了各种漫画来辅助这种说法，对中国的形象造成了冲击。

新冠肺炎疫情给世界发展带来很大影响，给世界各国人民生命安全和身体健康带来巨大威胁，对世界发展的冲击不断扩大和加深，给经济全球化带来波折，世界主要经济体普遍面临经济下行压力，国际金融市场出现动荡。疫情防控措施导致国际产业链受影响，国际产业链布局可能重新调整以提升供给安全性，但各国的经济刺激政策和新兴产业加速发展也孕育着恢复性增长潜力。可以说世界经济下行压力与增长潜力并存。

疫情之所以会产生如此巨大的影响，是因为今天的世界经济增长建立在相互依赖的网络之上，一个环节出现问题，其影响就会多重传导。为有效控制疫情，各国大都采取局部或者全面的隔离措施，限制人员流动、暂停经营活动，经济运行遭遇急刹车，消费活动受限，导致国际需求链发生动摇。同时，不少国家还采取断航、关闭边境等措施，大量国际经济交往活动被迫暂停，生产要素国际流动受阻，许多重要国际供应链面临断裂风险，产生多重、多向跨国性连锁影响。

当前，世界经济面临的挑战具有特殊性，采取应对经济危机或金融危机的常规措施可能还不够。首先，经济下行与疫情防控措施相关，市场、企业、资本等的调整功能难以发挥。其次，经济何时恢复受制于疫情发展，很多常规调控措施发挥效力的范围受限。最后，严重的生命安全和身体健康威胁迫使许多国家把防疫放在首位，相互间的政策协调性降低，通过国际合作应对经济挑战的能力下降。

同时也应看到，疫情发生以来，保经济、保供给、保就业、促增长已成为各国共同的政策取向。许多国家采取一系列强有力的措施，尽力稳住市场大局。比如，降低利率，增发货币；制定大规模财政刺激计划拉动经济增长等。随着形势的发展，还会推出更多措施。这些措施不仅着眼于当前应对疫情对经济的冲击，也着眼于以后的经济恢复与增长。从这个角度看，疫情过后，各国经济可能会出现明显反弹。疫情期间催生的新技术、新业态、新模式等将继续发展，成为新的经济增长点。疫情过后中国经济恢复性增长、产业转型升级进一步加快等因素，也会对世界经济增长产生非常重要的拉动作用。

疫情蔓延的综合效应对经济全球化会产生深远影响。一些国家单边主义、民粹主义思潮可能加剧，但疫情不会成为经济全球化进程的转折点。经济全球化在波折中走向深化。

当前疫情在全球蔓延，给经济全球化带来新挑战。疫情防控措施导致国际产业链受影响，依赖国际供应链、国际需求链生存的企业遭遇困境。面对这一情况，各国政府可能会更加重视经济运行供给侧的安全保障，强调产业发展布局的安全性，增加重要物资的战略生产和储备能力。企业也会更加重视应对重大突发事件冲击时供应链的安全，由此可能重新规划产业链布局，包括向安全度高的市场转移、缩短核心产品供给环节、加强国内重要节点布局等。

尽管如此，经济全球化仍是一个大趋势，难以发生根本性逆转。如果离开全球供应链，大多数国家难以维持经济社会正常运转。经济全球化使得国家经济更强大、发展更有保障；对于企业来说，参与到国际供应链中，就有更多机会发展壮大。如今，绝大多数国家都加入这个经济全球化网络中，经济越开放、越发达，嵌入程度就越深，就越难以与这个网络轻易“脱钩”。此外，疫情也催生了新的经济全球化需求。比如，为保障医疗卫生相关产业正常运转，构建这一领域全球供应链的重要性进一步凸显；传统交往方式受到限制，激发了网络、大数据等信息通信产业快速发展。这也会助推经济全球化进一步发展。

当今世界，各国相互联系、相互依存的程度空前加深。这也意味着，各种传统安全问题和非传统安全问题的联动影响加剧，其出现时间、地点、形式、规模和影响范围都更具不可预测性。这次疫情在全球产生的深远影响就是例证，也生动地说明人类的命运已经紧紧联系在一起。这次疫情必将促使世界各国更加深刻、更加真切地认识到人类已经成为一个休戚与共的命运共同体，必须深入思考如何推进国际安全合作，推进全球治理体系变革。

二、中国宏观环境的特点

（一）基本特点

1. 动态性

环境动态性是指外部环境不断变化且这种变化不可预测的一种状态。由技术、市场、政策、竞争者的不确定性等诸多因素组成。世界经济、世界各国处于不断的动态变化中，动态变化是绝对的，稳定不变是相对的。宏观环境的动态性给企业家带来了更高的要求。

第一，在高速变动的行业中，企业家需要时刻保持警惕，关注行业环境的变化。从学习视角看，在组织不断与行业环境的互动过程中，企业家会通过不断学习将环境变化所造成战略调整的因果链内化到企业家认知知识结构中，从而企业家认知知识结构中概念的数量及概念之间的因果关系链的数量都会不断增加，最终表现为企业家认知复杂性的提高。第二，从有限注意力的视角来看，企业家的信息处理能力是有限的，经常会遇到信息过载的情境。当企业家处于变动速度较快的环境中会遭受到大量的信息轰炸，使其被迫将有限的注意力分散开来，无法将注意力仅仅集中在某个具体的概念上，最终表现为企业家认知集中性减弱。因此，企业家要在环境变化中不断调整改进，以适应宏观环境的动态性发展。

2. 紧密性

分析中国的宏观环境，不能凭借某个经济指标来得出结论。政治因素、地域因素、国际经济形势发展与走向，国内社会结构等诸多方面的因素都会对中国宏观环境产生不同程度的影响。同时，世界是普遍联系的，世界各国紧密联系，各个经济体处于同一个网络中，任何一个国家的经济发生变化都会对全球经济的发展产生影响。因此中国宏观环境的研判也不能割裂来进行，但要保持“扬弃”的态度来看待世界各国的政策，不可完全西化。中国的奋斗目标和理想是民族崛起和实现中国梦，那么在宏观经济的理论研究和客观实践过程中，就要找准自己的位置，同时发挥宏观与微观两个方面的积极性，解放社会生产力发展的一切束缚。充分发挥市场手段和计划手段的各自优越性，保障经济持续健康发展。

3. 不确定性

当今中国正面临和经历着百年未有之大变局，加之近两年新冠肺炎疫情的严重冲击，全球地缘政治、发展格局已发生了深刻变化。国际环境、自身的发展条件等均已发生巨大变化，中国的劳动力成本、人均收入也不断提高，企业想要迈上新的发展平台，自然需要在产业结构、技术水平上提档升级。

此外，中国经济仍需要警惕内外部风险。西方国家针对中国的经济政策将是未来很长一段时间内中国需要面对的极为不利的外部环境，应谨防“脱钩”风险对中国经济形成的长期损害。同时，房地产市场“灰犀牛”风险、地方政府债务沉重等，使以往那种依靠房地产投资、地方土地财政拉动经济增长的模式难以为继，经济运行中还存在一些潜在的风险，有些十分突出，必须加以重视。因此，从主观客观上来看，中国宏观环境的不确定性必然需要中国企业在发展思路、增长模式等方面进行及时必要的调整和改变。

4. 复杂性

由于美帝的围堵、新冠肺炎疫情的干扰等各种不可控因素，我国面临着改革开放以来最为复杂的内外部环境时期之一。当然，内因是起决定性因素的，外因是通过内因来产生作用的。因此，分析内因，对于我们从容面对经济发展所面临的复杂内外部环境从而找到应对之策意义重大。

（1）消费对于我国GDP增长的贡献度呈现下滑趋势，对于我国宏观经济的长期可持续发展是极为不利的，并形成了极为重大的挑战。第一，在对经济运行所创造的财富分配的过程中，对居民部门所切的蛋糕一直是偏少的，或者说，我国居民部门在财富分配的占比，一直是主要经济体中最低的，居民部门没有充分地享受到改革开放所带来的成果，未富先老正是对这一现象的最恰当和直观的体现；第二，我国虽然在脱贫攻坚战中取得了巨大的、举世瞩目的伟大成就，但是贫富差距依然很大；第三，随着疫情常态化，居民对未来的预期降低，“不敢花钱”是公众的普遍心理状态；第四，住房、医疗、教育三座大山，挤压了居民的消费空间，成为我国消费不振的客观因素。

（2）货币超发依然严重，人民币币值的稳定性尚需进一步提高。我国CPI样本构成已经老化，不能反映真实的通胀水平，据此决策可能会导致严重后果。我国的CPI样本构成是在改革开放初期定下来的，一直实行到今天。当初制定CPI样本构成时，我国还处于解决温饱的初级阶段，恩格尔系数（即食品支出占居民总支出的比例）还非常高。如今，我国的恩格尔系数已经大幅降低，住房、教育、医疗、通信、服务等的比重在大幅上升。在此条件下，CPI的构成早就应该做相应的改变了，如此才能与时俱进地反映时代的变化。

第二节　当前中国企业家的微观环境及其特点

一、企业家评价机制

评价可从四个方面进行：美德、能力、努力和成就。美德要求企业家有良好的职业道德和社会道德，坚持爱国主义、解放思想、实事求是、艰苦奋斗、奉公守法的企业家才是优秀杰出的企业家；能力指企业家的综合表现，包括知识储备、管控能力、工作经历和身体素质；努力是企业家的工作态度，要求企业家脚踏实地、尽职尽责、坚持不懈；最后，成就是企业在企业家的领导下取得的经济和社会效益。

（一）美德

包括政治立场，坚持党的基本路线，贯彻执行党和国家的方针政策，坚持企业的社会主义方向。思想作风认识端正、求实求真、思想解放、勇往直前、艰苦奋斗、雷厉风行、集思广益，多谋善断，团结协作，服务热心，联系群众，深入实践，克己奉公，清正廉明，知人善任，任人唯贤，严格细致，一丝不苟，言行一致，不尚空谈。有良好的职业道德和社会公德。坚持方向，合法经营、奉公守法，纪律严明，市场第一，用户第一，锐意进取，开拓创新，优质服务，以民为本、公平交易，平等竞争，货真价实，童叟无欺，履诺践约，敦信守诚，疾恶如仇，从善如流，戒骄戒躁，谦虚谨慎。

具体而言，仁：仁慈柔容则企业文化环境就会改善。义：善待万物，遵从道义，为员工、社会承担一定的责任。礼：明理识法，通达恭敬识大体。有礼德则有序，有序则办事顺当，有效率。智：定义是谦恭处下，能通达，处下就能无时无刻不学到知识，培养眼光，智慧运作，做重要决定前先静心细思，冥思一下，也许做起来就有条理。信：企业里人与人有信赖，员工对企业文化有信心，对企业发展有信心。信心是企业发展的精神支持和承载。

（二）能力

企业家的基本能力主要包括记忆、适应、学习、自控、心理承受、想象、洞察、判断、自信等几个方面。企业家只有具备这几方面的基本能力，才能保证企业在整个运营或经营过程中，避免小的错误的发生，为整个企业的可持续性发展提供支持，确定企业经营的正确大方向。

此外，优秀的企业家还需要专业知识扎实，熟悉本行业产品知识和有关技术知识，掌握国内外同行业的生产技术动态。管理能力突出，掌握企业策划、生产指挥、劳动人事、财务核算、市场营销以及国际贸易、财政金融、税收、工商管理等方面的知识。具备一定的法律知识，熟悉国家颁布和国际通行的有关法律、法规，尤其是和经济有关的法律、法规。掌握科学的思维方法和工作方法，熟悉领导心理和领导行为。掌握必要的文史知识和计算机等现代办公设备的运用知识。

（三）努力

习近平总书记在民营企业座谈会上，着眼民营经济健康发展，对广大民营企业家健康成长提出希望、寄予厚望，鼓舞了广大民营企业家积极进取、奋发有为的信心，激发了他们战胜困难、搞好经营发展的干劲。提出新一代民营企业家要继承和发扬老一辈人艰苦奋斗、敢闯敢干、聚焦实业、做精主业的精神，努力把企业做强做优。

首先要做到工作态度好。热爱工作，认真负责、脚踏实地，埋头苦干，肯学肯钻，精益求精，兢兢业业，任劳任怨，勇于开拓与创新，敢闯敢冒，敢担风险，不怕困难，百折不挠，讲求效率，多做贡献。其次要具备奋斗精神，工作积极，遵守纪律，责任感强，出勤率高。

同时，还要不断进行自我完善。企业家的自我完善是指企业家在一定外力的作用下进行自我调整、自我塑造和自我提高的一种内在作为，其内涵十分丰富。一般来说，这种自我完善主要包括知识的完善、才能的完善、形象的完善和人格的完善等几个方面。知识的完善是企业家自我完善的重要基础，才能的完善是企业家自我完善的关键环节，形象的完善是企业家自我完善的外在标志，而人格完善则是企业家自我完善的最高境界。

企业家的自我完善提出了更新更高的标准，企业家素质的培养、锻炼和提高主要有三种途径：一是实践；二是学习；三是竞争和自我否定。企业家在自我完善的过程中，应当实现如下五个统一：学习与实践的统一；自律与监督的统一；全局与局部的统一；外在与内在的统一；个人与集体的统一。

（四）成就

成就是企业在企业家的领导下取得的经济和社会效益。能用销售利润率、资产负债率、流动比率、应收账款周转率、存货周转率、社会贡献率等计算出明显的贡献率。除此之外，还可根据企业稳定性、可持续性、知识和业务、客户等因素来进行评价。企业稳定性越强、可持续性越强、客户满意度越高便能获得越高的利润。

同时，不打算出售的初始企业必须专注于建立一个强大的品牌和强大的渠道。购买客户有两个方法：在用户点击广告之后再付费或打折。在实现企业长期生存的过程中，我们认为一个关键目标是持续地保持高客户回头率。而客户只有在相信本企业产品能给他们提供价值的情况下，才会发生第二次、第三次购买行为。因此，重复业务情况也可以用来衡量企业成就。

二、企业家选拔机制

企业对企业家的选拔有两种途径：政府任命和市场选择。前者指政府机关对有资历的行政领导进行任命，但这类企业家可能存在不懂市场，不懂行情，或许不懂如何管理企业；后者指企业所有者选择企业家，根据企业家的评价机制中的四个方面对企业家综合考察，选出最适合的人担任企业领导者。

在采用这两种选拔方式时，需在以下方面进行完善。

首先，优秀企业家多数是从企业内部选拔和培养起来的。目前，国内理论界正在积极探讨如何建立企业家市场。从国外的实际情况来看，在众多的市场中，企业家市场是最不成体系的一类市场。绝大多数企业家都是从企业内部选拔和培养起来的，而不是从企业家市场引进的。再从市场本身的特性来看，市场是商品交换的场所，企业家市场交换的是成熟产品——成熟的企业家。世界上没有天生的企业家，企业家是成长起来的，但企业家的成长不是在市场上，而是在企业内部——本企业内部或外企业内部。

其次，企业要培养和造就企业家，必须有完善的企业领导人选拔和培养机制。多年来，人们习惯认为，是优秀企业家带出了优秀的企业。人们可以举出很多例子来证明这一点，如松下幸之助与松下电器公司，萨姆·沃尔顿与沃尔—马特百货公司，亚科卡与克莱斯勒汽车公司等。但相反的情况也是存在的，即优秀企业能培养出优秀的企业家。杰出企业之所以能培养出杰出的企业家，是因为这些杰出企业有完善的企业领导人选拔和培养机制，这就是企业内部有一套关于管理人员培养和接班的完整计划，通过这个计划的组织实施，使企业获得得力的内部候选人，然后再通过有意识的岗位锻炼，使他们迅速成长。

最后，我国要形成企业家的选拔机制，关键要做好以下几个方面的工作。

（1）要改变企业领导人由上级组织部门任免和调动的做法。多年来，我国企业的领导人是“干部”而不是真正的经营者，他们一般由上级组织部门任免和调动。据统计，全国2/3的企业领导人是由组织部门任命的。而组织部门在任免企业领导人时，通常不承担由任命失误所导致的经营风险，因而对领导人的任命不完全参考其经营业绩。由于企业领导人的命运更多地取决于他们与上级主管部门的关系，因此，搞好对上关系通常比搞好经营管理更加重要。在这样的人事制度下，显然不利于企业家的成长。所以，我国要创造有利于企业家成长的环境，首先必须改变企业领导人由上级组织部门任免和调动的做法，把这一权力下放给企业的所有者。

（2）企业的每一任领导人都要把培养下一任领导人作为己任。企业家靠谁来培养？不是靠政府、靠社会，也不能完全靠市场，而是靠企业现有的领导人。因此，对中国多数企业领导人来说，不能把培养接班人看成是上级组织部门或人事部门的事情，而应当主动承担这一重任。

（3）企业内部要有一套完整的管理人才培养计划。一般来说，企业家是企业内部众多杰出管理人才中的代表人物，企业要培养出杰出的企业家，首先必须培养出众多的杰出管理人才。而要做到这一点，必须有非常彻底、非常连贯的管理人才培养计划，包括管理人才的选拔、培训、岗位锻炼、考核、筛选等。通过这一计划的组织实施，保证在企业的任何级别和任何岗位上，都有人才储备。

（4）培养企业家要从企业内部层层抓起。企业家的成长有一个过程，需要从企业内部层层挑选和培养，这样可以保证管理人才从思想上、作风上和业务上都得到充分锻炼，使他们最终有能力领导一个企业。国外有许多企业在选拔企业领导人的过程中都采取逐层选拔培训方式。

三、企业家文化环境

（一）教育水平

教育的重点是企业家创造性人格特征和完善能力结构，企业家的创造能力是由多个层次构成的综合性素质，由核心到外围依次为创造性人格特征、思维方式、思维能力和操作能力，其中起核心作用的是创造性人格特征，即企业家创造性意识和思维。通过教育能够培育企业家独立见解和创新思维方法、技能，就企业家能力结构而言，认识能力、社会能力、表达能力这四种能力的综合，通过教育能培育企业家的综合能力。

教育水平决定了国家或地区的人才储备水平。高水平教育培养出大量高素质、高水平人才，是企业家群体和企业发展的重要资源，是企业走向成功的基石。中国企业正在从劳动密集型向技术密集型和资本密集型转变，目前突出了高素质人才的重要性。企业家受教育程度的差异性，决定了企业家公理思维在思维结构中所占的比例。从而也就决定了其认知和思维，通过对认知对象、开放和促使每个认识主体向其他认识主体开放来转变企业家决定方式。

（二）教育内容

自然知识主要是对自然界客观事物的认识，主要解决物与物的关系；人文知识主要解决人与人之间关系以及自我发展，自我完善的人生价值意义问题。

（1）自然知识使人类认识到整个外部世界和自然进程及客观规律性，大大训练和发展了人类逻辑思维判断能力和理性思维能力，增强了人的思维确切性和人类行为的合理性。不仅如此更在于作为人类知识，改造世界的活动能力，通过改造自然界，给整个人类社会结构、文化结构带来巨大变化，并通过这种变化影响人的整个心理结构和社会价值观念。

（2）教育通过使人们获得人文知识，诸如社会风俗习惯，伦理道德，文化象征以及生活、行为方式，使人生活在一个有价值、有意义的文化现象世界中。人的整个价值意识，包括价值心理和价值观念，全部是通过文化现象世界或生活世界获得的，人通过文化世界获得的价值意识或以有意义的文化世界解决了人的价值观问题。

（三）文化氛围

人类的利益与价值观本身就是文化系统的构成。人类文化系统是由思维形式与价值形式组成的，因此人的心理过程系统所包含的知、情、意、行诸环节都是在特定的文化氛围与情境中相互联系、相互渗透、相互制约、相互促进平衡发展的。在论及人的思想产生和发展过程中，文化环境制约了人的主体能动作用，在思想对行为作用过程中，表现为三大系统如何在文化作用下引发调节、指导人类的行为。文化对企业家成长的影响是潜移默化的。中华文化源远流长，博大精深，但一些过时的、不符合时代发展的理念应毫不犹豫地舍弃。另外，重权威、轻民主，重人情、轻法律等观念，导致了企业任人唯亲、效率低下，不利于企业家的成长。

第三节 企业家群体的特殊性

一、企业家须具有“三商”：智商、情商、胆商

如果说企业家的命运将决定中国的命运，那么，中国企业家的素质将决定中国企业的素质和中国经济的素质。这就是克林顿反复强调的“企业即国家，国家即企业”理念的内涵。

（一）智商

智商是人的智力发展水平，有学者把智商分为社会智商和智力智商，是指智慧和知识的储备以及如何利用智慧与知识完成任务及创造财富的勇气与能力，是一个人的先天加后天努力后的结果。企业家必须有足够的专业知识及技能的储备，学会人文科学及社会科学，也要有对新经济和科技管理手段的认知，未来的企业管理需要使用现代的技术手段来提高效率。智商是企业家成功不可或缺的因素，智商的高低决定着企业家的能力大小以及成功的程度。

社会智商是指企业家能够处理各种矛盾、驾驭各种关系的能力，在中国，由于社会关系复杂，因而这种能力特别重要；智力智商是指企业家能够驾驭多种知识、创造市场、寻找企业发展路径的能力，也即具有较高道德理论素养，能够把握目标和方向的能力。中国企业家要具有正确的价值判断能力，即懂得企业运作的基本规律，知道怎么样构筑企业的核心竞争力，懂得用价值流、思维流、决策流、意识流来有效运作企业，从而实现企业的组织目标；懂得经济大势，擅长流程重组；了解制度创新的意义，了解如何提升企业竞争力，如何构筑文化型企业、战略型企业等。智商反映了一个人具备观察力、记忆力、思维力、想象力、创造力等，是人们运用分析、运算、逻辑等理论解决问题的能力。

（二）情商

情商是指一个人在日常生活中处事和沟通的能力，特别是建立关系以及整合资源的能力，也即一个人的人际关系、社交能力、协调能力、临场反应能力等。情商还决定着做人的能力，包括稳定自身情绪、亲和力、凝聚力等，也就是胸怀与格局。企业家仅仅有智商是不够的，还需要创造展示智商的机会，拥有良好的人际关系以及处理事务的能力，可以得到更多人的认可与欣赏，有更大的空间展示自己的聪明才智。因此，情商高的企业家善于利用机会、创造机会、把握机会，善于从不利中寻求有利。在成就大业的人中，情商对于成功的作用占80%以上。

美国耶鲁大学彼得·萨洛维教授提出情商包括五个基本内容：有认识自己的情绪，主要是自知、自信；管理自己的情绪，主要是自我调节、自我控制；自我激励，主要是设定目标、保持激情；同理心，就是认识感知他人的情绪，了解别人的感受，与人融洽相处；人际关系管理，就是处理人际关系的能力与技巧。情商，涵盖了人的自制力、热情、毅力、自我驱动力等，可以帮助人们开发潜能，是企业家必备的素质。情感能力较强的人通常对生活较满意，较能保持积极的人生态度；反之，情感生活失控的人，必须花加倍的心力与内心交战，从而削弱实际能力与清晰的思考力。丹尼尔·戈尔曼指出，情商的概念其实是在探讨人生的成功，是除了智商以外另一个关键的因素。美国著名成人教育家戴尔·卡耐基也认为，一个人事业上的成功85%要靠人际关系，处世技巧。因此，他的基本哲学思想，就是着眼于培养人的自信和人与人之间的沟通、交往、宽容，使人们成为事业成功、家庭幸福、个人快乐的人。

由于客观世界对人具有不同的意义，因此，人总是以带有不同感情色彩的体验形式来表示对客观事物的不同态度，表现出喜怒哀乐的情绪。人正是在各种情绪的支配下，才对客观世界采取这样或那样的态度，从而决定自己采取这种或那种行动。一个人要想取得事业上的成功，不仅要具有广博的知识和深刻的逻辑思维，而且要具备顽强的意志和高尚的情操。在某种意义上，情商作为非智力因素，却成了人们个人事业成功的关键。

情商是一种性格的素质，心灵的力量，为人的涵养。情商包括抑制冲动、延迟满足的克制力，包含如何调适自己的情绪、避免过度沮丧而影响思考的能力，如何激励自己经得起各种挫折甚至越挫越勇，在逆境中成长壮大，如何设身处地为他人着想，对未来永远怀抱希望、乐观豁达，如何建立良好的人际关系，以诚相待，如何培养心灵动力，奋发向上，积极进取。当今是讲求团队合作的时代，没有一个人能独自拥有集体的智慧。一个企业家够不够格，不是看他本人脑袋有多好使，而是看他能借用几个脑袋。总之，情商是一种做人的学问。情商涵盖自制力、热忱、毅力、自我驱策力等，可以帮助人们发挥与生俱来的潜能。对企业家来说，情商是企业家必备的基本素质，是企业家的修养。

（三）胆商

胆商，是指有胆识和决策的魄力，在高度复杂及其变化的环境中随机应变，主动应对，是一个人敢于迎接风险，善于处理风险的程度。胆商是指胆识、勇气、魄力、行动，表现为善抓机遇、敢冒风险、大胆付出、不怕失败。胆商=雄心+灵活性+敢为性。联想集团董事长柳传志说过，企业家就是要做敢下药，而且有能力把药下对的人。他认为优秀的企业家最起码有以下三种特质：他们具备崇高理想、重视精神力量，勇于承担风险；他们主宰心强，又虚心好学；他们能将聪明转化为智慧。

首先，光有胆量不叫胆商，同时还要有如何使用胆量的智慧才是胆商。其次，企业家都具有一定的冒险精神，乐于接受挑战，且善于承担风险，但并不是盲目地冒险。企业家必须清楚地认识到经营企业没有风险几乎是不可能的，因为风险本身就是市场特征。竞争环境的多变性，客户需求的多样性，产品品质的可替代性，使得企业家的进攻活动受到诸多挑战，同时充满风险。但是风险从另一种角度看也是机遇，企业家必须知道如何把有计算的风险当成动力并有能力充分利用风险机制，为企业带来发展的机会，切不可在无规避风险策略的情况下盲目冒险。

成功的企业家，智商、情商和胆商缺一不可：智商处事，把事情做到极致；情商为人，胸怀与格局决定能走多远；胆商做大，杀伐果断，才能大成。

二、企业家须遵守最起码的商业道德

企业家在实现利益增长和企业壮大的目标之后拥有“取之于社会，用之于社会”的雅量、胸襟和社会责任。

成功的企业家具有无与伦比的商业和个人信誉。没有信誉的人，是没有办法长久地获得成功的，也没有办法得到客户、股东、合作伙伴及员工的认可和爱戴，就没有办法实现企业的永续经营。

“无商不奸”是几千年来中国社会对商人的基本道德判断。《现代汉语词典》中对“奸商”的注释是“用投机倒把、囤积居奇等不正当手段谋取暴利的商人”。经营者追求利润没有错，问题是如何追求和利用利润。

（一）企业商业道德

企业家带给人们榜样的力量，是他们建构商业道德伦理的基础，激励着后来的创业者，成为社会进步不可忽视的力量。企业道德化经营在管理实践中的地位日益提高，许多企业已经把商业道德融合到日常的管理之中，在追求经济效益的同时也在寻求其社会价值。但目前仍有相当一部分企业忽视商业道德，在经营过程中唯利是图，不仅损害了消费者利益，也严重危害了企业和社会的发展。“三鹿事件”再一次拷问中国企业的商业道德，企业在利益和道德发生冲突时是取利还是维德？其实，企业道德高度决定着企业竞争力。

企业商业道德缺失会损害广大消费者的利益，企业商业道德缺失的主要表现有制售假冒伪劣产品、漫天要价、利用虚假广告进行欺诈，对广大消费者而言，这些行为不仅造成了他们经济上的损失，而且影响到他们的身心健康，严重者甚至会危及他们的生命安全。“三鹿事件”给婴儿的父母和家庭带来了巨大的身心伤害，消费者的权益被破坏殆尽。企业信用缺失还会给企业发展带来危害，甚至会给企业带来毁灭性的打击。三鹿，一个经50年打拼创立起来的价值近150亿元的品牌企业，仅仅几个月内就成为背负11亿多元债务的破产企业，与其说是三聚氰胺打倒了三鹿，倒不如说是三鹿打倒了自己。企业的违法活动一旦被曝光，必然危及企业的声誉和信誉，遭受社会舆论的谴责，受到消费者的唾弃，最终失去顾客，失去市场。大量假冒伪劣产品不仅对名优产品造成冲击，使名牌企业利润减少，国家利税下降，而且国家为查处假冒伪劣产品还得支付巨额资金，损失巨大。“三鹿事件”使我国乳品行业受到严重伤害，奶业发展一度陷入困境和危机，消费者信心严重受挫，乳制品市场低迷，生产企业产品大量积压，流动资金紧张，陷于停产、半停产状态，广大奶农生产积极性受到沉重打击，民族品牌信誉受损，一些国家和地区禁令进口我国乳制品。由于问题奶粉的负面影响，许多国家对中国食品进行了严格的海关限制，造成食品出口企业经营困难。

日本著名大企业家稻盛和夫主张建立伦理的、道德的新资本主义。稻盛和夫之所以主张重建资本主义伦理，是因为他对现在商业道德的危机深感担忧，批评一些经营者缺少社会责任感，只顾赚钱而不考虑社会效益。稻盛和夫经常对学习他经营之道的青年企业家说，企业追求利润不是坏事，问题是如何追求利润，如何运用利润，仅仅是为了一己私利的企业终将被社会所淘汰。稻盛和夫把“追求全体员工物质和精神两方面幸福的同时，为人类及社会的发展进步作贡献”作为公司的经营理念；把“与社会和谐共存，与世界和谐共存，与自然和谐共存”作为公司的经营思想。稻盛和夫呼吁大企业要实行自律，大企业往往只为了本集团利益决定经营方向，而不考虑大众的利益，不利于社会的进步，这样的超级化和垄断化是绝不受欢迎的。稻盛和夫认为，企业应从封闭走向开放，对社会公开信息，公正经营。企业必须置于大众的监督之下，确保透明度，以便使企业的经营为社会所明了。不至于被滥用于谋取部分人的利益；不至于和政治权力串通一气危害民众的利益。

晋商曾经在中国商界活跃了5个多世纪，创造了辉煌的纪录。从晋商的历史轨迹中，可以发现许多值得借鉴和吸收的东西，其中最为主要的就是晋商的商业道德。晋商的商业道德是随着晋商的兴起而逐渐形成的，它包含着浓厚的中国传统文化内涵，对传统文化吸收继承中又有独到之处。讲究诚实信用，发扬创业精神，提倡艰苦奋斗，努力开拓进取，积极团结协作，灵活审时度势，严格科学管理，坚决反腐杜弊等是其基本内容。晋商非常强调经营活动中的道德自律，并体现出相互扶助、敢冒风险、勇于闯荡的精神，乐善好施的处世态度等，都是值得当代企业家学习和效仿的。晋商的商业道德启示我们在经济活动中要以诚实信用打造地方的商业形象，今天，市场经济中商业形象的塑造更为重要，因为市场经济本身就蕴含着对市场主体的道德要求。一个市场主体只有讲诚信才能获得牢固的伙伴，才能树立品牌形象，才能得到持续发展，商业形象的好坏直接决定着这个市场主体的竞争力。应该说商业形象和商业发展是相辅相成、相互促进的，良好的商业形象是一个地区商业兴旺发达的源泉。商业形象的树立极其艰难，但破坏它却非常容易，陕西省也有过沉痛的教训。1998年春节，山西曾发生过一起震惊全国的“假酒案”，一些不法商人以工业酒精勾兑成白酒销售，造成喝酒喝死人的事件。这件事严重损害了山西的商业形象，一度使山西商品的外销出现巨大困难。

（二）措施

（1）提高企业家、企业管理者的道德素质，企业家、企业管理者要增强法制观念，要加强道德、法纪的学习，要把商业道德融合到日常管理中，从营销战略的制定、市场调研、产品的开发与生产，到价格制定、产品分销以及促销，每一个环节都要进行监督。在当代市场经济中，没有一批有眼光、有胆识、有道德的企业家，一个地区的经济就无法得到长足的发展。

（2）要确立伦理道德在制定企业经营战略中的中心位置，只有以商业道德为基础制定出企业竞争战略，才能够确保企业实现其竞争目标，扩大市场份额，巩固在市场中的地位，在市场中长期保持优势地位。

（3）完善社会监督机制，发挥社会监督作用，要通过各种新闻媒体进行舆论监督，要敢于对那些从事违法经营活动的当事人，进行大胆揭露，使其暴露在光天化日之下，让其无处可藏，最后在市场上销声匿迹。对市场经济而言，商业道德就是基础；对企业而言，商业道德就是生命。企业在任何时候都要始终保持良好的企业商业道德，遵守商业道德提高企业的发展层次，权衡利弊，防范商业道德缺失给企业带来灭顶之灾。

（4）以晋商为鉴，普遍提高人们对商业道德的认识水平，把遵循商业道德转化为人们的自觉行动，以长期的诚实信用经商，打造地方的商业形象。

（5）树立勇于开拓的进取精神，晋商的兴旺，是与晋商所富有的开拓精神分不开的，他们在实践中不断开拓新的商业领域、创立新的经营方法、建立新的管理机制，可以说，在晋商的发展过程中，勇于创新和勇于开拓的精神是贯彻始终的。

（6）杜绝奢靡之风，保持艰苦奋斗的勤俭作风。明清时期，山西商人行天下，他们北走蒙疆，南下南洋，东赴日本，调剂有无，贩运货物，获取利润，取得了巨大的成功。但无论是在创业之初还是在守业之时，绝大多数晋商都保持了可贵的勤俭作风，为后人所称道。商以德行，诚信经营、勤俭自律、取自社会、回报社会的商业道德，必将有利于企业的发展，这是被历史经验所证明了的。

（7）发扬创新精神，构建社会主义市场经济商业道德新规范。清代前期，随着商业交往的增加，晋商开始注重对往来业务的商家进行选择，形成了“慎待相与”的道德规范。当代商业活动的复杂性已经远远超过了明清时代，商业活动中出现了许多新的形式，商业竞争中出现了新的竞争方式，这些都需要新的商业道德规范来约束。

三、企业家须具备的基本能力

企业家须具备6种基本能力：决策能力、沟通能力、创新能力、应变能力、公关能力和塑造企业文化的能力。

（一）决策能力

决策能力是解决做对的事情，就是企业的战略决策必须是正确的，包括：经营决策能力、经营管理能力、业务决策能力、人事决策能力、战术与战略决策能力等。

企业家必须有能力俯瞰企业的每个层面和地区来决定企业资源的配置以及企业的核心发展方向，基本可以快速地根据环境的变化调整战略的决策。决策的关键是企业家的魄力、胆识和判断能力，就像航海的船，启航时方向失之毫厘，到目的地时就可能差之千里了。

（二）沟通能力

沟通能力是指将信息和思想清晰传递和理解的能力。企业的一切经营活动都离不开沟通，除了内部的沟通还有外部的沟通，主要包括同公众、政府、媒体、客户、经销商、代理商、合作伙伴和员工等的全面沟通。沟通的基本原则是不能只靠行政命令去强制人们的意志，而要努力去了解别人，并学会尊重别人的感情，在互动的交流中达到彼此的理解和共识。

沟通是企业家的第一任务，不能沟通的企业家就没有办法让目标全方位地得到众人的认可和共识，企业的目标需要所有人同心协力才可以实现。但如果不能把目标沟通清楚，没有通过沟通鼓励和鼓舞团队士气的能力，要成就事业几乎是不可能的，为了更好地沟通，企业家有时可能要充当企业代理人的角色，所以公众演说和演讲的能力是必不可少的。

沟通重要性的主要体现：第一，它是企业管理的基础工作。企业制定愿景、策略、计划，以及科学的组织指挥协调都离不开调查研究、倾听意见、权衡利弊、反复斟酌。为此，企业家与下级管理者和员工之间的沟通必不可少。第二，它是人的一种重要的心理需求，是员工解除内心紧张，表达自己思想感情与态度，寻求同情与友谊的重要手段。第三，它是改善人际关系、鼓舞士气的有效途径，有利于营造和睦相处的良好气氛。第四，它是改变员工行为的手段。人们在不同的信息和意见的影响下，会形成不同的态度，引发不同的行为。各级管理者通过沟通改变员工的态度，进而改变员工的行为。第五，它是激发员工参与企业管理积极性的重要手段。员工通过各种沟通渠道既能发表对企业变革的意见和建议，也能得到对意见和建议的反馈，使员工感到受重视、受尊重，从而激发其主人翁责任感。

（三）创新能力

创新能力是指在复杂多变的环境下打破固有的思维模式，跳出以往的成功和思考模式，不断突破自己，并建立一个不断创新的平台，保持与时代以及行业发展同步或走在前面的能力。

只有不断创新的企业家才可以使企业永续经营。当然这种创新应该是有准备和前瞻性的创造，就是要不安于现状、打破常规、不断挑战自己、不断突破自己，在不断革新中寻求契机。

（四）应变能力

应变能力是指面对外界或内部环境的变化以及意外挑战时，快速做出反应，寻求合适的方法，制定战略和战术，可以使整个企业在变化中平稳度过。变化是唯一不变的，企业家必须跳出原有的思维模式，挑战以往的成功模式和战略手段，积极主动地应对变化。中国已迈向数字经济时代，消费者的喜好取决于时代潮流，要满足不同消费者的需求，必须跟上环境的变化，不断的改变企业的脚步去适应市场的需要。

企业家应该随环境的变化而制定有针对性的营运计划，从企业经营理念、愿景、采购计划、生产计划、销售计划、研发计划、人力资源计划、资本支出与财务的现金计划等，可以预测和思考企业经营会发生的各种可能状况并做出应变措施，这样的仿真演练，可以让企业在实际经营之前找到正确的方向与方法，增加企业经营成功的概率。

通用电气集团原董事长兼首席执行官杰克·韦尔奇，被誉为“美国当代最成功最伟大的企业家”，他曾说过：“如果组织内部的变化慢于外部变化的速度，那么失败就在眼前。”《孙子兵法》中也说过：“兵无常势，水无常形，能因敌变化而取胜者，谓之神。”因此，中国企业的未来成功之处就在于变。

（五）公关能力

公关能力是指企业家利用自己独特的人际关系、沟通能力和公关意识，利用科学的公关手段解决危机问题，提升企业形象，塑造企业的无形资产，得到目标受众愿景的支持并同他们建立密切关系。

公关危机具有必然性、突发性、严重性和紧迫性这些主要特点。因此，危机出现时企业必须要重视，无论问题是大是小，企业都应该全力将其处理好，以防埋下日后的祸根。成功的企业家可通过优秀的危机公关挽救企业品牌公信力，维护或者重塑品牌形象；可以减少或避免企业在危机发生时受到的各种损失；可以借助危机的解决扩大品牌影响力，将危机转化为良机；可以积累经验，建立起更加完善的防御系统，减少危机的发生。

（六）塑造企业文化的能力

塑造企业文化的能力是指企业家坚信企业文化是企业的灵魂，企业不是靠企业家的魄力而是靠有共识的文化核心理念，包括企业的使命愿景，企业精神等内容。因为人们不是跟随命令，而是追求理想和理念。

企业文化建设可以促进和催化观念的更新，是提高企业竞争力的强大精神动力，对增强企业的凝聚力和向心力有着重要作用。企业文化把员工理想、追求和企业愿景融为一体，把企业的生存、发展和企业的价值观念等融为一体，从而激励员工奋发上进。通过企业文化的建设和熏陶，使员工队伍达到能适应时代要求的境界。

企业文化是一种哲学，是一种理念，是一个企业或企业界所形成的行为习惯、价值观念、行为准则，是一种共同的使命感。企业物质财富的生产需要文化财富的孵育，所以良好的企业文化必然会促进企业的发展和经营业绩的跃升。

四、企业家须具有追随者

追随力是领导力领域日益得到重视的概念，领导力能否有效发挥积极影响，追随者与领导者的互动至关重要。在日新月异的市场竞争环境下，领导者不能想当然地认为，下属均是被动接受领导者影响力的无差异管理对象。培养和发展下属的卓越“追随力”，成为一个与开发卓越领导力相辅相成的重要议题。

正如凯勒曼告诉我们的那样，“你不可能阻止，或放缓糟糕领导者的所作所为，除非你有优秀的追随者。事情就这么简单”。没有追随者，就没有领导力。领导者和被领导者之间的互动在形成领导力方面起着重要的作用，不管这作用是好是坏。“领导力不是由行使权力来定义的，而是看你有没有能力增加那些被领导者的权力感。领导者最基本的工作是造就更多的领导者。”杰出的早期管理理论思想家玛丽·帕克·福利特如是说。

最早涉足追随者领域的是哈佛商学院教授亚伯拉罕·扎莱兹尼克，他经过研究发现，追随者要么是积极主动的，要么是消极被动的；要么是顺从型的，要么是操控型的。

积极主动的追随者想要融入，想要出谋划策，想要主动参与，并在领导下属的交流互动中扮演活跃的角色。然而，消极被动的追随者乐于默默无闻，一切都由领导者说了算，顺其自然。从另一个维度上看，操控型追随者愿意进行一场意志的较量，希望能够控制他们的领导者。而顺从型追随者，乐于遵从领导者的意志，听命于领导者。

考虑到这些层面，扎莱兹尼克将追随者分为以下4种类型。

（1）冲动型追随者：既积极又有操控欲，这种人不多，但不好管理。他们率直、叛逆，会试图摆脱领导者，按自己的想法行事，即使他们是下属。同时他们又英勇无畏，擅长冒险。

（2）强迫型追随者：有操控的欲望但是消极被动，想要管理和指挥其领导者，但是又会对自己的想法感到内疚而犹豫不决。

（3）受虐型追随者：积极活跃的顺从者，乐意听从领导者的意志，即使他们发现这么做很难。

（4）忍让型追随者：他们对周边的事情很少关心，也很少作为。为了保住工作，他们只做本职工作以内的事情。

1988年，罗伯特·凯利说："卓有成效的追随者和平庸的追随者之间的区别在于，在追求组织目标时，是否热情、智慧、独立。"

真正的企业家不但知道自己如何做出正确的事情，也有能力影响追随者做出正确的事情。真正的企业家担负的并不是头衔、特权、金钱、地位或呼风唤雨的自豪感，更多的是一种责任。企业家相信人们追随的不是命令而是思想与理想，所以企业家应该具有同跟随者分享自己的理想并得到他们认同的沟通能力和激励的本领。

企业家同时具有影响力与感召力，一个可以调动团队潜能的企业家才可以焕发团队每个人的事业激情，才可以振奋人心，才可以使每个人参与到伟大的事业中而感到自豪，只有这样的团队才有生命力和活力。

五、企业家须具有贵族精神

贵是有形的，是物质层面的，是外在特点的表现；族是内在的，是思想和精神层面的，是气质和修养的体现。有谚语道：国王可以把一个平民变得富有，但如果他不能改变自己的举止和修养，他永远不会成为一个贵族。

贵族精神有四个特点：一是光明磊落、敢作敢为的品质，遵循公平竞争的原则；二是独立自主的人格和个性，理性地处理任何事情，不会掺杂个人的恩怨；三是强烈的社会责任感，表现在勇往直前的气概和义无反顾的炽热情怀；四是高雅气质的体现，对文学、艺术、哲学等内在素质的追求。

我们的企业家很少具有贵族精神。温州市委书记陈德荣先生曾经悲壮地说："企业家自杀，正是企业家精神的表现。"古往今来，杀身成仁者有之，舍生取义者有之。谭嗣同可以饮刀长笑，秋瑾可以视死如归。这些人可以青史留名，是因为做事动机皆为大众。商场如战场，古希腊哲学家修昔底德有句话告诉后人——我们为了三件事而战：荣誉、恐惧、利己。为荣誉而战，不惜死；为恐惧而战，不惜死，具体来说是为了免于恐惧的权利而战，这件事关乎信仰；为利己而战，战之至死，这才是所谓的温州式企业家精神。那种体验，一定是悲怆的、极其可怜的，这是一种不负责任的自杀，是利己的极端表现。对于自杀的企业家，哀其不幸，怒其不仁。他们到处投机，但投得没有品位，没有文化内涵，炒房、炒地、炒煤矿，热衷于高利贷。本来是做实业出身，在没有任何正规培训下冲入资本市场，冲入海外市场，妄图决战，没有耐心，没有远见，只想投机，赢了声色犬马，输了跳楼自杀。从穷人到富人其实是容易的，难的是从富人变贵人。中世纪欧洲的贵族精神最主要的就是负责和担当。我们的未来社会，真的需要很多企业家，但需要的是有贵族精神的企业家，有担当、负责任的企业家。

小布什在任时曾提出停止征收遗产税，这对富人是好消息。但是比尔·盖茨和巴菲特坚决反对。他们说不能让富人的下一代不劳而获，这对同时代的年轻人不公平。什么是“精英精神”“贵族精神”？就是有社会担当精神的人。既得利益者如果习惯“自私自利”的思考，这不是贵族精神，是暴发户精神。

企业家不是搞政治的，搞企业，对内部就要多谈经济少讲政治，万万不能把内部管理搞成政治斗争，那样“上级对下级，层层加码，马到成功；下级对上级，层层兑水，水到渠成”，把企业搞得乌烟瘴气，企业肯定做不好！提拔人才的标准必须以数据说话，用事实证明！能者上，平者让，庸者下，这就是用人标准！

中国企业的管理理念、形式、工具大都来自模仿。一味模仿，难成大事。脸书（Facebook）取得巨大成功，但其成功模式很难复制，我们要结合自身实际，因为这个世界很少有完全相同的成功经验可供借鉴。

如果把一个企业比喻成一辆车，企业家就是这辆车的发动机，和许多零部件一起配合，努力，才能完成安全、准时运载人和货物的任务。只是汽车的发动机在后台，是幕后英雄。而企业家不得不在前台，充当了标志。

六、企业家须具有不断追求卓越、争取最佳的执着

追求卓越是一个没有终点的旅程，一个永无休止的学习过程，是一种不断提高标准和期望的精神，这种精神成就了企业家和企业的生命与灵魂。企业家应该具有这种不断追求卓越的执着，它给予企业家奋斗的激情，使他们拥有一种永不满足的追求和出类拔萃的进取精神，也是他们可以把平庸变成力量的源泉。

企业家要在行走中探索，在行动中思考，成为杰出的企业经营者，站在社会视角探索企业社会责任边界，站在行业高度思考未来趋势的商业领袖。要继续追求技术和管理的卓越，为中国的环境保护做出新的贡献。

在企业管理过程中，要想抓住当前的黄金机遇，就必须增强抓班子带队伍的使命感、责任感和紧迫感，以企业家精神为指导，打造一支追求卓越、勇创一流的企业家队伍。企业家要把握一个公司、一个战略、一个文化的总体要求，不断增强对集团战略的领悟力、领导力和执行力。必须进一步增强战略领悟力，战略领悟力是领导干部综合素质、知识结构、工作作风、思想作风的重要体现。只有老老实实地对集团公司的战略、重大部署作深度的解读和把握，切实做到融会贯通，用集团战略统一思想和行动之后，才能实现“上下同欲者胜”！企业家必须对集团的战略有坚定的信念，必须做到真学、真懂、真用和真干，用共同的价值观凝聚人心，用共同的使命感强化责任。各级领导班子在领悟战略的基础上，做到志同道合，从而产生巨大的市场竞争力。只有管理者思想高度统一，行动才能上下一致。如果战略层面研究不清楚，就不会有方向感，更不会有坚定性，甚至指挥打仗的指挥员信心都会受到影响。因此，公司的一个重要责任就是要锻造出能够把企业使命、战略和责任作为毕生追求的各级领导班子。

必须进一步增强战略领导力。各级领导干部特别是一把手要当好组织变革、机制创新、管理创新、文化建设的主导者和推动者；敢于抓班子、善于带队伍，营造企业公平公正的内部环境；充分调动和汇集各级管理者及员工的积极性、创造性，不断修正实现目标的最佳路径，切实提高战略领导力。关键是要提升以市场为中心的领导力。

各级管理者要针对管理各个环节暴露出来的大企业病作深刻反思，并着

力从思想观念、体制机制、做事方式、企业文化等方面寻求突破。在发展思路上，必须有时不我待的紧迫感、危机感。要抓住当前的黄金机遇，以加快发展为主题、以加速转变为主线，强势生存发展、智慧竞争取胜，努力实现规模突破。企业家要有变革创新的思维和勇气，敢于突破惯性和路径依赖，以客户满意和员工感动为标准，推陈出新、大胆变革。面对新形势、新要求，主动适应、不断实现自我提升。面对加快发展中的问题，要敢于负责、勇于担当、主动作为，努力成为企业发展、竞争、成长的“尖刀兵”。

企业家要围绕经营发展统筹企业各个方面的工作，加快建立灵敏、高效、快速反应的运营机制。在经营发展等重大问题上，企业领导要亲力亲为，不达目的决不罢休。要追求在客户规模、收入规模上的加快发展，就必须有一种只争朝夕的紧迫感、必胜的勇气、智慧和决心，在市场竞争中实现使命、提升能力。

必须进一步增强战略执行力。在领导干部队伍建设中，要旗帜鲜明地崇尚实干，倡导“落实是真功夫、实干是真本事”的思想作风。在涉及客户、员工的问题上，要求管理者带头落实，主动推，投入地干，始终把亲力亲为作为管理者必备的德行和操守。要在实干中勇于承担，推动企业提高整体运作效率和效益。同时，在市场竞争中，抓执行要善于充分调动广大员工的积极性、主动性和创造性。

企业家要坚持把“追去卓越、勇创一流”作为自己的毕生使命和自觉行动。企业家只有志存高远，前瞻谋略，树立长远目标，以企业科学发展为己任，才能始终保持高昂的斗志和激情；只有追求卓越、勇创一流的指挥官，才能培养出优秀的员工队伍。

企业家要时刻牢记使命，全力以赴、超常努力，始终保持激情和锐气。企业家要始终保持百折不挠的勇气、昂扬向上的激情、开拓进取的锐气，营造超常的努力讲付出、攻坚克难干事业的创业环境。企业家更要坚决摒弃甘居中游的观念和纸上谈兵的陋习，始终坚持高标准、严要求，在长期不懈的努力中真抓实干、渐进完善，实现目标与行动、动机与效果的统一。

企业家要持续解放思想，立足实际破难关、探新路，抢抓发展新机遇、创造发展新优势。企业家要不断在变革创新中开辟发展新境界，善于抓住主要矛盾破难题，努力把挑战变机遇、危机变转机、劣势变优势。还要开阔思路、胸怀全局，整合人财物信息等内外资源，将资源变成资本，不断为企业创造新价值。企业家要善于运用市场经济的思维模式解决企业面临的突出问题，牢固树立开放共享、合作共赢的意识，不断把企业做大做强。面对新的机遇和挑战，常怀忧患之心，做一个永不满足的终身学习者。

陆亚萍作为全国著名的女企业家之一带领亚萍集团凭借超前的市场意识、独特的经营理念、科学性的管理模式、聘用高技术实干人才，以“追求卓越、超越今朝”为企业理念；以“回报社会、服务大众、播撒文明、创造辉煌”为企业宗旨；以“严谨、务实、文明、高效”为企业作风；以“诚信为根本、人才为保障、质量为生命、创新为源泉”为企业动力；以“最优产品、最好信誉、最佳服务、最久真情”为企业原则；以“精诚团结、拼搏争先、与时俱进、求实创新”为企业精神，致力于探索顺应新世纪潮流的、务实的企业发展之路。

七、企业家须具有实事求是的务实态度

企业家精神与企业的成败关系密切。企业家要有敦本务实的精神。中国文化看重并提倡务实。“大人不华，君子务实”“名与实对，务实之心重一分，则务名之心轻一分”。“实”包含两层意思，一是“事实”“实际”，二是“实干”“实践”，因此，务实就是尊重事实、注重实际，勤于实践、崇尚实干。成语“敦本务实”“务实去华”主张要崇尚根本，注重实际。摒弃华而不实，追求实事求是。体现在具体工作中要求企业家制定发展规划，出台方案、政策，做出决定等都要从实际出发，符合市场规律、符合企业自身实际状况，符合法律法规，不搞花架子。成语“不尚空谈”，“空谈”指讲大道理、说漂亮话、弄虚作假、做表面文章，讽刺的是光说不干。“不务空名”，“空名”指追求虚名，讽刺的是不能切实地工作。这两个成语都强调了实干，企业家要善于学习并学以致用；敢于实践，有“摸着石头过河”的探索精神；言行一致，真抓实干；做实事求实效，踏踏实实地工作，扎扎实实地解决实际问题，实实在在地为企业谋发展、为员工谋利益。

“在商言商”原本是著名企业家柳传志在朋友之间的“实话实说”，在特定时间、地点和范围具有特定的内涵。柳传志关于“在商言商”的内心独白，让我们深感企业家实事求是的务实精神和贵有自知之明的气度是那样令

人佩服。“什么是我的责任和义务呢？那就是把自家的公司办好，我愿意用事实说话。我在商学院讲的话，凡是我讲的事，都是跟我自己实际经验相关，我很少讲那些我不懂的事，都是我自己做完了提炼出来的感悟。即使不对，有些狭隘，可能没有什么普适性，但毕竟是我自己做过的事，我历来都恪守这个原则。我讲在商言商的道理就是这个意思。我不想超出在商言商的范围去议论更多的事。”“其实，我很关心政治，很关心形势，因为我们的公司跟所有人的命运密切相关。术业有专攻。我不是专门研究政治的，了解得也不深刻，更没有责任和义务去说长道短。”我们所理解柳传志的“在商言商”，就是要把自家企业做好，诚信经商，按章纳税，善待员工和退休的人；然后根据自身能力支持公益事业，这些永远是企业家的责任。

企业家尤其是实业企业的经营管理者不能急功近利，必须脚踏实地地遵守事物的客观规律。

企业家是企业的灵魂人物，也是企业高度和视野的对外体现。优秀的企业家就是要沉下心来，要耐得住寂寞。对于在实体经济中发展的企业，企业家精神首先要做到技术领先，发扬工匠精神，静下心来把产品做好。此外，在企业经营管理中一定要守法合规，这样企业的发展才能长远。

企业家精神很重要的一点就是做事情必须认准一个方向，坚定一个信念，提炼一种精神，凝聚一股力量，完成一个使命。此外，企业家尤其是实业企业家的经营管理者不能急功近利，必须脚踏实地地遵守事物的客观规律，以产品为核心，打造品牌，提升产品力和附加值，才能在激烈的市场竞争中取得一席之地。

企业长期可持续发展的前提必须是依法合规、公平透明，必须以人为本，合作共赢。在经济全球化的今天，任何的小聪明，都有可能变成严重的问题，产生严重的后果。做成一个成功的企业很难，毁掉一个企业的前途可能就在眼下。所以，作为企业的领导者必须天天如履薄冰、居安思危，时刻牢记合规的重要性、法律的严肃性。

新一代民营企业家要继承和发扬老一辈人艰苦奋斗、敢闯敢干、聚焦实业、做精主业的精神，努力把企业做强做优。还要拓展国际视野，增强创新能力和核心竞争力，形成更多具有全球竞争力的世界一流企业。

务实的态度和稳健的心态对企业家非常重要，不仅需要有心胸和平衡的心态，还需要有道德、知识和思想来支持这种精神。浮躁或华而不实都和真正的企业家背道而驰。成功没有天上掉馅饼的侥幸，只有艰苦和不懈的奋斗。诸如麦当劳的吉姆·斯金纳，百思买集团的布莱恩·邓恩等，他们都是在年纪轻轻时从一些不起眼的职位上起步的。斯金纳是饭店的经理，邓恩从店员做起。

成功的企业家用脚踏实地的作风，务实的态度和一往无前的动力来克服困难，促使企业前进，他们在任何企业的成长中都具有不可替代的作用。他们审时度势，他们做出判断，依靠的不是统计数字，而是通过卓越的观察力、非凡的洞察力和个人经验提出切实可行的解决方案。真正的企业家是能够把企业的目标和自己的事业理想同高效的创新行动，以及有利的控制措施紧密结合起来的实干家。

八、企业家须具有的人格特征

知名企业家的人格特征主要有诚信责任、战略沉稳、敏锐创新、勤奋进取、坚韧务实、合作尽职等六大要素。企业领导者是否具备想象力、毅力、幽默感、活力等个性品质，是影响企业创造性潜能发挥的重要因素。企业家的人格素质，不仅直接关系到企业职工的认同度，在相当程度上也制约着企业家的影响力大小，甚至还直接影响企业存在的生命周期。因此，深入研究企业家的人格具有重要的意义。知名企业家是成功经营企业并得到社会各界高度认可的精英群体，研究知名企业家的人格特征对于科学探讨知名企业家的成功因素，帮助众多企业家提升素质意义十分重大。

（一）诚信责任

诚信是由企业活动的契约性决定的，企业的经济效益来自商务活动，商务关系实质是人与人之间的契约关系，契约关系必须建立在相互信赖的基础上，因此企业家的诚信品格是其成功的必要条件之一。海尔集团的张瑞敏认为，企业的核心竞争力“是在市场上可以赢得用户忠诚度的能力”，且将“卖信誉，而不是卖产品”定义为海尔的市场观念之一，并融入其强烈而独特的企业文化，如今的海尔已成为中国最具价值的品牌。万科的王石更是“以诚信为企业的底线”，从“公众摇号”到“红外线风险提示”，王石以诚信促销，不仅使万科获得少有的社会“诚信企业”称号，还在同行业中遥遥领先。可见，“诚信”确实是制胜的法宝。

诚信是责任感的一种表现，但是企业家的责任感更多体现的是一种社会责任感，即企业家必须将企业的发展同国家发展高度结合，因为企业是社会的，企业不可能脱离社会而存在。很多企业家之所以获得巨大的成功，就在于有着强烈的社会责任感。三星集团的创始人李秉哲曾说，“在我一生从事企业活动中，体验并获得证实的最重要一点是，一个企业赖以生存的基础是国家，因此企业应为国家和社会的发展做出贡献”。蒙牛集团的牛根生也坦言，办企业更多的是出于一种社会责任，本着“为父老乡亲打造一个百年老店，为中华民族创建一个世界品牌”的壮志，蒙牛在短短几年时间就荣登国内乳业前列，成为家喻户晓的品牌。因而，诚信责任的人格特征成为知名企业立业成家之本。

（二）战略沉稳

经营企业就像是下棋，必须着眼全局同时又要慎重对待每一个棋子。企业家必须要有统揽全局、着眼未来的战略思维，“制定并强有力地执行一个精雕细琢的战略是企业取得竞争成功的秘诀”。

香港的李嘉诚是位非常具有战略眼光的企业家代表。早在20世纪60年代，他洞悉了战后欧美国家的发展势头和香港的特殊位置，在港英政府提高房价，其他房地产商都还犹豫之时，一下购买了334块地皮，率先拥有大量市区地块的投资权。尽管不久香港遭遇“文化大革命”的冲击，社会一片混乱，大量的地产商纷纷抛售地皮另寻发展，但李嘉诚临危不乱，充分运用“时间换利润”的战略，不但没有任何“紧缩”，反而把全部资产投入地产业。利用别人的低价抛售，大量吃进。事实正如他所料，短暂的动乱之后，香港的地产价格扶摇直上，李嘉诚几乎一夜之间就成了亿万富翁、“地产猛龙”。实际上，每一个在市场经济中有大的作为的知名企业家都是胆大心细，具有战略意识又沉着稳重的人。

（三）敏锐创新

熊彼特认为，企业的发展是一个不断创新的过程，企业家即是创新的主要承担者。但企业家的创新和市场密切相关，所以企业家除了要有变革的意识，还必须要有敏锐的观察力，这样才可能成功。

日本任天堂企业的第三代社长山内博，在其接手时企业已到难以为继的地步。但他有强烈的创新意识和对市场有敏锐的认识，当第一台个人电脑面世时，他大脑里闪电般地印下“电脑时代”这个词，随即产生将电脑和游戏结合起来的史无前例的大胆构想，并果断地成立了开发部，于1986年首推了“电视游乐器”，即家庭电脑游戏机，很快就在日本刮起了游戏旋风。后来又不断推出适宜不同人群的教育、游戏软件、如“学习盒”“第四代超级玛丽”等，让整个世界的玩具业都掀起了“任天堂”家庭游戏机的旋风，成为名副其实的“游戏大王”。

（四）勤奋进取

勤奋努力、积极进取是迈向成功的第一要素。出身卑微的李·艾科卡经过不懈努力当上了当时世界第二大汽车公司——福特公司副总裁，却一夜之间又被踢进解雇的“地狱”，但壮心不死的他东山再起出任第三大汽车公司——克莱斯勒总裁，经过一番艰苦卓绝的努力，仅用3年时间就使这个濒临倒闭的汽车王国起死回生。“我本人坚韧不拔、百折不挠的进取精神是成功的关键”，他总是说。

（五）坚韧务实

任何企业的发展都必经曲折和波澜，关键就在于企业家的坚韧毅力。赵章光本是一名乡村赤脚医生，但他历经百次艰苦试验，处心积虑于脱发的研究和治疗，屡遭挫折而不悔，以其坚韧的性格和务实的精神，终于研制成功了这一疑难杂症的灵丹妙药——章光101生发精，随后开发的系列产品很快就风靡全球，他不仅为患者带来了福音，为中药的研发提供了可贵的探索，而且本人也成为誉满全球的发明者和企业家。

（六）合作尽职

企业家作为企业的经营者和管理者，个人对企业的尽心尽职不容置疑，但企业的发展单靠个人的力量是不够的，企业家还必须重视团队的力量，善于合作。台湾的吴舜文在68岁时才临危受命于裕隆，随即全力以赴投身汽车行业。她深知合作的重要性，主张用人唯才，大胆放权。为研发汽车发展企业，重金聘用朱信成立设计中心，花巨资培训人才、建立资料库等，终于带领团队成功研发了“飞羚101”，登上台湾“汽车女王”的宝座，尤其是在当今市场经济的时代，竞争日趋激烈，缺乏合作意识和尽职品格，靠自己单打独斗自然难以取得成功。

九、营造企业家健康成长的环境

为营造企业家健康成长环境，弘扬优秀企业家精神，更好发挥企业家作用，中共中央、国务院联合下发了《关于营造企业家健康成长环境弘扬优秀企业家精神更好发挥企业家作用的意见》，具体内容如下：

（一）营造依法保护企业家合法权益的法治环境

依法保护企业家财产权。全面落实党中央、国务院关于完善产权保护制度依法保护产权的意见，认真解决产权保护方面的突出问题，及时甄别纠正社会反映强烈的产权纠纷申诉案件，剖析侵害产权案例，总结宣传依法有效保护产权的好做法、好经验、好案例。在立法、执法、司法、守法等各方面各环节，加快建立依法平等保护各种所有制经济产权的长效机制。研究建立因政府规划调整、政策变化造成企业合法权益受损的依法依规补偿救济机制。

依法保护企业家创新权益。探索在现有法律法规框架下以知识产权的市场价值为参照确定损害赔偿额度，完善诉讼证据规则、证据披露以及证据妨碍排除规则。探索建立非诉行政强制执行绿色通道。研究制定商业模式、文化创意等创新成果的知识产权保护办法。

依法保护企业家自主经营权。企业家依法进行自主经营活动，各级政府、部门及其工作人员不得干预。建立完善涉企收费、监督检查等清单制度，清理涉企收费、摊派事项和各类达标评比活动，细化、规范行政执法条件，最大限度减轻企业负担、减少自由裁量权。依法保障企业自主加入和退出行业协会商会的权利。研究设立全国统一的企业维权服务平台。

（二）营造促进企业家公平竞争诚信经营的市场环境

强化企业家公平竞争权益保障。落实公平竞争审查制度，确立竞争政策基础性地位。全面实施市场准入负面清单制度，保障各类市场主体依法平等进入负面清单以外的行业、领域和业务。反对垄断和不正当竞争，反对地方保护，依法清理废除妨碍统一市场公平竞争的各种规定和做法，完善权利平等、机会平等、规则平等的市场环境，促进各种所有制经济依法依规平等使用生产要素、公开公平公正参与市场竞争、同等受到法律保护。

健全企业家诚信经营激励约束机制。坚守契约精神，强化企业家信用宣传，实施企业诚信承诺制度，督促企业家自觉诚信守法、以信立业，依法依规生产经营。利用全国信用信息共享平台和国家企业信用信息公示系统，整合在工商、财税、金融、司法、环保、安监、行业协会商会等部门和领域的企业及企业家信息，建立企业家个人信用记录和诚信档案，实行守信联合激励和失信联合惩戒。

持续提高监管的公平性规范性简约性。推行监管清单制度，明确和规范监管事项、依据、主体、权限、内容、方法、程序和处罚措施。全面实施“双随机、一公开”监管，有效避免选择性执法。推进综合监管，加强跨部门跨地区的市场协同监管。重点在食品药品安全、工商质检、公共卫生、安全生产、文化旅游、资源环境、农林水利、交通运输、城乡建设、海洋渔业等领域推行综合执法，有条件的领域积极探索跨部门综合执法。探索建立鼓励创新的审慎监管方式。清除多重多头执法，提高综合执法效率，减轻企业负担。

（三）营造尊重和激励企业家干事创业的社会氛围

构建“亲”“清”新型政商关系。畅通政企沟通渠道，规范政商交往行为。各级党政机关干部要坦荡真诚同企业家交往，树立服务意识，了解企业经营情况，帮助解决企业实际困难，同企业家建立真诚互信、清白纯洁、良性互动的工作关系。鼓励企业家积极主动同各级党委和政府相关部门沟通交流，通过正常渠道反映情况、解决问题，依法维护自身合法权益，讲真话、谈实情、建诤言。引导更多民营企业家成为“亲”“清”新型政商关系的模范，更多国有企业家成为奉公守法守纪、清正廉洁自律的模范。

树立对企业家的正向激励导向。营造鼓励创新、宽容失败的文化和社会氛围，对企业家合法经营中出现的失误失败给予更多理解、宽容、帮助。对国有企业家以增强国有经济活力和竞争力等为目标、在企业发展中大胆探索、锐意改革所出现的失误，只要不属于有令不行、有禁不止、不当谋利、主观故意、独断专行等情形者，要予以容错，为担当者担当、为负责者负责、为干事者撑腰。

营造积极向上的舆论氛围。坚持实事求是、客观公正的原则，把握好正确舆论导向，加强对优秀企业家先进事迹和突出贡献的宣传报道，展示优秀企业家精神，凝聚崇尚创新创业正能量，营造尊重企业家价值、鼓励企业家创新、发挥企业家作用的舆论氛围。

（四）弘扬企业家爱国敬业遵纪守法艰苦奋斗的精神

引导企业家树立崇高理想信念。加强对企业家特别是年青一代民营企业家的理想信念教育和社会主义核心价值观教育，开展优良革命传统、形势政策、守法诚信教育培训，培养企业家国家使命感和民族自豪感，引导企业家正确处理国家利益、企业利益、员工利益和个人利益的关系，把个人理想融入民族复兴的伟大实践。

强化企业家自觉遵纪守法意识。企业家要自觉依法合规经营，依法治企、依法维权，强化诚信意识，主动抵制逃税漏税、走私贩私、制假贩假、污染环境、侵犯知识产权等违法行为，不做偷工减料、缺斤短两、以次充好等亏心事，在遵纪守法方面争做社会表率。党员企业家要自觉做遵守党的政治纪律、组织纪律、廉洁纪律、群众纪律、工作纪律、生活纪律的模范。

鼓励企业家保持艰苦奋斗精神风貌。激励企业家自强不息、勤俭节约，反对享乐主义，力戒奢靡之风，保持健康向上的生活情趣。企业发展遇到困难，要坚定信心、迎接挑战、奋发图强。企业经营成功，要居安思危、不忘初心、谦虚谨慎。树立不进则退、慢进亦退的竞争意识。

（五）弘扬企业家创新发展专注品质追求卓越的精神

支持企业家创新发展。激发企业家创新活力和创造潜能，依法保护企业家拓展创新空间，持续推进产品创新、技术创新、商业模式创新、管理创新、制度创新，将创新创业作为终身追求，增强创新自信。提升企业家科学素养，发挥企业家在推动科技成果转化中的重要作用。吸收更多企业家参与科技创新政策、规划、计划、标准制定和立项评估等工作，向企业开放专利信息资源和科研基地。引导金融机构为企业家创新创业提供资金支持，探索建立创业保险、担保和风险分担制度。

引导企业家弘扬工匠精神。建立健全质量激励制度，强化企业家“以质取胜”的战略意识，鼓励企业家专注专长领域，加强企业质量管理，立志于“百年老店”持久经营与传承，把产品和服务做精做细，以工匠精神保证质量、效用和信誉。深入开展质量提升行动。着力培养技术精湛技艺高超的高技术人才，推广具有核心竞争力的企业品牌，扶持具有优秀品牌的骨干企业做强做优，树立具有一流质量标准和品牌价值的样板企业。激发和保护老字号企业的企业家改革创新发展意识，发挥老字号的榜样作用。

支持企业家追求卓越。弘扬敢闯敢试、敢为天下先、敢于承担风险的精神，支持企业家敏锐捕捉市场机遇，不断开拓进取、拼搏奋进，争创一流企业、一流管理、一流产品、一流服务和一流企业文化，提供人无我有、人有我优、人优我特、人特我新的具有竞争力的产品和服务，在市场竞争中勇立潮头、脱颖而出，培育发展壮大更多具有国际影响力的领军企业。

（六）弘扬企业家履行责任敢于担当服务社会的精神

引导企业家主动履行社会责任。增强企业家履行社会责任的荣誉感和使命感，引导和支持企业家奉献爱心，参与光彩事业、公益慈善事业、“万企帮万村”精准扶贫行动、应急救灾等，支持国防建设，在构建和谐劳动关系、促进就业、关爱员工、依法纳税、节约资源、保护生态等方面发挥更加重要的作用。国有企业家要自觉做履行政治责任、经济责任、社会责任的模范。

鼓励企业家干事担当。激发企业家致富思源的情怀，引导企业家认识改革开放为企业和个人施展才华提供的广阔空间、良好机遇、美好前景，先富带动后富，创造更多经济效益和社会效益。引导企业家认识把握引领经济发展新常态，积极投身供给侧结构性改革，在振兴和发展实体经济等方面做更大贡献。激发国有企业家服务党、服务国家、服务人民的担当精神。国有企业家要更好肩负起经营管理国有资产、实现保值增值的重要责任，做强做优做大国有企业，不断提高企业核心竞争力。

引导企业家积极投身国家重大战略。完善企业家参与国家重大战略实施机制，鼓励企业家积极投身“一带一路”建设、京津冀协同发展、长江经济带发展等国家重大战略实施，参与引进来和走出去战略，参与军民融合发展，参与中西部和东北地区投资兴业，为经济发展拓展新空间。

（七）加强对企业家优质高效务实服务

以市场主体需求为导向深化“放管服”改革。围绕使市场在资源配置中起决定性作用和更好发挥政府作用，在更大范围、更深层次上深化简政放权、放管结合，优化服务。做好“放管服”改革涉及的规章、规范性文件清理工作。建立健全企业投资项目高效审核机制，支持符合条件的地区和领域开展企业投资项目承诺制改革探索。优化面向企业和企业家服务项目的办事流程，推进窗口单位精准服务。

健全企业家参与涉企政策制定机制。建立政府重大经济决策主动向企业家问计求策的程序性规范，政府部门研究制定涉企政策、规划、法规，要听取企业家的意见建议。保持涉企政策的稳定性和连续性，基于公共利益确需调整的，严格调整程序，合理设立过渡期。

完善涉企政策和信息公开机制。利用实体政务大厅、网上政务平台、移动客户端、自助终端、服务热线等线上线下载体，建立涉企政策信息集中公开制度和推送制度。加大政府信息数据开放力度。强化涉企政策落实责任考核，充分吸收行业协会商会等第三方机构参与政策后评估。

加大对企业家的帮扶力度。发挥统战部门、国资监管机构和工商联、行业协会商会等作用，建立健全帮扶企业家的工作联动机制，定期组织企业家座谈和走访，帮助企业解决实际困难。对经营困难的企业，有关部门、工商联、行业协会商会等要主动及时了解困难所在、发展所需，在维护市场公平竞争的前提下积极予以帮助。支持再次创业，完善再创业政策，根据企业家以往经营企业的纳税信用级别，在办理相关涉税事项时给予更多便捷支持。加强对创业成功和失败案例研究，为企业家创新创业提供借鉴。

（八）加强优秀企业家培育

加强企业家队伍建设规划引领。遵循企业家成长规律，加强部门协作，创新工作方法，加强对企业家队伍建设的统筹规划，将培养企业家队伍与实施国家重大战略同步谋划、同步推进，鼓励支持更多具有创新创业能力的人才脱颖而出，在实践中培养一批具有全球战略眼光、市场开拓精神、管理创新能力和社会责任感的优秀企业家。

发挥优秀企业家示范带动作用。总结优秀企业家典型案例，对爱国敬业、遵纪守法、艰苦奋斗、创新发展、专注品质、追求卓越、诚信守约、履行责任、勇于担当、服务社会等有突出贡献的优秀企业家，以适当方式予以表彰和宣传，发挥示范带动作用。强化优秀企业家精神研究，支持高等学校、科研院所与行业协会商会、知名企业合作，总结富有中国特色、顺应时代潮流的企业家成长规律。

加强企业家教育培训。以强化忠诚意识、拓展世界眼光、提高战略思维、增强创新精神、锻造优秀品行为重点，加快建立健全企业家培训体系。支持高等学校、科研院所、行业协会商会等开展精准化的理论培训、政策培训、科技培训、管理培训、法规培训，全面增强企业家发现机会、整合资源、创造价值、回馈社会的能力。建立健全创业辅导制度，支持发展创客学院，发挥企业家组织的积极作用，培养年青一代企业家。加大党校、行政学院等机构对企业家的培训力度。搭建各类企业家互相学习交流平台，促进优势互补、共同提高。组织开展好企业家活动日等形式多样的交流培训。

（九）加强党对企业家队伍建设的领导

加强党对企业家队伍的领导。坚持党对国有企业的领导，全面加强国有企业党的建设，发挥国有企业党组织领导作用。增强国有企业家坚持党的领导、主动抓企业党建意识，建好、用好、管好一支对党忠诚、勇于创新、治企有方、兴企有为、清正廉洁的国有企业家队伍。教育引导民营企业家拥护党的领导，支持企业党建工作。建立健全非公有制企业党建工作机制，积极探索党建工作多种方式，努力扩大非公有制企业党的组织和工作覆盖。充分发挥党组织在职工群众中的政治核心作用、在企业发展中的政治引领作用。

发挥党员企业家先锋模范作用。强化对党员企业家日常教育管理基础性工作，加强党性教育、宗旨教育、警示教育，教育党员企业家牢固树立政治意识、大局意识、核心意识、看齐意识，严明政治纪律和政治规矩，坚定理想信念，坚决执行党的基本路线和各项方针政策，把爱党、忧党、兴党、护党落实到经营管理各项工作中，率先垂范，用实际行动彰显党员先锋模范作用。

十、企业家须具有清晰的使命感和远景目标

使命是核心价值观的载体与反映，是企业生存与发展的理由，是企业一种根本的、最有价值的、崇高的责任和任务，它回答的是“我们要做什么、为什么这样做”的现实问题。企业价值观的认知使命体现了企业全体员工的行为共识，是引导和激发全体员工持之以恒，为企业不断实现新的发展和超越而努力奋斗的动力之源；使命不仅包括目前面临的任务，更涵盖对过去的认识、反思以及对未来的期望和判断，揭示了企业成长的基本原则和思路。

一个没有方向的企业家，是没有办法成功的，所以使命和目标是企业家成功的第一步。企业家必须要有一个清晰的企业发展和事业成长的蓝图，同时也需要有能力制定实现目标的战略和途径。

其实，企业存在的目的，就是在服务于别人的同时传达自己的梦想和热情。每个人希望自己重要，在从事伟大的事业。因此让人认可自己的工作，是在从事一项伟大的事业，是对人类、对民族、对公司、对自己有利的事，这就是企业家的重要责任。企业要确立使命，要有使命宣言。企业家需要不断地把握未来发展的趋势，并快速提出新的想法，思想建设性的意见或建议，同团队一起确立前进的方向，不断培养自己，带领大家超越现实，突破今天面向未来的能力。

第四节　中国东部与中西部企业家成长环境的差异

中国地区发展差距问题由来已久，随着国民经济的高速增长，地区经济发展的不平衡亦开始加剧。我国的三个经济地带基本上是按照1983年国家计委在制定第七个五年计划时的提法。当时根据自然资源的分布和社会经济的发展水平，把全国划分为东部、中部和西部三个经济地带，目的是正确处理我国三个经济地带的关系，充分发挥它们各自的优势和发展它们相互间的横向联系，逐步建立以大城市为中心的、层次不同、规模不等、各有特色的经济“网络”。从现在来看，这种从沿海到内陆的经济差异也是客观存在、不可回避的。根据经济发展水平与地理位置，东中西地区划分如下。

东部地区：北京市、天津市、河北省、辽宁省、上海市、江苏省、浙江省、福建省、广东省、广西壮族自治区、山东省、海南省。中部地区：内蒙古自治区、山西省、吉林省、黑龙江省、安徽省、江西省、河南省、湖南省、湖北省。西部地区：重庆市、四川省、贵州省、云南省、西藏自治区、陕西省、甘肃省、青海省、宁夏回族自治区、新疆维吾尔自治区。

一、中国东部企业家成长环境的特点

（一）经济发展迅速

改革初期国内市场主要集中在东部地区，主要原因为两点：第一，东部地区相较于中西部地区人口密度大，人多的地方才有国内市场，生产的产品靠近消费者，接近市场，成本更低更容易获得收益；第二，沿海城市在国际贸易中具有地理优势，在出口产品时选择海洋运输的成本是最低的，企业优先选择在沿海建厂，既满足国内人口的需求，又能满足国际市场的需求。因此，国内东部地区先发展起来，明显优于中西部地区。

根据国家发展改革委提供的数据，东部地区经济形势日趋向好，供给需求同步改善，质量效益稳步提升，经济大省增长势头较好，京津冀、长三角、粤港澳大湾区等动力源作用持续发挥，率先发展的基础不断夯实。

一是经济大省增长势头强劲。2021年全年东部地区生产总值592202亿元，比2020年增长8.1%，占全国GDP的51.78%。全年京津冀地区生产总值96356亿元，比上年增长7.3%；长江经济带地区生产总值530228亿元，比上年增长8.7%；长江三角洲地区生产总值276054亿元，比上年增长8.4%。粤港澳大湾区建设、黄河流域生态保护和高质量发展等区域重大战略深入实施。

二是先进制造业发展提速。规模以上工业增加值同比增长10.9%，增速同比提高7.4个百分点，增幅较大的北京和浙江分别增长31%和12.9%。北京、上海、浙江、江苏、天津增速居全国前列。装备制造业发展较快，高技术制造业快速增长，制造业数字化转型稳步推进。

三是投资结构进一步优化。2021年，全国固定资产投资（不含农户）54.45万亿元，比2020年增加1.72万亿元，同比增长3.28%。东部地区固定资产投资增长3.8%，广东、福建、上海增速较快。大项目发挥支撑带动作用，高技术产业投资增速加快，社会领域投资力度加大。

四是外贸进出口量增质升。东部地区出口2.7万亿美元，同比增长29%，占到全国的79%，增幅较大的山东和北京分别增长44.1%和40.9%。国际市场布局优化，民营企业进出口活力提升，新兴贸易加快发展。

五是居民消费加快复苏。东部各省市社会消费品零售总额增速均超过20%。节假日消费逐步恢复，升级类消费回升明显，网络消费快速发展。

六是质量效益稳步提升。财政收入恢复性增长，广东省最高为14103亿元，江苏省10015亿元居次席，浙江省8262亿元，上海市为7771亿元，山东省为7284亿元，前五名均位于中国东部，居民收入稳步增加，企业效益持续改善。

（二）企业家资源需求量大

以浙江省为例，由于传统重商文化的影响、较高的经济发展水平以及便利通商的地理位置，使得企业家资源在浙江省十分丰盈；以企业规模为标准，大企业比中小型企业对企业家数量和质量的要求更高。

彭罗斯认为企业成长障碍的产生是由于企业不能有效地协调其资源和管理职能，企业成长就是不断跨越管理障碍的过程。在较小规模的企业里，企业家可以凭借自身有限的经营或行业经验进行管理和有效利用资源。尽管这些企业家拥有创建有前途的新企业所必需的品质，但是其中很少有人同时兼备建立大型公司所必需的品质。因此，随着企业规模逐渐扩大，就需要招聘人来弥补自身品质的缺陷，或将控制权移交给有能力的人；以企业性质为标准，股份有限公司和国有企业比私营企业、外商及港澳台投资企业的需求量更大。

根据最新人口普查，浙江省常住人口6457万人，这里面出了26位千亿企业家，其次为江苏省与福建省。具体原因来为：首先，从教育水平来看，除去港澳台地区，截至2021年8月20日，健在的中科院院士共计788人，其中江苏有114名，上海有82名，浙江有78名，主要在东部地区；其次，从传统观念来看，江浙、福建、广东等南方地区，从传统上就有经商文化，南方人坚信经商才是人生正途；最后，从企业数量来看，东部地区“小巨人”企业占一半，浙江领跑全国。这些“小巨人”主要集中在新一代信息技术、高端装备制造、新能源、新材料、生物医药等中高端产业领域。东部地区的“小巨人”数量共2918家，占全国总数的61.3%，中部地区占比33.8%，西部地区占比16.2%。

（三）企业家创新行为强

随着我国经济进入从高速增长转为中高速增长的时期，企业家创业从要素驱动、投资驱动转向创新驱动，转型为熊彼特式创新。企业家通过改善工艺流程、研发新产品、开拓新功能、开辟新市场等创新行为来打破市场均衡，从而促进产业结构优化与消费结构升级，推动绿色经济发展，提高全要素生产率，进而实现经济高质量增长。

在“我国企业家创业精神对经济增长质量的影响及其内在机理”一文中表明企业家创业精神对经济增长质量具有显著的“U”形影响关系，即随着企业家创业精神活跃度提升，企业家创业精神对经济增长质量首先表现出显著的负向影响，而后表现出显著的正向影响。就区域分样本而言，东部地区企业家创业精神对经济增长质量表现出显著的正向单调关系，表明东部整体上已经跨过“U”形曲线的拐点；中部与西部地区企业家创业精神与经济增长质量之间仍然保持显著的“U”形关系。

此外，根据《中国区域创新能力评价报告2021》，从区域创新综合指标来看，我国排名前十位的省份分别是广东、北京、江苏、上海、浙江、山东、湖北、安徽、四川、陕西，具体排名如图4-1所示。其中，东部省份仍然是创新能力最强的地区，北京、广东、上海、江苏的基础研究经费占全国基础研究投入的比例超过50%。

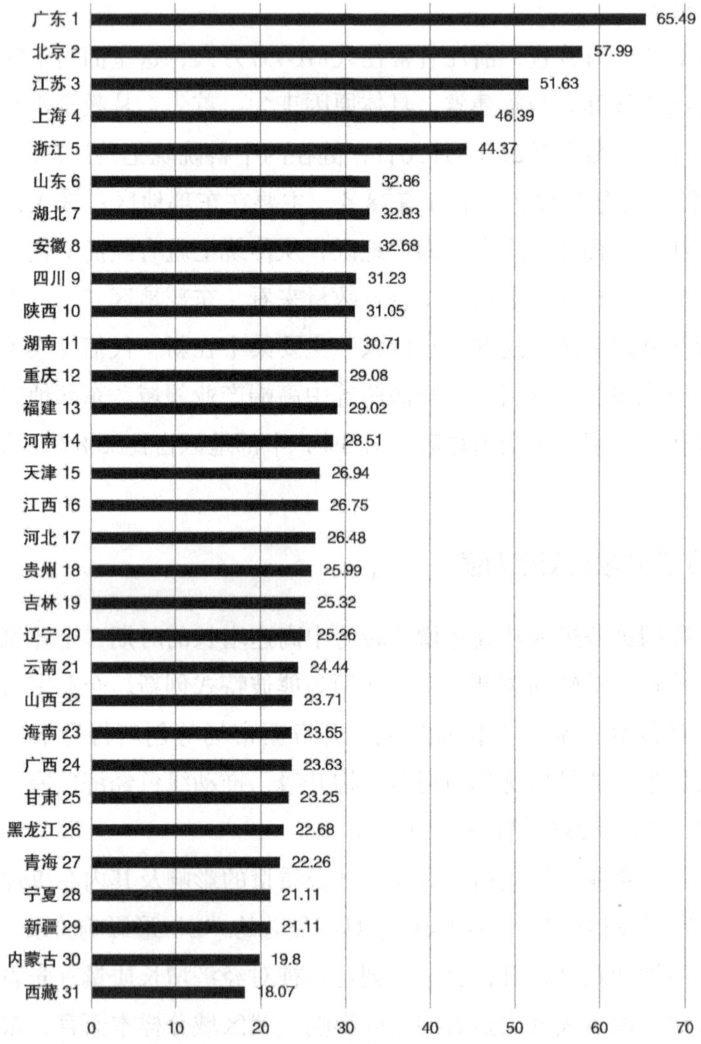

图4-1 2021年我国区域创新能力综合排名

报告认为，总体来看，我国已基本形成了多个创新集聚区，分别是以北京为中心的京津冀创新集聚区、以上海为中心的长三角创新集聚区、以广东为中心的珠三角创新集聚区，以及以成都、重庆、武汉、西安为中心的区域性创新集聚区。北京、上海、粤港澳三大科技创新中心形成了创新型国家的三大核心支柱和动力源，汇聚了全国30%的R&D经费投入、35%的地方财政科技投入、38%的有效发明专利以及43%的高新技术企业。

二、中国中西部企业家成长环境的特点

（一）居民收入消费力均较低，制约企业生产与销售

根据国家统计局公布的各省区市GDP数据，首先，东南沿海贡献了全国一半以上的GDP，东部地区的省市均排名靠前，中部，尤其是西部省区发展缓慢，前十名中只有河南省与湖北省两个中部地区，四川省一个西部地区。

其次，人均GDP排名前十的中西部仅有重庆直辖市一个，排名第15以后的大部分是中西部省区市。湖北省、内蒙古、陕西省、安徽省等中西部地区省市人均GDP超过7万元，其他省市远不及前三名北京、上海、江苏人均GDP的一半。作为西部第一大省，GDP全国第6的四川省人均GDP为6.44万元，人均消费水平为21518元，处于全国第16，让人深感意外。山西2021年的人均消费支出仅仅17191元，比甘肃、贵州略低，仅仅高于西藏，位列全国第30。

最后，人均消费水平也重复了人均GDP的情况，且西部省区市平均增幅较低。

消费能力制约着当地企业对相关生活用品的生产和销售。加之，中西部在外贸方面的劣势，工业结构中以重工业为主的布局，都不利于迅速积累资金、扩大再生产。出现这种现象的根本在于，中西部地区工业化程度较低。从某种意义上来讲，现代化就是城市化；而城市化的发展需要以工业为支撑。归结起来就是，中西部地区工业化进程的迟缓，延滞了城市化发展，城市化发展又进一步制约了居民收入和消费水平的提升，最终制约着中西部经济的整体发展进程和效率。

表4-1　2021年全国各省市区GDP及人均GDP排名

排名	地区	2021年GDP（亿元）	地区	2021年人均GDP（万元）
1	广东	124369.67	北京	18.39
2	江苏	116364.2	上海	17.38
3	山东	83095.9	江苏	13.73

续表

排名	地区	2021年GDP（亿元）	地区	2021年人均GDP（万元）
4	浙江	73516	福建	11.75
5	河南	58887.41	浙江	11.39
6	四川	53850.79	天津	11.32
7	湖北	50012.94	广东	9.87
8	福建	48810	重庆	8.7
9	湖南	46063.09	湖北	8.66
10	上海	43214.85	内蒙古	8.53
11	安徽	42959.2	山东	8.18
12	河北	40391.3	陕西	7.54
13	北京	40269.6	安徽	7.04
14	陕西	29800.98	湖南	6.93
15	江西	29619.7	江西	6.55
16	重庆	27894.02	辽宁	6.48
17	辽宁	27584.1	山西	6.47
18	云南	27146.76	四川	6.44
19	广西	24740.86	海南	6.42
20	山西	22590.16	宁夏	5.28
21	内蒙古	20514.2	新疆	6.19
22	贵州	19586.42	河南	5.93
23	新疆	16000	云南	5.75
24	天津	15695.05	青海	5.65
25	黑龙江	14879.2	西藏	5.50
26	吉林	13235.52	吉林	5.5
27	甘肃	10243.3	河北	5.41
28	海南	6475.2	贵州	5.08
29	宁夏回族自治区	4522.3	广西	4.94
30	青海	3346.63	黑龙江	4.67
31	西藏	突破2000	甘肃	4.09

数据来源：国家统计局

表4-2　2021年全国各省市区人均消费水平对比表

名次	地区	2021年（元）	2020年（元）	同比名义增速
1	上海市	48879	42536	14.91%
2	北京市	43640	38903	12.18%
3	浙江省	36668	31295	17.17%
4	天津市	33188	28461	16.61%
5	广东省	31589	28492	10.87%
6	江苏省	31451	26225	19.93%
7	福建省	28440	25126	13.19%
8	重庆市	24598	21687	13.47%
9	湖北省	23846	19246	23.90%
10	辽宁省	23831	20672	15.28%
11	山东省	22821	20940	8.98%
12	湖南省	22798	20998	8.57%
13	内蒙古自治区	22658	19794	14.47%
14	海南省	22242	18972	17.24%
15	安徽省	21911	18877	16.07%
16	四川省	21518	19783	8.77%
17	黑龙江省	20636	17056	20.99%
18	江西省	20290	17955	13.00%
19	宁夏回族自治区	20024	17506	14.38%
20	河北省	19954	18037	10.63%
21	吉林省	19605	17318	13.21%
22	陕西省	19347	17418	11.07%
23	青海省	19020	18284	4.03%
24	新疆维吾尔自治区	18961	16512	14.83%
25	云南省	18851	16792	12.26%
26	河南省	18391	16143	13.93%
27	广西自治区	18088	16357	10.58%
28	贵州省	17957	14874	20.73%
29	甘肃省	17456	16175	7.92%
30	山西省	17191	15733	9.27%
31	西藏自治区	15342	13225	16.01%

数据来源：国家统计局

（二）投资回报期较长且风险较大

由于东部与中西部的工业结构差异化明显，在日用品加工领域，东部地区不仅在全国具有很强的竞争力，甚至在全世界都有很强的竞争力，在一定程度上代表了中国制造的最高水平。这就使中西部企业投资不得不转向装备制造、资源与能源开发等投资期较长的领域。这些领域的投资规律决定了较长的投资期，瞬息万变的市场自然会加大这类投资的风险，使企业在投资方面不得不谨慎再谨慎，于是延误投资决策的最佳时机。

经济学家对生活用品的投资期一般以1～2年为基准，在东南沿海一般都是当年投资当年收益，而投资能源与资源开发，不仅投资额大、投资期长，而且回收期更长。浙江一家民营企业集团的成长需要3～5年，而中西部一家民营企业集团的成长需要7～10年。在市场经济时代，时间就是金钱的观念深入人心，投资期较长的领域常常会被冷落。中西部地区因缺乏资金陷入了发展的被动局面，而国家重点建设项目也在20世纪90年代开始一直向东南沿海地区倾斜，直到2006年（12月8日，国务院常务会议审议并原则通过《西部大开发“十一五”规划》）提出西部大开发都未能终止这种现象。

中西部不少地区都积极准备承接东部技术与经济转移，但国际形势的不断变化，使得东部加工业不得不承受美国等列强的打压，因此技术与经济的梯度移动在中国被延缓，也使得中西部技术进步的困难加大，导致中西部企业家成长环境的艰难性增加。

（三）中西部地方政府热衷于招商引资，对企业的服务引导不足

无论从哪个角度来讲，我国各地都充盈着积极发展经济的热忱，中西部地区的地方政府从来不缺乏热情和干劲，甚至把招商引资作为党政干部的年度考核指标。但在此起彼伏的招商热潮和各种商贸洽谈会愈演愈烈的背景下，实际引资效果却往往差强人意。而且，重招商轻服务的行为很普遍，给投资者的印象就是招来即可，至于怎么经营那是企业自己的事。没有对企业所关联产业的思考，一味地从自身GDP增长需要出发的招商引资，注定是短视的、低效的。

对比上海和江浙、广东等地政府的服务无死角、无止境理念，中西部地

方政府对企业的服务实在是乏善可陈。一旦企业经营效益较好，一波又一波的考察学习，即便吃不垮一家企业，也会使企业不堪重负。东南沿海不少地方政府创新了一站式服务、综合服务大厅、区域经济观察员、重点企业联络员等很多服务企业的模式和方法，中西部地方政府往往视而不见，即使有所思考也难有实际行动。这恰恰是中西部地方一再呼吁的地区重大差异所在。看不到别人的长处就等于看不到自己的短处。一味地追求招商引资和各种考察学习，难免让人产生游山玩水的嫌疑，因为地方经济社会发展的实际结果是每个人都看得见的事实。因此，创新政府服务模式，提高服务质量和效率是中西部地方政府的当务之急！

（四）中介服务分工不够精细化，服务效率亟待提高

中介服务不仅是企业发展环境的重要影响因素，也是服务精细化发展质量的验证。以上海为例，从事工程咨询的中介就有300多家，各种事务所1300多家。而对比人口数量2500多万（上海人口达200万）的甘肃省，从事工程咨询的中介50家，各种事务所780多家。更为严重的是，中西部地区的中介服务机构，由于生存压力所迫毫无底线的压价竞争，以低价竞标成功后又是一连串的降低成本行为，根本没有服务质量保障，长此以往中介机构的自身发展也受到严重制约。

中介机构的专业化发展是形成优势、培育品牌的基础环节。不能找准发展方向，结合自身优势予以发扬光大，就无法形成竞争优势，无法培育出富有影响力的品牌，服务质量的保障就无从谈起。因此，引导中介机构规范化发展，按照精细化原则不断提高专业化服务水平，是促进中介组织发展，是保障其发展质量的基础措施。这方面中西部地区必须好好学习东部发达省市的先进经验，切实推动本地中介机构的良性发展和合理竞争。这既是促进社会整体进步的基础性工作，也是为企业发展创造良好发展环境的题中应有之义。

（五）企业家群体数量偏少，影响力不大

习近平总书记两次视察浙江传化公司，多次赞誉传化公司党建工作值得其他企业认真学习推广。传化集团董事长徐冠巨，作为非公有制经济人士，

曾当选为浙江省第九届、第十届政协副主席，第九届、第十届、第十一届、第十二届全国政协委员，全国工商联第八届执委及第九届、第十届、第十二届全国工商联常委，第十一届全国工商联副主席；获得过全国劳动模范、全国五一劳动奖章、优秀中国特色社会主义事业建设者、中国优秀民营企业家、全国关爱员工优秀民营企业家、改革开放40年杰出民营企业家、全国脱贫攻坚奖创新奖等荣誉。他被认为是浙商的代表人物，50多岁加入中国共产党，开创了民营企业党建的很多成功做法。这种很有影响力的企业家在中西部地区很少见，即使有，也一般是国有大型企业的领导人。

表4-3　截至2021年年底各省市区规模以上工业企业数量

排序	地区	2021年底规工企业数量（家）	2020年/家	新增/家
1	广东省	58763	58483	28
2	江苏省	51323	50168	115
3	浙江省	49177	47956	122
4	山东省	30647	29628	101
5	河南省	20133	19803	33
6	安徽省	19441	18447	99
7	福建省	18870	18845	2
8	湖南省	18577	18239	33
9	湖北省	16181	15708	47
10	四川省	15611	15280	33
11	江西省	15142	14341	80
12	河北省	14419	14239	18
13	上海市	8879	8804	7
14	辽宁省	7937	7755	18
15	广西壮族自治区	7664	7099	56
16	陕西省	7306	7205	10
17	重庆市	7011	6938	7
18	山西省	5690	5480	21
19	天津市	5222	5120	10

续表

排序	地区	2021年底规工企业数量（家）	2020年/家	新增/家
20	贵州省	4731	4482	24
21	云南省	4487	4401	8
22	黑龙江省	3907	3832	7
23	新疆区	3845	3633	21
24	吉林省	3109	3043	6
25	内蒙古自治区	3075	2985	9
26	北京市	2977	3028	–5
27	甘肃省	2026	1952	7
28	宁夏回族自治区	1301	1241	6
29	青海省	594	580	1
30	海南省	518	493	2

数据来源：国家统计局数据库

由表4–3可见，规模企业数量排在前十位的，中西部地区仅有四川省一个，除东北和海南省以外，排在后面的都是中西部的省区市。而新增规模企业数量，除贵州表现亮眼之外，中西部省区市很难有闪光表现。更严重的是，中西部省市的规模企业大多是国有企业，而东南沿海规模企业中民营企业占据1/3的比例。如果把国有企业领导看作一般是官员、一般是企业家的话，民营企业领导人无疑是典型的企业家，如此推理下来，中西部省区市企业家数量就更少了。

企业家数量的多少，与当地经济发展的关系很紧密。凡是企业家数量多的省区市，经济发展都较快。

企业家数量越多，其内部互动就越频繁有效。中西部企业家数量的稀少，导致企业家互动频率较低、合作机会不多的客观现实。因此，中西部省区市大力培育企业家队伍，促进其内部沟通交流和有效合作，是促进经济社会发展的必要手段。

三、中国东部与中西部企业家成长环境的比较

（一）发展差距比较

改革开放后，国家领导人认识到要改变我国经济落后局面就必须引进境外资金、先进科学技术和企业管理经验，为我国社会主义经济建设服务，为发展我国社会主义经济，邓小平提出试办经济特区的思想，由此带动了东部一系列城市的发展。而在21世纪初，我国开始西部大开发，实施西部大开发战略、加快西部地区发展，西部地区经济发展水平、城乡居民收入水平、人民生活水平都有了大幅度提高。即使如此，由于地域、劳动力、自然环境、气候条件等的限制，西部地区的发展仍与东部发达地区存在较大差距。主要原因如表4–4所示。

表4–4　中国东部与中西部差异影响因素

影响因素		东部地区	中西部地区
自然因素	地形	属于我国地势最低的第三阶梯，平原和丘陵有利于开发利用	海拔较高，地形复杂，对工农业生产和交通建设不利
	地理区位	靠近大海，具有开放性，海路运输便利，区位优势明显	距海较远，长期处于较封闭状态，缺少东部地区的区位优势
自然因素	气候	位于东部季风区，气候湿润，雨热同期，有利于作物生长	中部大部分地区属湿润、半湿润区，雨热同期；西部多属于半干旱、干旱区和高寒区，不利于农业发展
	自然资源	能源、原材料不足，拥有海洋资源	能源和矿产资源具有明显优势
社会因素	人口	人口聚集	西部地区人口稀疏
	城市化水平	东部沿海发达地区城镇化逐渐接近成熟水平	中西部很多地区仍大幅低于全国平均水平
	科技、教育和文化	科技创新能力强，拥有大量高新技术企业；教育资源、经费充足；文化程度较高	科技创新能力不足；教育发展比较滞后；文化程度较低
	对外开放程度	较高	较低
经济因素	发展基础	社会经济基础较好，近代工业首先出现在沿海城市	发展基础薄弱

续表

影响因素		东部地区	中西部地区
经济因素	产业结构	第二、三产业比重较大，农村工业化、城镇化程度较高，集体经济和非国有经济成分比重大，外资企业较多	第一产业比重较大，国有经济成分比重大，乡镇企业发展缓慢，生产力水平较低
	交通运输状况	交通设施齐全，网络稠密	交通线路较少，运输条件较差
其他因素	民族心理	人们的思想观念比较开放，在经济竞争面前有较强的危机感和紧迫感	人们的思想观念比较保守，经济竞争的危机感和紧迫感较弱
	国际化程度	国际化程度高，与外界保持着密切的社会、经济和技术联系	内部联系和对外交流较少，社会经济比较封闭

1. 经济水平

（1）GDP

在中国东部发达城市生产总值（GDP）总体较高，贡献了全国一半的GDP，而西部仍然普遍较低。根据2021年各省GDP排名情况，前十名中有6个省份为东部地区，分别为广东、江苏、山东、浙江、福建和上海，3个为中部地区，分别为河南、湖北、湖南，只有四川一个西部地区。后5名种除海南省之外均为西部地区。从数据中不难看出广东、江苏、上海、北京等东部发达城市生产总值远远高于甘肃、青海等西部落后地区，同时经济增长速度也普遍比西部落后地区快。无论是过去还是现在东西部地区经济发展水平、基础设施悬殊，东部人民生活水平普遍高于西部。

表4–5　各省市区2021年GDP及增速

排名	地区	2021年GDP（亿元）	2021年GDP增速	两年平均增速
1	广东	124369.67	8.0%	5.1%
2	江苏	116364.2	8.6%	6.1%
3	山东	83095.9	8.3%	5.9%
4	浙江	73516	8.5%	6.0%
5	河南	58887.41	6.3%	3.6%
6	四川	53850.79	8.2%	6.0%
7	湖北	50012.94	12.9%	3.3%
8	福建	48810	8.0%	5.7%

续表

排名	地区	2021年GDP（亿元）	2021年GDP增速	两年平均增速
9	湖南	46063.09	7.7%	5.7%
10	上海	43214.85	8.1%	4.8%
11	安徽	42959.2	8.3%	6.0%
12	河北	40391.3	6.5%	5.1%
13	北京	40269.6	8.5%	4.7%
14	陕西	29800.98	6.5%	4.3%
15	江西	29619.7	8.8%	6.2%
16	重庆	27894.02	8.3%	6.1%
17	辽宁	27584.1	5.8%	3.2%
18	云南	27146.76	7.3%	5.6%
19	广西	24740.86	7.5%	5.6%
20	山西	22590.16	9.1%	6.3%
21	内蒙古	20514.2	6.3%	3.2%
22	贵州	19586.42	8.1%	6.3%
23	新疆	16000	7.0%	5.2%
24	天津	15695.05	6.6%	3.9%
25	黑龙江	14879.2	6.1%	3.5%
26	吉林	13235.52	6.6%	4.4%
27	甘肃	10243.3	6.9%	5.3%
28	海南	6475.2	11.2%	7.3%
29	宁夏	4522.3	6.7%	5.3%
30	青海	3346.63	5.7%	3.6%
31	西藏	突破2000	7%左右	7.4%

资料来源：各地统计局

从兰财税海研语所发表的“我国东中西部经济财政发展差异对比”一文中可以明显发现，我国东中西部地区GDP总值都呈平稳上升趋势，且东部地区GDP高于中部和西部地区，中部地区GDP高于西部地区GDP。东部地区从1994年的25704.89亿元上升到2019年的536070.64亿元，中部地区从1994年的11205.65亿元上升到2019年的244077.29亿元，西部地区从1994年的8512.21亿元上升到2019年的205185.18亿元。从始至终，东部地区GDP一直保持在西部地区的2.5倍以上，但中西部地区GDP差距在逐渐缩小。

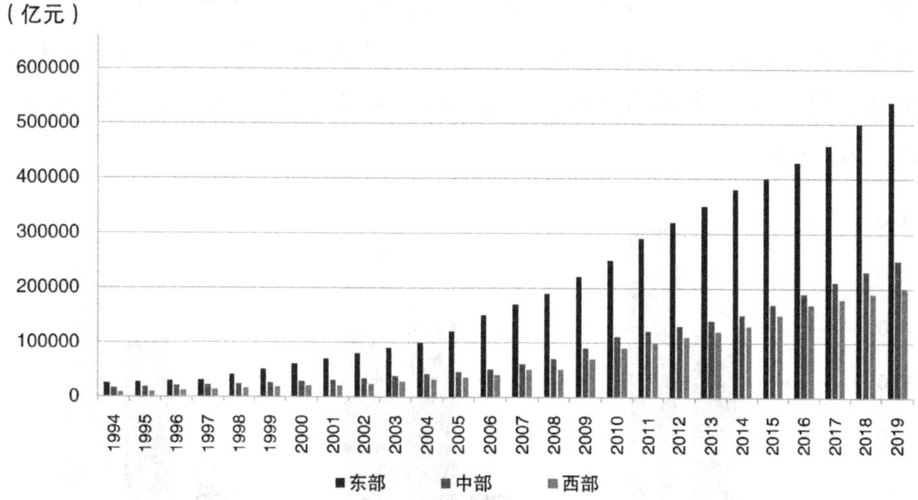

图4-2　1994～2019年东中西部GDP总值

从人均GDP来看，东部地区人均GDP远超中西部地区，其绝对值差距逐年扩大。2011～2019年，东部地区人均GDP与西部地区人均GDP的比值降为2以下，且在2019年比值最小，为1.7，说明东西部人均GDP的相对差距在逐渐缩小。从中西部地区来看，1994～2019年中部人均GDP均略高于西部，为西部的1倍以上1.2倍以下，且差距在逐年缩小。

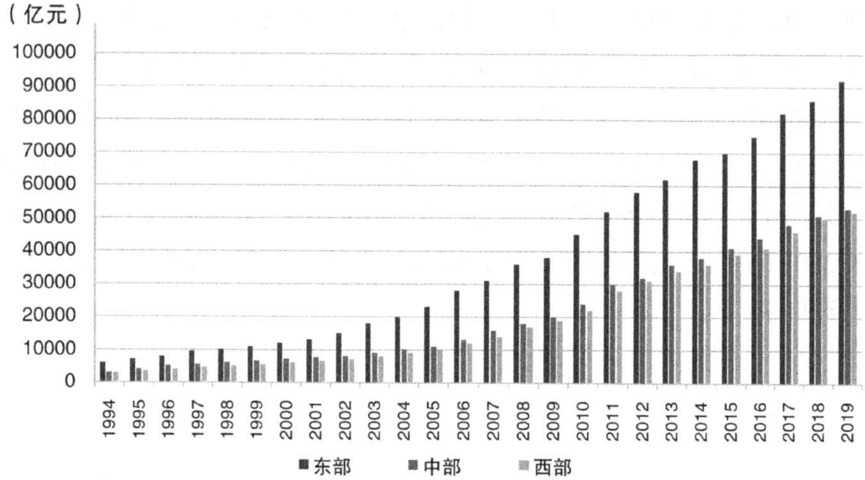

图4-3　1994～2019年东中西部人均GDP

（2）产业结构

在产业结构方面，各经济区域第三产业占GDP比重均超50%，其中，东部地区占比最高达56.3%，中部地区最低仅50.2%，西部地区为51.1%。西部地区第一产业占GDP比重超10%，为11.0%。东部地区第一产业占GDP比重最低，仅4.8%。中部地区第二产业占GDP比重最高达40.6%，西部地区最低，为37.9%。

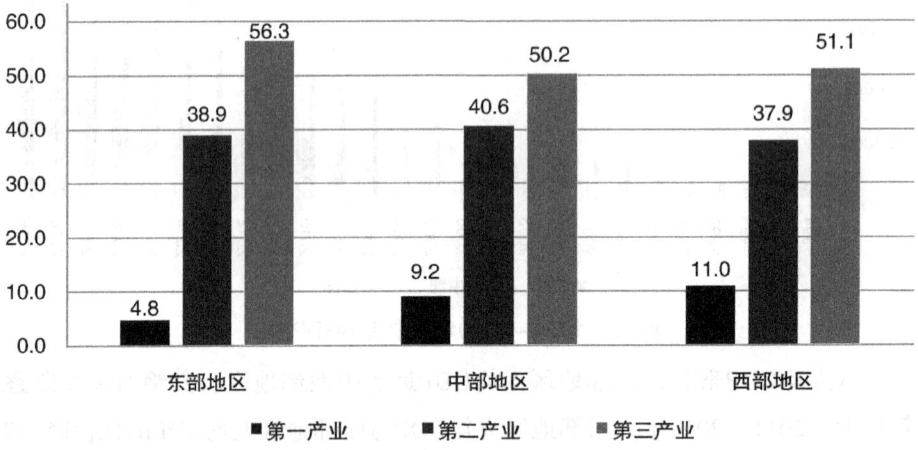

图4-4 2019年东中西部产业结构

（3）财政收支

东部地区财政收入始终高于中西部地区，其差距逐年扩大，2019年东部地区财政收入为60683.25亿元，西部地区为19562.21亿元，相差41121.04亿元，中西部地区差距达到1272.96亿元。东部地区人均财政收入为10370.19元，中部地区为4769.08元，西部地区为5123.68元。东部地区人均财政支出为15516.56元，中部地区为12269.58元，西部地区为15542.67元。东部地区税收收入远高于中西部地区税收收入，在2019年东部地区税收收入比中部地区高出33350.16亿元，比西部地区高出34412.76亿元，是中西部地区税收收入的3倍甚至更多。

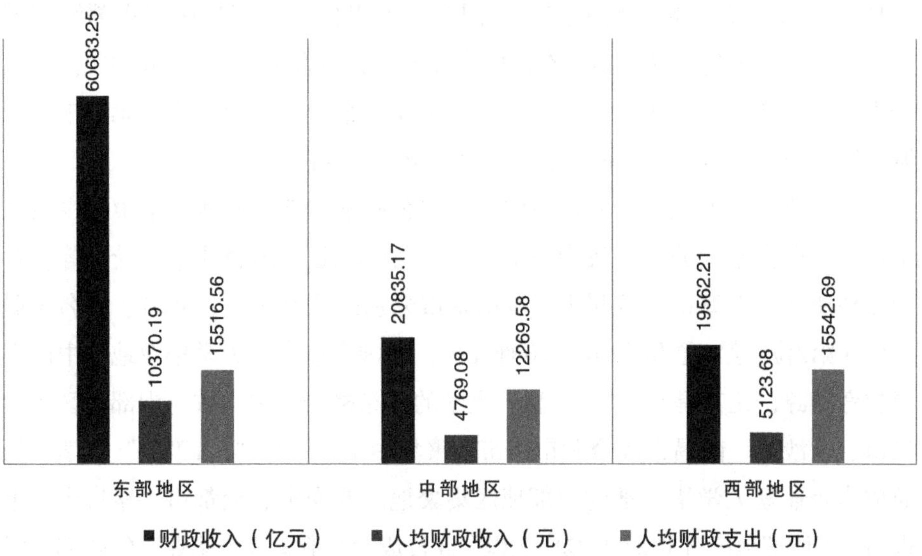

图4-5　2019年东中西部财政收支

此外，2019年全国社会消费品零售总额411649亿元，比上年增长8.0%。东部地区占据半壁江山，社会消费品零售总额206182.2亿元。中部地区、西部地区社会消费品零售总额占全国比重为24%、20.7%。2019年全国货物进出口总额315505亿元，比上年增长3.4%。其中，出口172342亿元，增长5.0%；进口143162亿元，增长1.6%。货物进出口顺差29180亿元，比上年增加5932亿元。东部地区货物进出口规模庞大，占全国比重为81%，货物进出口总额253847.7亿元，中部地区、西部地区货物进出口总额分别为21739.5亿元、27779.4亿元。

总之，从社会经济发展水平来看东部地区最发达，中部其次，西部较落后，东部地区与中西部地区经济发展水平差距在逐渐扩大，中西部地区之间的差距在逐渐缩小。

2. 受教育水平

受中西部经济社会发展较为落后以及高等教育整体布局结构失衡的影响，中西部高等教育存在“先天不足”的劣势，在人才队伍结构、经费投入以及资源建设等方面与东部沿海发达地区的高等教育之间存在较大差距，这些劣势严重阻碍了中西部高等教育高质量发展进程。

根据上海市软科学研究基地上海市美国创新与发展研究中心主任，三思派特约专家杜德斌的研究可知，中国企业家出生地高度集中于东部沿海城市，尤其是长三角地区，出生在此的企业家占到总数的30.5%，其中宁波市以产出17名企业家位列第一，烟台市以产出10名企业家位列第三，无锡市与上海市以分别产出9名、8名企业家排在第四位和第五位。

与企业家出生地格局明显不同，中国企业家大学毕业地虽集中在少数几个城市，但在空间分布上较为均衡。长三角仍然是中国企业家接受高等教育的极核所在，上海市、杭州市以及南京市分别以培养36名、30名、27名企业家位居第2位、第3位和第4位。不难发现，中国企业家的大学毕业地与中国高等教育资源，尤其是与“211工程”大学的分布格局基本一致。中部地区的武汉市、长沙市、南昌市和合肥市四市因聚集中部93%的“211工程”大学，从而成为企业家大学毕业地的中部地区集聚地。西安市、成都市、重庆市三市也因集聚西部地区近50%的“211工程”高校成为企业家大学毕业地的西部地区集聚地。

3. 人才引进

“人才强国”是我国“十四五”时期一大重要发展战略，体现我国对人才的高度重视，也是我国对人才发展的高要求。人才引进是人才发展的重要环节，也是人才集聚的重要方式，对于高素质人才的引进以及各地区间人才的合理流动都有着重要的推动作用。当下我国区域经济竞争日趋激烈，归根到底，各地区间的竞争是人才的竞争，“抢人大战”的势头从未减弱。而目前人才的缺失是不少地区存在的共性问题，西部作为我国经济相对落后地区，人力资源远不如东部地区。

与东部地区相比，西部地区人才引进的吸引力弱，高层次人才比例明显偏低。西部地区人才素质基础本就薄弱，加之东西部经济差异大，院士等国家级高层次人才主要集中在中、东部地区且西部地区高学历人才流失较为严重，人才集聚效应差。以西部唯一的直辖市重庆市为例，2017—2019年重庆高校毕业生留渝就业情况很不理想，硕博研究生连续三年留渝人数低于就业人数的一半，而本科生留渝人数只占到了50%多一点，总留渝就业人数也只占到了65%左右，人才流失较为严重，且高素质人才占比较小。重庆市如此，更不用说更为偏西的青海、甘肃等地。

在我国的区域竞争中，与东部地区相比，西部地区处于明显劣势。一是地理位置上，地理环境越来越成为人才择业的主要因素，西部交通不便，人才数量少，东部在地理环境上更具引才优势；二是教育资源上，东部高等院校数量远超西部，为东部地区的人才集聚提供了供给优势；三是引才观念上，西部地区各部门大多存在刚性引才理念，要求人才必须在西部地区工作、落户，而西部在工资、薪酬、待遇福利上都弱于东部，人才吸引力不强；四是国家政策和财政支持力度上，尽管我国近年政策逐步向西部倾斜，对西部的财政扶持力度加大，但东部地区拥有更多的科研创新基地、高校研究中心和科技创新人才，国家给予的扶持力度依然更大，但西部地区可以在柔性引才上有所作为。

4. 投资状况

自我国改革开放以来，国家优先发展东部沿海地区，对东部经济发展给予大量支持和优惠政策，这无疑人为地加大了东西部差距。在国家优惠政策和市场力量的双重作用下，国内外资金和人才向增长迅速的沿海地区集中，这进一步加剧了地区经济的不平衡增长。同时沿海地区也能够抓住机遇，凭借其有利的地理位置、优越的市场条件及各种优惠政策，吸引了大量的直接投资，为沿海企业的经济发展注入了大量的资本，从而解决了沿海资金不足问题。

2010年，外商投资企业在东部、中部和西部的份额约为82.6%、9.7%和7.7%。现如今，国家重视东部与中西部地区平衡发展，大力推进中西部地区的投资。根据2021年数据显示，全国实际使用外资金额11493.6亿元人民币，同比增长14.9%，从国内各地区情况看，东中西部引资全面增长，同比分别增长14.6%、20.5%和14.2%。

另外自20世纪80年代以来，沿海地区出现了大量的个人独资企业、合伙企业等非国有企业，这些企业为沿海地区经济发展注入了新的增长活力，此时东部经济的快速增长主要是依靠非国有经济，而西部地区则主要依赖国有经济，经济发展方式老套、无创新，经济发展速度慢。

（二）企业家行为倾向比较

企业家的行为倾向因地因人而异。在东部地区，企业家行为倾向突出表现为创新（包括变异和创造性模仿）、敬业与合作，它们是企业家精神的典型化体现；在中西部，则主要表现为保守、知足和孤军奋战，属于非典型化的代表。不同地区行为倾向的演化过程一旦展开，势必以其铁一般的内在逻辑，推动各地企业家群体内部的协调与平衡，于是，在行为倾向已经形成的地方，甚至会“硬化”为一种文化（如江浙的企业家文化)，激励或约束着人们的选择。

例如，江浙的企业家同处于经济发达地区，物产丰富，非农产业发展起步较早，有着深厚的手工业与近代工商业传统；民众的商品意识普遍浓厚，吃苦耐劳，对剩余价值有着强烈的追求，劳动力素质相对较高；由于区域地理位置上的优越，人口密集，市镇、集市、码头相互连接，交换市场化，市场网络化，较早进入面粉、纺织、买办、航运等现代产业。

两地企业家总量大，贡献突出，覆盖面广，他们长时间游离于计划体制之外，较少受到旧体制、旧观念的束缚，这就造就了他们的优势与自信，善于不断超越自我，进行管理创新。思维创新，直接与现代企业制度和现代市场经济接轨。江浙是近代民族工业的发源地，也是中国近代企业家和产业工人的诞生地。

（三）精神性人力资本

企业家是特定角色位置与特殊人力资本的耦合。企业家人力资本范畴与舒尔茨提出的人力资本理论密不可分。舒尔茨把通过教育、培训、迁移等获得和增进的知识和技能作为人力资本，但他对历史文化熏陶及自然环境影响形成的人的基本潜能如价值观、行为范式、道德准则等有所忽视。后来，诺斯提出了包括道德伦理、行为习惯、文化旨趣在内的非正式制度概念，人的潜能对应的精神素质对经济发展的意义才受到重视。明确将人的潜在精神素质与人力资本联系起来的是李斯特，他曾在精神资本的概念下强调了人力资本的精神存量以及教育对国家生产力的决定作用。

综合舒尔茨、诺斯和李斯特的思想，可以把企业家人力资本划分为两个基本的方面：一是知识性人力资本，这由企业家所拥有的系统或专业的知识和技能所构成；二是精神性人力资本，这由企业家的精神理念、价值观、行为习惯等非知识性因素所构成。知识性人力资本主要提供正确的手段、方法、工具、途径，解决“怎么做”的问题，精神性人力资本则主要给出决策与需求的偏好、方向、特征与风格，解决“做什么”和“以多大努力去做”的问题。在动态化过程中，后者对前者还有推动作用。因此，精神性人力资本对企业家成长意义重大。它是促进企业家进步不可或缺的精神动因，是决定企业家行为取向的关键因素。企业家精神性人力资本激发创业热情，引导“志同道合”者走到一起，相互交流、学习，“圈子”应运而生。

如果不只考虑企业家人力资本的总量水平，而且注意到其构成，那么，东部地区与中西部地区企业家不但存在量的差别，而且存在质的差异。

当然，这里所谓“质的差异”笼统地讲是指企业家素质上的差别，但并非人们通常所理解的企业家在知识和技能上的差别。因为，从知识性人力资本角度测评，东部地区与中西部地区大体相当，至少在起步阶段，情况应当如此。然而，若从精神性人力资本的角度衡量，东部地区则具有明显的优势。那么，形成苏浙皖企业家精神性人力资本差异的原因何在？我们认为主要是由于20世纪80年代以来，在市场经济逐步深化的过程中，东部和中部地区竞争环境差异所造成的两地创业成功率不同，进而导致两地创业者的行为具有自增强效应，并对观念、心理或动机等产生正反馈效果。

总之，竞争环境的优劣决定了创业成功的概率，成功概率又决定了企业家的选择及演变。虽然东部企业家普遍接受教育和培训的程度并不是很高，技术创新能力亦不是很强，可是企业家精神特别见长，创业热情异常高涨，具体表现为强烈的致富欲望、非凡的努力程度和远大的事业愿景，这些都是中西部企业家有目共睹、望尘莫及的。

第五章

CHAPTER 05

中国企业家成长环境的优化

第一节 中国企业家素质改进

一、学习能力的提升

企业家的各项能力素质、知识素质、心理素质和政治素质需要学习和磨炼的机会，企业家各项能力素质的提升受环境所限制。

通过优秀案例的学习可以让企业家群体更好地了解要面对怎样的工作内容，处于何种工作环境，以及可以采取什么样的工作技巧。通过学习领导艺术，对经营风险的管控方法，化解冲突的技巧，对信息及问题的判断能力和决策能力等得到提高。通过案例可以对不同企业家处理问题的方式，应对危机的解决措施进行对比分析，发现他们的不足，学习他们的长处，取长补短，提升自己。

例如美国eBay公司的前首席执行官梅格·惠特曼，天资聪颖的惠特曼拿到MBA学位后加盟了宝洁公司的客户服务部门，后来担任了贝恩公司的旧金山分公司的管理顾问，在那里她将自己在宝洁公司学到的经验发扬光大，那就是听从客户的意见，并着手实现他们的需求。在担任迪斯尼公司主管消费产品行销副总裁期间，惠特曼着手开辟了迪斯尼主题商品的海外市场，这样的经历又为她以后扩张eBay打下了坚实的基础。eBay在她的成功领导下成为全球性的在线市场和世界头号消费者电子商务网站。在1999年eBay经历了系统22小时的瘫痪后，惠特曼的前途备受质疑，她承诺学习数据库损坏方面的知识，并雇用了一个著名的专家作为首席危机控制专家。由于技术背景知识的欠缺，她意识到自己必须精通服务器和大型网络方面的知识。

二、法律修养的提升

诚信守法，切勿虚报注册资本，合理披露重要信息，绝对不能挪用资金。依法依规披露应当披露的事项，真实反映公司经营状况，把投资人、股东的切身利益放在心上，是经营者必须遵守的规则。作为经营者，规范财务制度，深入学习、领会公司经营的相关法律法规，不回避亏损、不怕丢

"丑"，正视问题，诚信经营。

在合规经营的基础上，为消费者创造优质的产品与服务，反馈社会。

诸多企业家的首要目标为实现利益增长及壮大企业，秉承"穷则独善其身，达则兼济天下"的原则，应拥有"取之于社会，用之于社会"的雅量、胸襟和社会责任。社会责任是企业管理道德的要求，超越了法律范围，属于出于义务的自愿行为，通过为社会提供优质的产品与服务、福利投资、慈善事业等行为，树立企业良好形象。遵守商业道德是企业家行商的底线，企业商业道德的缺失不仅会对消费者造成经济上的损失，严重者危害到消费者的身心健康及生命安全，而且有损企业形象，影响企业的生存与发展，无法得到政府、客户、股东、合作伙伴的认可，更无法实现企业的永续经营。

三、政策水平的提高

创新驱动企业家公共政策。创新驱动战略中企业家具有极端重要性，政府要以壮大企业家队伍为目标，将企业家供给作为独立的政策问题重点解决。要围绕培育敢担风险、勇于创新的人格特质，提升把握市场、组合资源的创新能力，解决潜在的企业家的思想顾虑，激励、引导更多企业家投身创新，制定系统性企业家公共政策。人格特质提供创新动力，创新能力提供创新本领，激励引导廓清创新行为障碍。政策跨度前延，从青少年开始培育企业家人格。敢担风险、勇于创新的特质是合格企业家与一般人最为重要的区别。我国经济增长已经由要素驱动向创新驱动转变。因此不仅要充分利用企业家，更要充分储备企业家。要根据企业家人格形成规律，从青少年开始，在长时间跨度内培育和强化企业家人格。

企业还需灵活运用政策提高企业发展水平，国家出台的针对企业发展的各项扶持政策是国家宏观调控的重要工具，可以增强企业的自主创新能力，推动经济结构调整，从根本上促进企业的可持续发展。作为企业如何了解政策、学习政策和运用政策来提升企业发展水平，是每个企业面临的重要课题，也是关系到企业生存发展的核心要素。

例如，企业需要钻研行业税收政策，争取各项优惠落实；利用当地政府的引才政策，吸收优秀人才等。

四、科技素质的进步

企业家要做创新发展的探索者、组织者、引领者，勇于推动生产组织创新、技术创新、市场创新，重视技术研发和人力资本投入，有效调动员工创造力，努力把企业打造成为强大的创新主体。

一是培养富有创新精神、冒险精神、科学头脑和国际化视野的优秀企业家队伍，锻造新时代能够构建新发展格局、建设现代化经济体系、推动高质量发展的生力军。

二是发挥企业家精神在全面创新中的重要作用，以全球视野和宽广胸怀谋划企业发展，带领企业在世界经济的大海中“游泳”，鼓励和引导企业家开展基础性前沿性创新研究，重视颠覆性和变革性技术创新。

三是鼓励企业家与科学家深度合作，加快科技成果从实验室走向市场，形成鼓励创新、宽容失败的激励机制，激发企业家创新活力，降低企业家创新活动风险。

五、经营能力的提升

在现代新经济常态的发展背景下，企业家的经营管理能力的水平直接影响企业市场地位，提升企业经营管理能力，不仅有利于增强企业的市场竞争力和核心竞争力，也有利于降低企业的经营成本，从而确保企业处于长盛之地。

为提升企业家经营能力，首先，需要树立起新型的经营管理理念，采取正确的模式提供重要的观念支持，坚持以人为本，优化企业的综合管理方法，统筹分析企业员工的基本需求，在日常经营过程中取得广大员工的支持与忠诚。其次，为了企业在发展过程中更好地适应市场经济发展的要求，企业家需要创新经营管理方式。随着时代的发展，企业家应主要倡导采用现代的经营管理方式，将现代化的经营管理方式与企业的战略规划目标相结合，融合互联网技术、大数据、人工智能等新技术，创新企业的经营管理方式，强化企业经营管理的信息化建设。最后，企业家应为其经营管理能力的提升配备、选拔合格的管理人才，增强企业经营管理人员综合素质，不仅具备丰富的管理经验，掌握丰富的管理知识，还需要提升职业道德素养，传播正确的企业文化。企业家还需本着以人为本的原则，加大对经营管理人才的引进力度，同时加大对内部经营管理人才的培训力度，做好经营管理人才储备，打造高素质的经营管理人才队伍，从而从根本上提高企业的经营管理能力。

六、管理与领导技能的充实

企业家需要建立完善的经营管理制度体系，有效的规章制度能够规范企业运作和员工行为，提高企业的生产经营效率，促进企业按照预先设定的战略目标发展。企业应在内部树立起经营管理意识，将各项制度落实到每个部门及职工，并建立职工奖励机制，以调动企业员工参与经营管理的积极性，确保企业经营目标的最终实现，不断提升企业市场竞争地位。

企业家应本着以人为本的原则领导员工，在领导过程中做到善解人意，即设身处地替员工着想，细心体察员工的感受，从而了解到员工内心的期望。在领导过程中深入员工，与员工在感情上真正融洽，建立起意见交流、信息沟通的和谐关系。在与员工进行交流时，领导者更要运用敏锐的观察能力，可通过观察肢体语言和面部表情等分析员工日常的行为和话语。企业家应重视道德型领导素质的培育。道德型领导是指在其行为中明是非，走正路，追求公平、诚实、善良和正义的领导方式。即同等地关心自己和他人，利用权力为他人服务，协调个人构想与他人需要和期望之间的关系，仔细思考批评并从中受益，分享对别人的肯定，依靠内心的道德水准来满足组织和社会的利益。

格力电器公司，在董明珠董事长领导下，通过持续不断地开展技术创新、管理创新、服务创新，在把格力空调做到世界销量第一的基础上，相继推出了晶弘牌家电，大松牌厨具，同时在数控装备、工业机器人、智能化制造等领域也走在了行业前列。董明珠说：格力电器20多年，灵魂是创新，内涵是自主。企业的天花板就是自主创新停止了，市场永远挑战创新，创新就能活，没有技术，就没有质量，靠创新让世界爱上中国制造。今天的格力电器享誉国内外，企业焕发着勃勃生机，格力电器公司以创新引领，不仅创造了巨大的社会财富和就业市场，同时也创新了管理理论、管理模式和管理方法。

第二节　现有企业家协会职能的优化

企业协会在推动我国中小企业发展中扮演着极为重要的角色，各个行业的协会能提供信贷资金、科技创新、人力等资源，为企业的稳定发展注入源源不断的活力。但在中小企业协会效率职能发挥的过程中，也有诸多因素对其产生了直接影响，传统因素主要包括“人、财、物”三个方面。协会在中小企业长远发展中扮演着极为重要的角色。协会不是政府的衍生物，其代表着中小企业的利益，为企业的发展提供源源不断的支持。而中小企业协会效率职能的发挥直接影响了企业的资源调配、使用，协会应该利用现有的制度政策，通过自身管理的优化，加强与社会各界的合作，不断提高其效率职能发挥的水平，为我国中小企业的发展营造一个更加和谐稳定的环境。

一、强化政府主导作用

在企业发展的过程中，协会、政府都扮演着极为重要的角色。协会能够在资源配置上提供支持，政府虽然不参与市场资源的调配，但是其政策制度的颁布对协会效率职能的发挥产生了深远的影响。

要想发挥企业协会的效率职能，首先政府应该从政策制度、法律法规上进行完善，努力构建适合企业生存、推动协会运营的良好制度环境，这样才能为资源的调配打下稳定的基础。例如，在具体的工作中，地方政府、相关机构可以为企业协会构建快捷通道，提高对企业资格、贷款申请等需求的审核速度；可以构建企业、个人征信体系，解决金融机构、企业协会以及企业自身在信息不对称等多个方面的问题，使企业的生存环境能够得到进一步的优化。

二、消除隔阂，构建互相信任的体系

企业协会效率职能的发挥必须加强与企业之间的合作，双方需处于一种互相信任的状态、相互扶持的关系下，这样才能提高职能的发挥水平。而这种关系的构建无益于企业、协会的双方发展，为了改善这一局面，企业协会

应该树立良好的服务意识，在日常运作中就加强与企业之间的沟通联系，从多个角度入手展现协会为企业生存发展带来的便利。

另外，企业协会应该明确效率职能，公开职能的履行情况，在无形中增强企业对协会的信心，避免服务与行业发展、企业需求脱节。

三、提高企业协会自身管理能力

我国企业协会应该加快对自身的改革，不仅要接受政府相关部门的监督引导，同时还应该调动自身在效率职能履行中的能动性、主动性，树立良好的服务意识。在此过程中，企业协会应该实现内部管理的民主化、公平化、公开化，真正为企业谋取更多的利益，不能仅发挥自身在政府与企业之间的纽带作用。

另外，企业协会应该引入更多的优秀人才，促进人才结构的活化，为协会内部注入更多的新鲜血液；企业协会为了保证效率职能的履行到位，还应该在实际工作中不断开拓进取、自立自治，通过服务的改善、职能的发挥来吸引更多的会员企业。

四、加强与市场之间的联系

在效率职能发挥的过程中，企业协会应该打破组织的禁锢，努力加强与市场、与金融机构、与不同主体之间的联系，从而提高协会的资源协调能力。

例如，在实际工作中，企业协会应该努力构建信息网络，通过收集、整理行业数据及有关资料，更为全面地掌握完善的信息，为企业发展提供支持；在金融服务提供的过程中，企业协会应该发挥代表作用，加强与金融机构之间的长远合作，提高资金在流动上的稳定性与及时性，在企业需要资金支持时提供必要的帮助，将此作为长效发展的动力。除此之外，企业协会应该发挥应有的领导能力，加强与社区、政府等组织的合作，通过构建产业园，实现对物流、资金、信息、技术等资源的灵活调配，为企业的生存谋求更多的支持。

第三节　政治制度及环境的优化

政治环境与企业家成长息息相关。平稳的政治环境可以促进经济健康发展，进而帮助企业家从事经营活动；相反，政局动荡的环境无法保证企业的正常活动，无法保证企业家的有效成长。在我国，企业家可以安心投入经营活动之中，稳定的政治环境为其成长打下了良好基础。为持续优化稳定的政治环境下企业家的成长环境，可考虑以下几点优化措施。

一、完善立法、健全规章制度

加大对企业家成长的扶持，尤其是中小企业家。企业家和企业都是国家经济发展的重要组成，强有力的法律保障、稳定的政治环境和健全的制度是企业家成长的重要基石。

在中国特色社会主义新时代，国务院办公厅印发《国务院2020年立法工作计划》，公布了16件拟提请全国人大常委会审议的法律案和26件拟制定、修订的行政法规，对下一阶段的行政立法作出了系统部署。行政立法作为中国特色社会主义法律体系中的重要组成部分，在中国改革发展的进程中留下了浓墨重彩的一笔。

党的十九届四中全会通过的《中共中央关于坚持和完善中国特色社会主义制度、推进国家治理体系和治理能力现代化若干重大问题的决定》提出完善立法体制机制。坚持科学立法、民主立法、依法立法，完善党委领导、人大主导、政府依托、各方参与的立法工作格局，立改废释并举，不断提高立法质量和效率，以良法保障善治。作为我国立法体系中的重要一环，立法体制机制的不断完善，为企业可持续发展提供强有力的保障。

企业规章制度是企业制定的组织劳动过程和进行劳动管理的规则和制度的总和，也是企业内部的“法律”。《最高人民法院关于审理劳动争议案件适用法律若干问题的解释一》第十九条规定：“用人单位根据《中华人民共和国劳动法》第四条之规定，通过民主程序制定的规章制度，不违反国家法律、行政法规及政策规定，并已向劳动者公示的，可以作为人民法院审理劳动争议案件的依据。”这条司法解释实际上赋予了用人单位规章制度以类似于法律的效力。

建立健全规章制度，有助于企业实现科学管理，规范企业和员工的行为，提高劳动生产率和经济效益，树立企业的形象，确保企业生产经营活动的正常顺利进行，是加强企业管理，推动企业顺利发展的可靠保证。

二、关注并支持中小企业

在计划经济体制下，社会中的大部分资源都掌握在国家和政府手中；在市场经济环境下，企业家按市场需求自由决定资源配置，开展生产销售活动。我国在改革开放后实行了市场经济体制，但由于体制制度发展建设缓慢且不完善，导致目前小企业资源优势不佳，中小企业及其经营者的发展环境并不乐观。

受新冠肺炎疫情的影响，中小企业的发展严重受阻，生产经营情况不容乐观。2022年国务院为促进中小企业发展工作印发了《加力帮扶中小微企业纾困解难若干措施》，提出各地要积极安排中小微企业和个体工商户纾困专项资金、2022年国有大型商业银行力争新增普惠型小微企业贷款1.6万亿元、开展防范和化解拖欠中小企业账款专项行动等10项措施，助力实现中小微企业平稳健康发展。

国家为中小企业创业也制定了相应的创业扶持政策。例如高等学校毕业生、退役军人和失业人员、残疾人员等创办小型微型企业，按照国家规定享受税收优惠和收费减免；国家鼓励建设和创办小型微型企业创业基地、孵化基地，为小型微型企业提供生产经营场地和服务；国家鼓励互联网平台向中小企业开放技术、开发、营销、推广等资源，加强资源共享与合作，为中小企业创业提供服务等。

在此基础之上，中小企业还需要破解融资难融资贵问题。主要通过完善中小企业融资政策、积极拓宽融资渠道、支持利用资本市场直接融资、减轻企业融资负担、建立分类监管考核机制等措施；完善财税支持政策，改进财税对小微企业融资的支持、减轻中小企业税费负担、完善政府采购支持中小企业的政策、充分发挥各类基金的引导带动作用等。

三、优化法律法规和政策

根据本国国情优化法律法规和政策的制定，有利于企业家做出正确的选择与判断。国家的法律法规不健全，不能保护企业的权益，企业家积极性受到打击，不利于其有效成长。当企业家的经营活动符合政策法规时，会事半功倍，有利于企业盈利。

国务院于2019年10月22日发布，自2020年1月1日起施行的《优化营商环境条例》是为持续优化营商环境，不断解放和发展社会生产力，加快建设现代化经济体系，推动高质量发展而制定的。习近平总书记强调，法治是最好的营商环境。《条例》明确规定，优化营商环境应当遵循市场化、法治化、国际化的原则，坚持各类市场主体权利平等、机会平等、规则平等，按照规则公开透明、监管公平公正、服务便利高效、依法保护各类市场主体合法权益的要求，对标国际一流水平，建立统一开放、竞争有序的现代市场体系，为各类市场主体投资兴业创造良好发展环境。

第四节　经济制度及环境的优化

一、宏观环境

在宏观经济方面，政府确保经济稳定发展的同时减少对市场和经济的干预。平稳的经济增长是吸引企业家进行投资创新的条件之一，经济的发展应该尊重市场的供求状况，不过多干预，不放任经济无序发展，在一定程度上要确保国家的经济安全，保证经济平稳运行。

（一）加强社会信用体系建设

一是在电视、广播等渠道设立诚信专题栏目，广泛开展诚信法制宣传，提高社会各界诚信意识。

二是加强社会信用信息综合管理平台建设、管理和应用，整合水电气使用、纳税、保险缴费等生产经营信息及各类行政审批和处罚信息，建立信息共享机制，获得授权机构可及时全面了解企业信用状况，解决信息不对称问题，提高金融机构资金投放审批效率。

三是树立诚信标杆，由工商、税务及金融监管部门联合评比发布诚信企业名单，开发专项信用贷款产品，实行利率优惠、优先放贷等支持政策。

四是联合惩戒失信，对典型失信企业予以曝光，建立失信者负面清单制度，对严重失信者限制特定行业准入。

（二）引导资金供需双方充分对接

一是加强企业融资需求信息收集汇总，创造机会和建立人民银行线上融资对接平台，向金融机构针对性推送融资需求信息。

二是定期汇总金融机构信贷政策和创新产品，向企业主和财务人员广泛宣传，提高知晓度。

三是通过金融超市等方式组织金融机构与企业面对面对接，及时答疑解惑，提高融资对接实效。

四是加强企业上市培育，鼓励企业创造条件通过资本市场多渠道融资。

（三）加快完善金融服务体系

一是做优做强地方法人金融机构，支持村镇银行等地方法人机构依法通过引进战略投资者、增资扩股等方式提高资本充足水平，通过发行金融债等方式多渠道扩大银行信贷资金来源。

二是出台鼓励政策，创造条件积极引进证券、信托、资产管理、融资租赁、商业保理及资产评估、信用评级等机构入驻，增加金融资源供给、提高金融服务质量。

三是发挥国有金融资本优势，积极参与辖内融资担保公司兼并重组和增资扩股，不断完善融资担保体系，提高与银行合作议价能力，降低企业增信成本。

四是鼓励金融机构创新金融产品，开展知识产权融资、仓单质押融资、网银快贷等创新金融业务，缩短审批流程、压降放贷成本。

五是建立政金互动机制，定期研究解决金融发展重点问题，提高涉金融政务服务效率，降低企业融资行政成本。

六是鼓励金融机构通过增设营业网点、布设自助机具、推广电子银行等方式向乡镇和村社延伸，逐步消除金融空白村，实现金融服务全覆盖，打通金融服务最后一公里。

（四）加强财政金融良性互动

一是全面落实已出台的财政金融互动政策，在信贷风险补偿、担保代偿损失分担、股权融资奖励、不良贷款核销补助等方面出台补充政策，完善财政金融互动政策体系。

二是由国有股权投资机构与银行合作，对工业产业及其他重点产业中获得国家财政专项资金扶持的企业和项目，采取投贷联动方式跟进加大资金支持力度。

三是设立企业成长计划，财政安排专项资金推动企业规范化公司制改制，对完成规范化公司制改制企业，金融机构给予一定规模的信用贷款扶持。

（五）依法维护金融债权

一是综合运用法律、经济、行政等手段，帮助金融机构清收和化解不良贷款。

二是畅通金融涉诉案件诉讼渠道，建立审判执行“绿色通道”，在法律允许框架内快立、快审、快执。

三是建立联动机制，依法严惩逃废金融债务行为，快速实现被执行人银行账户查询、冻结、划扣。

（六）强化金融风险防范

重点抓好打击非法集资、互联网金融专项整治、清理整顿各类交易场所等工作，建立健全风险监测预警和应急处置机制，筑牢市场准入、早期干预和处置退出三道防线，密切监控并妥善处置各类金融风险，切实做到早预防、早发现、早处置，坚决守住不发生区域性、系统性金融风险的底线。

一是加强政治理论学习。深入学习贯彻习近平新时代中国特色社会主义思想，以党建统领业务发展。持续强化组织建设，推进标准化规范化的党组织建设。

二是加强风险管理队伍建设。教育引导干部员工增强政治意识和大局意识，增强纪律规矩意识，积极运用正反面典型教育等形式，引导党员敬畏法律、敬畏纪律，坚持按制度办事，按程序规范操作，以严谨务实的作风开展工作，提升政策制度执行力。

三是加强风险专业培训。积极落实全面风险管理体系建设规划纲要和实施方案，推动全面风险管理建设落实落地。加强风险专业培训力度，利用现场、网络、移动通信等各种方式开展学习、交流，持续传导全面风险管理理念，培育风险合规文化。

二、微观环境

在企业内部管理方面，企业在发展过程中彼此之间的激烈竞争实际上是人才与人才之间的较量，因此，员工对于企业是否能获得竞争优势与赢得可持续发展的机会来说是一种极其重要的因素，所以企业应懂得如何去用人、育人及留人，同时为了让员工成为企业的长期资产，企业应该对员工进行合理的教育和培训，如实际操作的技能培训、创新意识的培训及素质教养问题等，从而确保每个员工都具有应该具有的能力，以便于在日后的工作中能更好地运用这些知识，做好该岗位的各项工作。

而企业经济管理工作的有效实施同样也离不开企业员工，不论是企业的高层领导、中层管理人员还是基层人员都将影响着经济管理有效性的施展。因此，加强企业所有相关人员的经济管理意识是提升企业经济管理的有效性的必要途径之一。每个企业在人才招聘过程中，也应该去加强对人才的考核与选拔，并且在招聘人才时，企业应当根据企业的实际需求，研制出一套适合该企业发展的管理体制。

要保证企业经济管理活动正常进行，企业必须结合自身的实际情况去制定一部完善的企业经济管理制度，且要使制定的每一项内容都能够符合该企业的长期发展。因为，在每个企业的发展过程中，各个企业都可以依靠自身完善的经济管理制度去解决该企业的任何一个环节所出现的问题。所以，为了保证企业经济管理制度在企业运营的每一个环节中都能发挥作用，企业应去加强各级人员的工作落实情况，应全面地分析经济管理制度中的每一项内容。

同时，为了保证所有的工作环节都能落实到具体的负责人身上，保证每名企业员工都积极参与到工作中及使企业的发展及运营能够更好地进行，企业有必要去制定有关责任方面的制度。对于企业的经济管理部门来讲，除了要制定和建立健全相关规章制度外，也需要制定相应的监督管理制度，只有这样才能够更好地去约束经济管理部门，达到其工作人员去认真负责地完成自己的本职工作的效果。

第五节　科技体制及环境的优化

一、宏观角度

尽管在一些领域内取得了世界领先水平，但我国的科研水平仍然落后于发达国家。我国具备发达国家的规模优势、良好的基础设施、完备的产业链基础，拥有完备的产业工人和工程师，以及技术的掌握能力，应该在此基础上不断创新迭代、加强自主研发，突破技术壁垒，只有掌握核心技术，才能实现发展。

（一）强化企业创新主体地位，促进各类创新要素向企业集聚

企业是技术创新的主体，提高技术创新能力必须充分发挥企业主体作用。

一是按照创新发展规律、科技管理规律、市场经济规律办事，加强创新资源统筹，加大企业在创新资源配置中的主导权，充分发挥企业在技术创新决策、研发投入、科研组织和成果转化应用方面的主体作用。

二是完善技术创新激励政策，以企业为主体引进或共建一批新型研发机构、技术转移机构、技术服务机构，实施跨区域协同创新合作，真正实现开放创新、开放合作、开放共赢。

三是解决好创新要素向企业集聚的“信用”和“利益”问题，把知识产权作为解决利益分配机制问题的中心环节，建立产学研长期合作的信用和约束机制，坚定各方合作信心和投入决心。

（二）鼓励企业加大研发投入，对企业投入基础研究实行税收优惠

科学探索的基础研究与产业技术基础研究有很大区别，技术基础研究是科学原理发现与产品价值实现的中间阶段，需鼓励企业加大技术基础研究投入。

一是引导和鼓励企业作为研究主体加强产业技术基础研究，鼓励有条件的企业开展前沿性创新研究，推动企业加强技术研发机构的建设，大力支持重点行业骨干企业提升研发能力。

二是优化和完善社会支持体系，特别是针对涉及国家安全、国民经济命脉的重要产业，吸引多元投资，鼓励加大研发投入。

三是制定普惠性税收减免政策，推动企业研发费用税前加计扣除、合理扩大加计扣除范围、改进计核方法等优惠政策落地。

（三）发挥大企业引领支撑作用，支持创新型中小微企业成长为创新重要发源地

大型企业的技术创新具有显著的外溢和带动效应，尤其是借助重大科研项目或工程，组织吸纳产业链上下游企业、高校、科研机构等参与，带动产业链相关企业联合开展工程科技攻关。

一是发挥大企业引领支撑作用，推动大企业积极开放供应链资源，支持大中小企业和各主体融通创新。

二是鼓励大企业积极探索、加快发展供应链金融模式，广泛聚合企业内外资金与信用资源，在行业内加快打造形成优胜劣汰、高效授信、融资便利的大中小微企业协同创新发展的良好秩序。

三是整合集聚优势资源，加大对中小微企业技术创新和专业化发展的支持力度，支持研发“专精特新”产品，鼓励金融机构为产业链上下游配套的中小微企业拓宽信贷业务，鼓励行业协会为中小微企业提供产品认证、培训等服务。

（四）加强共性技术平台建设，推动产业链上中下游、大中小企业融通创新

一是加强共性技术平台建设，聚焦国家重大科技战略领域，大力推进服

务型共性技术平台建设，以关键共性技术研发应用及公共设施共享为重点，重点增强公共服务平台在研究开发、工业设计、检验检测、试验验证、科技成果转化、设施共享、知识产权服务、信息服务等方面对企业的服务支撑能力。

二是充分发挥转制院所作用，择优选择转制院所作为行业共性技术研发平台，组织关键共性技术的研发与攻关。

三是鼓励大中小企业上中下游协作，鼓励采取研发众包、“互联网+平台”、大企业内部创业和构建企业生态圈等模式，促进大中小企业之间的业务协作、资源共享和系统集成，通过大中小企业协同、上下游协作联动，形成良好的产业链互动机制。

二、微观角度

（一）注重人才资源的开发和使用

企业人才决定企业创新能力的核心资源，特别是企业的高级管理人才、营销人才和科技研发人才等高端人才，企业所拥有的创新人才决定着企业的竞争优势。

高端人才的短缺，是世界各国共同面临的挑战。人才尤其是全球化时代具备国际竞争力的高端人才，却又正是我国最急缺的资源。目前大多数企业都很缺乏创新型人才，部分企业由于其基础不强，无法给予优秀人才良好的待遇和发挥作用的平台，因而在创新人才招聘上存在较大的困难，无法从国内外招聘吸引到具有高素质的创新人才。

同时，也有许多企业存在严重创新人才流失的问题，虽然有些企业很重视人才的吸收和招聘，但却忽略了“留住”人才，没有把人才用好，导致企业花费了许多时间、精力、资本所培养出来的创新人才流失了。这不仅仅是单个企业的问题，它现在已经成为我国大部分企业很严重的问题之一，这一问题在我国企业“走出去”以及海外竞争中已无数次显现。

因此，注重人才资源的开发和使用，具体可从以下几个方面入手。

一是针对各类专业人才制定个性化制度。根据各类人才的成长与工作特点，努力营造一种尊重个性、鼓励创新、信任理解的良好工作氛围，激励他们充分发挥主观能动性。通过舆论引导、政策指导和利益诱导，促进形成“成才、用才、重才、爱才”的社会氛围。充分相信人才，给予其施展才华的机会与平台，调动人才的积极性和创造性，为企业的发展贡献聪明才智，增加经济效益。

二是挖掘内部潜力，注重培养教育。在引进优秀人才的同时，更要注重挖掘内部员工的潜力。培养教育是实现人才资源开发、获取高素质人才资源的一种基本手段，继续教育是提高人才能力的重要条件，不断学习是提高人才能力的基本途径。要通过教育途径，从学历、学识和水平上去发现各类人才，特别要突出科技创新生产一线人才的需求，同时，强化终身教育意识，为广大劳动者和专业技术人才提供继续教育的机会，不断提高劳动者的整体素质和竞争能力。

三是加快干部人事制度改革，推进人才资源管理的制度创新。完善以知识为基础的生产要素参与分配的高差异收入分配激励办法。鼓励人才以专有技术、科技成果等作为投资股本，获取合法收入或占有企业股份，实现收入多元化。对取得重大科技成果、做出突出贡献的科技人才，要给予重奖。除物质奖励之外，还应该加大精神鼓励的力度，扩大宣传，提高优秀人才的知名度。

（二）重视技术创新

技术创新是推动经济发展的巨大引擎，技术创新对于企业竞争十分重要。中国国内企业有效专利的数量正在逐年上升，发明专利的比例也有所上升，但是发明专利所占的比重低，许多企业的实用新型专利和外观新型专利较多，而这些专利都难以为企业创造较大的经济价值，也就是说，大部分专利的“含金量”低。

而发明专利的获得是一个相对较为漫长的过程，它比实用新型和外观新型投入的资金更多，而且具有更高的风险性，许多企业不愿意花费过多的时间和金钱在这些发明专利上，可以看出这些企业由于核心技术掌握问题而无法承受风险去实现“含金量”高的发明专利。

此外，许多企业和高校、科研机构的合作都流于形式，只是他们的挂名技术指导单位，并没有进行一些实质性技术的联合研发，而企业之间的联合开发就更少，这都在一定程度上制约了企业的技术创新。

因此，注重技术创新，提高科技产出，具体可从以下几个方面入手。

一是提高科研投入水平，完善创新机制。根据OECD等机构在2021年公布的数据，从各国具体研发支出来看，美国持续位居全球第一，2019年为6127亿美元；中国自2015年超越欧盟27国后，稳居第二，2019年为5148亿美元。从各国研发强度来看，大多数经合组织国家的研发强度普遍有所增长，其中美国首次突破3%，中国则从2.1%增长至2.2%，以色列和韩国研发强度达到了4.9%和4.6%，研发强度最高。科技部副秘书长贺德方介绍，2021年我国的基础研究投入已经达到了1696亿元，占全社会研发投入的比例已经达到6.09%。

而全球企业研发投入前五十名中，仅中国华为上榜，BAT（百度、阿里巴巴、腾讯）加起来的研发费用都不及华为。在2500家公司总计7364亿欧元的研发投入中，来自中国的公司占比仅9.7%，排名低于美国（37.2%）、欧盟（27.2%）、日本（13.6%）。因此，中国企业还需不断加强科研投入，完善企业内部技术创新体系。

二是加强与高等院校及科研院所的合作，搭建更加紧密的产学研协同创新和成果转化平台。通过合作，特别是高校、科研院所的参与，联合企业技术人员，共同组建技术研发中心，推动企业科技成果转化和传统产业改造升级的步伐，提升企业自主创新能力，推动企业产品技术进步。企业与高校院所合作研发或科技成果转让，最终将使企业长期受益。

建立产学研实验基地，共建实验（实训）室、共同合作投资办学成为高校的实习基地；人才资源共享，参与专业建设与课程开发，订单培养人才等。双方协商签约或保持相对稳定、长期的联络关系，企业根据自身的发展需要，而选择互利共赢的合作方式，立足与高校院所保持稳定的合作，各种合作形式已被企业广泛认同。

第六节　教育体制及环境的优化

一、推进产学研深度融合

中国工程院院士、中南大学教授、中国有色金属学会副理事长柴立元就产学研深度融合驱动科技创新发展新模式提出见解，认为推进产学研深度融合最重要的是产学研的合作模式和体制机制。建立新的产业合作模式要以问题为导向，从市场、企业中寻找问题，建立问题清单，并组建产学研合作联盟，企业作为联盟主体提出问题，科学家通过科学研究把企业问题转化为实验室技术，再把实验室技术转化为产业。这其中非常重要的一个环节是中试孵化，中试孵化需要孵化平台，比如多地搭建的中试孵化基地。高校、科技工作者要把相关技术变为中试装备、中试系统，就可以为实现工程化示范提供支持。

支持企业牵头组建创新联合体、承担国家重大科技项目。产学研深度融合的关键是强化和突出企业的主体地位，并能够真正发挥主导作用，让企业既扮演科研项目的“出题人”，又能成为合作项目的管理者，负责决定研究方向和参与成员，有效组织开展创新活动。

一是鼓励企业与大学科研机构建立多种形式的合作关系，构建产学研协作新模式，支持行业骨干企业牵头组建创新联合体，与大学科研机构建立产业联盟、联合实验室/研发中心、联合技术中心，打造统一开放、竞争有序的产学研协同创新网络。

二是统筹规划国家工程（技术）研究中心、国家制造业创新中心、国家重点实验室、国家产业技术创新战略联盟等各类创新平台。

三是构建社会主义市场经济条件下关键核心技术攻关新型举国体制，实施好体现国家战略意图的重大科技项目，支持企业牵头组建联合科研团队，承担国家重大科技项目，把集中力量办大事的制度优势、超大规模的市场优势同发挥好市场机制和企业主体作用有机结合起来。

四是引导建立产学研深度融合的利益分配机制和风险控制机制，充分考虑创新联合体各方的贡献，有效应对成果转化风险、创新失败风险等，有效减少企业创新主体的损失。

苏州黄埭：不断整合创新资源推动产学研深度融合

近年来，江苏省苏州市相城区黄埭镇全面推进以企业为主体、市场为导向、产学研相结合的技术创新体系建设，不断整合创新资源，深化产学研用合作，激发科研机构的创新活力和企业的创新能力，为地区高质量发展提供有力科技支撑。

1. 培育产学研新土壤

黄埭镇历来与复旦大学、上海交通大学、西北工业大学、苏州大学等一批高校科研院所保持合作，为进一步突出政府在政产学研中的智能作用，一方面，黄埭镇从政策上进行引导，强化科技、税收、人才、知识产权等政策协同、衔接、落实和配套，给予企业相关政策支持；另一方面，黄埭镇在人才引进上持续发力，通过校友会、人才沙龙等活动的举办，帮助企业人才引进和培育提升，增强人才的文化认同感和事业成就感，构造促进政产学研发展的文化土壤。

同时，黄埭镇还积极挖掘整合科技创新资源，帮助企业对接高校和科研院所，深入推进产学研深度融合，重点为生物医药，先进材料、光电信息、智能装备等新兴产业提供科技支撑。

2. 优化产学研新氛围

黄埭镇修订出台《黄埭镇科技商务高质量发展若干扶持政策》，着力加强组织领导，强化政策激励，加快促进产学研合作。通过政策引导激发企业自主创新发展的活力，为产学研合作创造良好的政策环境，推动产学研的有机结合。目前，全镇共实施产学研合作60余项，参与产学研高校、科研院所30余家，企业30余家。合作建设了浙江大学共建浙江大学苏州（相城）技术转移中心、上海交通大学共建上海交通大学相城技术创新研究中心等一批高水平科创平台。

黄埭镇还在全区甚至全市范围内深入挖掘产学研资源，主动对接企业技术需求、中介服务以及高校成果供给等各类信息，推动各类技术信息互联互通、开放共享。同时，针对科技成果转化高风险，黄埭镇进一步完善利益风险共担机制。除合作双方外，鼓励各类风险投资基金、种子基金以及金融机构等支持政产学研的合作。

相关人员表示，接下来，黄埭镇还将进一步加强宣传引导，更加贴合企业需求，组织开展多形式产学研合作对接活动，提高企业科技创新能力，加速科技成果转化，促进产学研用深度融合。

资料来源：央广网

二、规范教育发展，鼓励创新

教育环境带给企业家的影响是终身的。学校除教授基础知识外，还需培养学生创造力、团队合作能力和人际交往能力；结合近年国学热潮兴起，加强道德素质教育。另外，不仅要加强在校学生的教育，还要对目前在职的企业家以及潜在的企业家进行培训，在学习管理理论的同时加强实践能力。

中华民族正走在复兴的道路上，战略性地提出了中国制造2025、中国标准2035等伟大目标，这些伟大目标的实现需要大量的具有创新思维的人才！青少年的创新思维培养，主要是培养其创新意识、创新精神、创新能力和创新习惯，而不是要求青少年像科学家、发明家一样有多少创新理论和科学发明。在当下正在进行的教育改革中，如何在学校教育中培养青少年的创新思维，提高青少年的创新能力无疑是最重要的工作。

心理学理论提出："动机"是青少年学习的动力，青少年只有具备强烈的创新欲望，才能主动思考，追求创新。教育理论为我们提出了一条激发青少年的创新思维意识和培养的方向及路径。因此，青少年的兴趣培养应当融入日常学习中，在教育教学过程中，应当不断激发青少年的创新创造兴趣并保护这种探索精神，使青少年处于积极的思维状态，为创新思维培养创造条件。

爱因斯坦曾讲过一句话："想象力比知识更重要，因为知识是有限的，而想象力概括着世界上一切、推动着进步，并且是知识进化的源泉。"只有想象力才会有创新，想象力对于青少年形成创新能力具有积极的作用，通过观察、阅读、调查、采访等形式，采集大量的社会和自然现象，是提高想象力的首要物质条件。也就是说，要鼓励青少年参加各种社会、科学探索及实践，积累社会知识和自然知识。

科技活动与科技大赛是一种实践性很强的活动，青少年在科技活动和科技大赛中，通过参赛作品主动呈现他们在阅读、观察、比较、思考、设计、制作、试验、完善等方面的创新思维和创造能力，不仅提高了青少年动手、动脑的能力，而且还发展了青少年创新精神。因此，应当鼓励青少年参与到各种科技活动与科技大赛活动中去。

第七节　文化环境的优化

一、鼓励持续学习

将终身学习作为工作的重要内容和实际行动。让企业员工们明确学无止境，人要活到老学到老。通过不断的学习不断补齐自身素质能力的短板，不断提升自身实力，从而获得良好的发展。学习是一个人终生获得知识，取得经验，转化为行为的重要途径。它可以充实生活，发展身心，促使个人得到全面的发展和提高。当前社会日新月异，发展迅速，新生事物层出不穷，故步自封就意味着要落后挨打，不学习本身就是一种退步。

在激烈的市场竞争中掌握先进的技术、理念或是方法便意味着会有更高的效率，便能够更好地抓住机遇，快人一步取得成绩。亚企业家群体本身具备企业家相关的素质能力，知识尚未获得社会群体的认可，通过学习提升自身素质，才能更好地实现自我价值。

古人云："学而不已，阖棺乃止。"学习一时，受益一时；学习一世，则受益终身。鉴于现代经济尤其是在技术领域遭受的所有冲击，《经济学人》近来主张，不断地改善更新技能是提高职业素养的关键。这种持续不断、锲而不舍的学习不能仅仅是一时兴起，必须成为一种习惯，因此，需要认真地培养。

《哈佛商业评论》一文中约翰·卡拉曼（John Coleman）就艾德蒙·莫里斯写的两本罗斯福传记：《领袖的崛起：西奥多·罗斯福》（*The Rise of Theodore Roosevelt*）和《罗斯福王》（*Theodore Rex*）提出以下培养方法。

1. 先设想好你期望达到的效果

你是想读一些新的题材，让你的谈吐或者智力活动更加有深度，还是打算精通某一学科，抑或是想在日常工作之外紧跟一些最新的趋势？就我而言，我的阅读计划既要涉猎广泛以满足我智力探索的需求，也要深入钻研诸如教育、外交政策和领导力等几个领域。选择一到两个预期效果会帮助你设定可实现的目标，并把习惯坚持下来。

2. 基于这些选择，设定现实的目标

与多数人一样，我每年会设定一系列目标。然后我会把它们分为若干在一年内要完成的任务（比如在2017年读完24本书）和需要培养的一些日常习惯、每周惯例（比如每周有5天每天至少阅读20分钟）。对长期目标，我会用计划表来跟踪；对于日常习惯和每周惯例，我会用一个应用软件（momentum）来记录，这个软件能让我快速便捷地输入我的日常完成情况并观察进度。这些目标把一个想要学习的模糊期望转变成了一系列实实在在的行动。

3. 有了目标，再加入一个学习社群

我加入了一个读书俱乐部，确保我的阅读计划进展顺利，并且让达成目标变成了一件有趣的事情。无独有偶，我的笔友们都加入了写作俱乐部，并阅读和修改彼此的著作。如果你有一些特定的目标，就去参加那些你感兴趣的团体，比如每月聚会的外交政策讨论小组或者是定期聚会的家具贸易交流小组。你也可以考虑报名参加正式的课程学习，甚至拿个学位，帮助你更深入地钻研某一门学科，此类课程结构也决定了你需要更加投入。诸如此类的学习社群能够提升你的投入程度与热情，让学习充满趣味。

4. 排除干扰，全力以赴

学习很有趣，但也得下苦功。一心多用尤其是使用科技产品（如手机、电子邮件等等）会让人很难专心，这几乎是老生常谈了；但是必须专心才能真正地学习。因此你要排除干扰，选择特定的时间段来学习。不要带手机，找一个安静的地方阅读。如果你去上课或参加阅读小组，就手写笔记，这样会加深理解和记忆。把手机、笔记本电脑等放在车里或其他地方以避免干扰。排除物质干扰只是问题的一方面，另一方面，也要考虑从心理上消除干扰。我发现定期冥想很有助益，提升了我的注意力，让我听讲的时候更加专注，增强了阅读困难书籍的能力。

5. 适当地运用科技辅助学习

虽然科技产品有时会成为干扰，但它也可以用来显著地提高学习效率。慕课（MOOCs）让学生可以通过互联网接入校园，参加远程课堂教学，向一些全世界顶级的人才请教。播客、有声读物、电子阅读器以及其他技术工具让随时随地读书成为可能。我发现，在通勤或跑步的时候使用有声读物，让我的年读书量成倍增长。好的播客或iTunes U提供的一些优质课程也很适合在忙碌奔走的时候收听。善用这些工具，结合记录日常习惯的应用软件，技术自然而然地会成为你常规学习中不可或缺的一员。

二、全员学习

企业家学习氛围的构建不能只针对中层管理者这一小部分群体，否则难以达到理想的效果，要求组织中从决策、管理到操作层的每一个成员都要具备“学习”状态。创造一种全员学习的氛围，从而促进全体员工的学习积极性和热忱。

社会不同于学校，学习没有人督促，而且亚企业家白天要完成众多繁杂的工作，本身已经筋疲力尽，在此之余再进行额外的自觉学习往往精力不足，使很多亚企业家难以持之以恒。

因此注意学习计划的安排，制订弹性学习计划，分阶段设立学习目标，以此激励和督促自己不断坚持。此外，社会生活中的学习不仅仅局限于书本、视频等狭义的学习方式，还包括生活、工作中他人言谈举止、为人处世方式的学习。和优秀的人相处，学习他们的优点，同样对自我修养的提升有很大帮助。

三、建立学习型组织

在推行学习型企业文化过程中，集体智慧总是会高于个人智慧，通过团队交流沟通，共同敦促、共同学习，对不足之处相互指正，相互监督，从而不断进步。建立共同的愿景，鼓励大家向一个方向努力，为组织目标共同奋斗。

学习型组织需要奖励学习和创新，提倡探索、切磋、冒险和试验；允许犯错，并将错误视为学习的良机。建立信任和开放的学习文化，勇于对现有模式提出怀疑和挑战。

根据彼得·圣吉的《第五项修炼》，学习型组织的核心理念是“创造”，主要通过以下五步建立学习型组织。

1. 自我超越（Personal Mastery）

“自我超越”是不断理清并加深个人的真正愿望，观察现实，对客观现实正确地判断。借助学习型组织，员工们可以不断学习、激发内心深处最想实现的愿望，并全心投入工作、实现创造和超越，实现终身学习。

自我超越的方法：

（1）建立个人愿景，献上无限心力；

（2）保持创造性张力，把现状拉向愿景；

（3）看清结构性冲突，克服结构性冲突；

（4）诚实面对真相，根除看清真相的障碍；

（5）运用潜意识，把熟练的部分交给潜意识管理。

2. 改善心智模式（Improving Mental Models）

“心智模式”根植于心中，影响着我们了解这个世界的方式、采取行动的假设，甚至是对事物的印象。在团队中，改善心智模式十分重要，是保证团队合作成功的重要保证。就是要把自己工作组织看成学习的场所，把自己工作组织看作转向自己的镜子，在打开自己的心扉，表达自己的想法的同时，也要接受别人的想法和意见。

3. 建立共同愿景（Building Shared Vision）

“共同愿景”指的是一个组织中各个成员发自内心的共同目标。每个人将自己与全体衷心共有的目标、价值观与使命的组织联系在一起，才会主动而真诚地奉献和投入。

共同愿景的建立策略：

（1）定义：愿景是什么；

（2）普及：感召员工投入到愿景中；

（3）反馈：了解员工对愿景的真实反映；

（4）探讨：高层领导邀请整个组织来担当顾问；

（5）创造：每个人为了实现愿景而工作。

4. 团队学习（Team Learning）

团体拥有整体搭配的行动能力。当团体真正在学习的时候，不仅团体整体产生出色的成果，个别成员成长的速度也会更快。

团体学习的修炼从“深度会谈”（dialogue）开始。“深度会谈”是一个团体的所有成员，摊出心中的假设，而进入真正一起思考的能力，让想法自由交流，以发现远较个人深入的见解。以有创造性的方式察觉别人的智慧，并使其浮现，学习的速度便能大增。

5. 系统思考（Systems Thinking）

企业也是一种系统，也受到细微且息息相关的行动所牵连，彼此影响着，因此必须进行系统思考修炼。

个体是群体中的组成部分，要时时刻刻想着群体的愿望。必要时，需要牺牲自己的利益，来保护群体的利益。个体应该从全局宏观的角度思考群体的价值取向，进而调整自己的价值取向，达到个人价值与全局价值的平衡。

最后，五项修炼是一个整体。

“建立共同愿景”培养成员对团体的长期承诺。

“改善心智模式”专注于以开放的方式，体会我们认知方面的缺失。

“团体学习”是团体力量超过个人力量的技术。

“自我超越”则是不断反映个人对周围影响的一面镜子，缺少自我超越的修炼，人们将陷入“压力—反应”式的结构困境。

“系统思考”需要“建立共同愿景”“改善心智模式”“团体学习”与“自我超越”四项修炼来发挥它的潜力。

阿斯利康：构建终身学习型组织

在全球各地，许多大型企业已经将“学习”作为人才管理系统中不可或缺的一部分。而在国内，亦有诸多企业展开了学习型组织的建设。2021年，阿斯利康连续11年蝉联“中国杰出雇主”认证，这是对其在过去一年间人力资源管理成果的第三方认证。而在诸多HR实践中，学习型组织的建设堪称阿斯利康的一大亮点。

加速人才能力提升，应对不断变化的商业环境带来的机遇和挑战，这是阿斯利康能够持续创新，引领发展的不竭动力。而在中国，阿斯利康正在3E

（Experience、Exposure、Education）模型的框架下不断深耕，打造终身学习的企业文化，赋能员工在快速变化的世界中快速学习新知识和新技能。

“许多企业都在讲创新。”阿斯利康中国副总裁、人力资源部负责人廖佩珊表示，“那么如何打造一个创新的环境呢，我觉得如果要做到创新，一定要有终身学习的理念。”

1. 提供多样化的岗位机会

在工作中积累经验是员工成长的重要途径，而为了给员工提供更广阔的成长空间，阿斯利康推出了“Plan100项目”，让员工有机会在不同市场、不同岗位中锻炼自我。

最初，Plan100项目的推出源于员工赴海外学习锻炼的强烈需求。实际上，很多跨国企业中都存在类似的项目，但项目推进过程中，无论派遣方还是接收方的企业都难免将其视为一种负担，需要耗费额外的预算与精力去配合HR部门完成，积极性也并不高。而阿斯利康则选择了将业务痛点与派遣项目相结合的方式来打破僵局。

首先，阿斯利康在人才接收方收集业务痛点，如果在派遣方市场中已经有过解决该痛点的经验，则会派遣相关团队成员赴任，协助当地企业解决业务中的难题。这一做法很快得到积极响应。

2019年，随着员工培训需求的变化，Plan100项目在1.0版本（国际版）的基础上推出了2.0版本（国内版），帮助员工在中国市场寻找更多创新项目的参与机会。彼时，恰逢阿斯利康在国内展开业务转型，一系列创新项目上马，员工也因此获得更多跨界尝试的机会。制作APP、加入金融业务板块、推出AI应用……很难想象这些工作经验会来自一家制药企业。

2021年，阿斯利康还将推出Plan100项目的3.0版本（生态版）。他们鼓励员工走出去，到合作企业中去，与更多的合作伙伴、企业孵化出的创业企业一同成长。这些企业不仅局限在制药相关产业中，甚至计划涉足技术研发、大数据、消费者关系管理等广泛领域。

随着Plan100项目的不断推进，阿斯利康正为员工提供多样化的岗位机会，赋能员工积累多样化的工作经验，以实现不断学习与成长的目标。

2. 鼓励前馈的教练文化

教练（Coaching）文化是许多企业着力培养的学习文化。通过激发员工的潜能，明确未来的发展方向，减少前进中的阻碍以促进绩效的提升。在阿斯利康，教练文化广泛推行由来已久，但从去年开始，一项新的变革正在推动教练文化的效用更进一步。

在常规的教练文化中，教练会定期与自己辅导的对象进行复盘，通过对员工行为表现的反馈来督促员工成长。但阿斯利康认为，比起“反馈”，企业更应该注重“前馈”。即在目标设定阶段、行动落地之处便做好前瞻性指导，对成长目标达成共识，而不过多纠结于行动之后的评估、打分。

一个典型的例子是，阿斯利康已经彻底转变了绩效评估的打分制模式。“很多时候员工在评估里关心的是我为什么是三分，我觉得自己应该是一个四分。并没有专注在回顾自己过去一年的工作，再从中取得更多的收获。”廖佩珊说道，这的确是在许多企业中都会出现的问题。

但当绩效评估机制改变后，许多人的第一反应是，没有一个统一的打分，组织会以什么标准去衡量员工的表现？如何确定薪资、职位的提升？“的确我们很多内部的政策是和绩效评估挂钩的，但我们不能为了评估而去评估。”廖佩珊称，“我们把打分的标签拿掉后，绩效考核的重点变为更加关注员工做出的贡献和如何实现未来的发展。”

因此从目标设定阶段开始，组织更关注员工目标设定的质量，是否在其中体现出企业希望员工展现出的能力与特质，最后其贡献又是否超出了目标的设定。这样一来，员工自然会将更多精力投入到目标的设定当中，企业内部教练施展拳脚的空间，也从事后反馈转移至事前指导，即“前馈”。从而为员工营造了鼓励成长，发挥优势，着眼未来发展的理想文化。绩效评估机制的快速转变也很好地体现了绩效文化转型的三个原则：人尽其才激潜能，聚焦贡献助成长，差异奖酬促卓越。

如果说之前，企业内部教练在与员工沟通中占据最大比例的话题是过去这一年你哪些地方做得好，哪些地方做得不好，那么在如今的阿斯利康，教练们更会关注在未来的一年里，你需要着重做好哪些事情。这种思路类似于当下流行的OKR制度，督促组织、个人树立清晰的目标，以前置思维投入工作，让绩效评估这件事儿变得更加积极。

3. 课程培训移动化、本地化

员工年轻化是许多企业面临的普遍现象，这也要求企业在推动学习与培训机制的时候采用更加年轻化的手段。廖佩珊介绍称，在阿斯利康，50%的员工是90后，另外43%是80后，只有不到7%的员工是80前。面对这一趋势，企业需要将学习、培训设计得有趣、简单，切合不同个体学习成长中的痛点，并且能够让员工不受时间、地点限制地进入学习的环境。

为此，阿斯利康启动移动化的企业学习平台Degreed。这个平台整合了大量内外部学习资源，可以根据员工的兴趣、技能水平推荐个性化的学习内容，同时Degreed还有手机端应用，员工可以随时随地登录学习并且分享学习内容，创建适合自己的学习路径，真正做到了将学习的力量交到员工自己手中。

近年来，阿斯利康已经在学习型组织的建设上进行多项创新尝试。“我坦白说，有些员工也会觉得我们是不是太过于理想化了。”廖佩珊称，尤其是改变绩效考核的做法，让不少员工一时难以适从，“但打造企业的文化不是一步登天的，不是一年内或者半年内能看到成效的。但是如果现在不做，三年后肯定看不到任何成果。而我们现在做这件事，至少会让我们得到更多学习和探索机会。”

第八节　企业家群体的优化

一、优化企业家的评价和选拔机制

一名优秀的企业家是集道德、能力、知识、魅力于一身的多面手，建立健全科学的评选机制，现有企业家可依据标准进行自我检讨，找到缺点与不足，积极改正；潜在的企业家可瞄准这个标准，不断提高自己，努力成为一个高素质、高水平的企业家。

企业离不开政治，企业要靠政治经济环境生存，企业家必须时刻关注国内外政治经济形势和国家的宏观调控政策。政治也离不开企业，企业是经济形态，政治以经济为基础。国家政治环境直接影响着企业的经营状况，企业的发展依赖于与政府良好的合作。企业的政治战略是与政府战略协调起来，通过与政府的良好关系获得资源、得到保护或免除不利的行为。企业家必须把握社会经济发展的方向，了解党和国家的方针政策，并保持高度的敏感性，及时抓住机遇。企业家应有大局观念，高度重视政治安全，与政治的大环境、意识形态保持一致，在行为方面注意合法性，在为人方面低调务实。

企业家应鼓励营造勇于创新，公平开放，和谐共生的社会文化环境，传承与继承中国优良传统文化，吸收与借鉴其他优秀文化，将和谐管理理论融入企业，提倡“和而不同”，“相敌而共存”。激发企业家精神离不开良好的市场营商环境和鼓励创新的文化氛围，需要宽容和善待企业家在创新创业中的失败与挫折，这样才能真正激励企业家成长。

企业家应具有敏感的市场反应能力，跟着科技进步的潮流，抓准机遇，加大科技创新力度占据制高点，创新区域经济合作机制增强发展活力。当今世界多极化、经济全球化深入发展，尤其是在新冠肺炎疫情暴发之后，和平发展、互利共赢的命运共同体成为全球共识。

优秀的企业家应该具有高瞻远瞩的战略眼光，又应有脚踏实地的务实态度。不求近功，不安小就。企业家能够勇于承担风险，具有灵敏的应对能力，以积极主动的态度带领企业接受各种前所未有的严峻挑战。企业家应该不断强化自身的素质与能力，放大格局；更加善于思考，终身学习；更加尊重员工，理解他人；更加重视创新，追求可持续发展；更加具有社会责任意识，回馈社会。

目前国家对于企业和企业家的生存发展环境十分重视，例如，“一带一路”平台的搭建，充分提供了我国企业“走出去”的机遇。企业家们要秉持遵纪守法、沟通合作的态度，互学互鉴、互利共赢的信念，加强与外国企业的合作，同时树立必要的风险防范意识，充实并提高自己的能力。企业家是具有一定社会声誉的公众人物，言谈举止受到社会的监督，因此应时刻保持公众人物的形象，展现新时代企业家应有的爱党爱国、艰苦奋斗、诚信经营的优点。

二、整合企业家资源，推动亚企业家成长

企业家是一个群体，可以进行互动，相互学习，积累经验，形成共同的价值观念的发展目标，可以利用关系网络交换或获得信息与资源。企业家从事企业活动所必需的成长资源主要是人、财、物和信息等资源，企业家的成长资源即人才、资金、知识、技术等越丰富，则企业家的成长性越强。与此

同时，企业家的资源整合能力及关系拓展能力越强，企业家的成长性研究越强。不断鼓励企业家与亚企业家群体间的信息交流、经验分享，帮助亚企业家成长。

（一）为亚企业家提供开放的学习环境

1．创造良好的外部学习环境

目前国内供企业家成长学习和培训的平台极为匮乏，而国内最大的学习平台是由日本稻盛和夫提议并授权创建的“盛和塾”——一个供年轻企业家学习“稻盛经营学”的非营利组织。自2007年“盛和塾”进入中国以来已在北京、上海、南京、武汉等28个地区设立“盛和塾”，另有天津、合肥等5地处于筹建中，截止到2018年10月，中国长期在该平台学习交流的会员多达6000人。此外国内现有的学习交流平台还有致良知四合院、在线商学院、企业家圈、CEO会、众望、中国企业家网、正和岛、智慧蓝图企商学院等。

虽然“盛和塾”规模较大，且是一家非营利性的开放性学习平台，但所教授内容以日本“稻盛经营学”为主，在不同的政治、经济体制和经营环境下这种经营学难免会存在“水土不服”，难以完美契合中国企业家成长的实际需求；国内现有的企业家学习交流平台成立时间尚短，影响范围较小，而且相较于国内庞大的企业家群体，现有的学习交流平台远远难以满足需求。因此构建更多开放的、基于中国企业家成长环境的学习交流平台，对培养中国企业家综合能力素质，促进企业家成长具有重要意义。

中国企业家群体中还存在不同的企业家协会，当下国内顶端的企业家协会有华夏同学会、江南会和中国企业家俱乐部，成员包括马云、马化腾、李彦宏、柳传志、冯根生等众多国内知名企业家，但这些协会档次极高，普通企业家难以进入；此外还有各省市建立的区域性官方或半官方企业家协会，但这些协会规模较小，管理松散不规范，协会成员在企业家协会很难学习有用的经营管理经验或获取有用的信息，交流渠道也不够畅通，总而言之，国内企业家协会或因门槛问题，或因经营管理规范问题，难以发挥促进中国企业家和亚企业家群体学习交流的作用，因而企业应大力呼吁和推动规范现有企业家协会的管理，促进适宜广大成员学习、交流和成长的企业家协会等活动的开展，为亚企业家创造良好的外部学习环境。

2. 构建和完善企业内部学习平台

一是为亚企业家提供开放的学习资源，让企业成员都可以根据自身所需自主选择和学习，使亚企业家可以通过阅读有益的书籍、视频，或听取成功人士的讲座等方式发现自身短板的改进方式，明确努力的方向，从而拥有良好的学习动力。

二是推动企业师徒制，并将之纳入绩效考核范围。通过有经验、有能力的前辈言传身教帮助亚企业家们，获取成功的经验，了解进一步发展所需要的必备的素质特点，从而发现自身不足，并努力改进。

三是充分发挥互联网功能，构建良好的电子学习、交流平台。随着计算机技术的发展，互联网社交方式因其方便快捷的特点越来越受到人们的欢迎，通过互联网人们可以随时随地进行交流沟通，可以更快获取有用信息，因此借助网络化信息手段构建健康文明高效务实的交流平台，如网站、贴吧、论坛等、可以更好地提高亚企业家们交流学习的效率。

（二）完善亚企业家的晋升机制

晋升机制对职位晋升者的要求往往会成为企业员工行为的风向标。亚企业家群体由普通员工晋升而来，同时他们也会通过职位晋升成长为企业高层管理者，获得社会认可，成为企业家群体的一员，因此晋升机制是广大亚企业家成长的一条必经之路，晋升机制存在的问题也会成为亚企业家成长的重要羁绊，优化企业的晋升机制，可以更好地帮助亚企业家不断提升，获得更好的资源和成长机会。

现有的晋升机制大多采用自下而上的方式：低层次的管理者表现优秀者将会晋升到更高一层的管理者岗位，最终难免不能匹配岗位需求。对于管理者乃至整个企业的晋升工作，应以岗位需求为标准，全面考察将要晋升者的综合素质特点寻找真正能够适应岗位需求的人来工作，这样时刻保证每级岗位员工都有充足的实力和发展潜力。同样地，采取这样的晋升机制，保障未来的亚企业家群体能够在完成本职工作的同时，愿意发挥余力进一步提升阻碍自身发展的短板之处，提升素质短板，为进一步向企业家群体的转变而奋斗。

理论上在完全公开、公正、透明的晋升机制下，总是由最优秀的人获得晋升机会，但在实际操作中，一些企业由于绩效考核体系的不完善，使得实际统计绩效情况并不符合实际情况，使得一些善于做表面工作的人获取晋升机会，而真正有能力的人被埋没。这一现象在作为中层管理者的亚企业家群体中尤为泛滥，严重损害了亚企业家群体的综合实力，使企业家培养工作后继乏力。

因此应完善绩效考核体系，全面、正确地评价企业员工的绩效水平，公开、公正、透明地开展员工的晋升工作，呼吁企业全体进行监督和反馈，从根源上杜绝滥竽充数的问题，提升亚企业家群体的质量，为企业家培养工作提供充足的高质量的后备军。

第六章
CHAPTER 06

中国管理理论创新与中国企业家成长

第一节 中国管理理论创新势在必行

一、中国情境下管理理论探析

西方管理理论兴起较早，大多数中国管理学者们采用了标准化的科学研究方法，参照西方管理理论对中国的情况与问题进行解释研究，同时检验西方管理理论在中国的适用性。而没有根据本土化管理的具体情况进行研究，有学者提出我国管理学者们如何更好地基于中国情境下总结我国的管理理论，这是一个具有现实和研究意义的问题，清楚界定和解释中国情境可以让大多数的本土管理学者们更好地运用中国管理理论。因此，中国管理理论需要融合古今中外的思想，立足于实践，才能指导中国经济与社会发展的管理实践问题。

当前，我国存在理论与实践脱节的现象，理论知识脱离企业的实际情况，所提出的理论不能解决所对应实践的现实问题。因此，有学者提出嵌入式本土理论，所谓嵌入式本土理论是学习西方的管理理论，结合中国的情境，研究中国的管理理论。这里有两个分类，即理论应用和理论创新，将现有的西方科学管理理论直接应用于中国的情境，旨在检验、完善并强化西方理论在中国情境下的适用性，这是中国管理理论的“康庄大道”。基于西方的管理理论构架之上再发展中国本土特有的管理理论，通过采用扎根理论的建构方法，试图以新的理论解释中国管理中的独特现象，这是“羊肠小道”。两者都是以西方理论作为嵌入式，前者直接用于实践，后者则结合自身状况基础上发展起来。

二、中国管理理论的发展

（一）探索奠基时期：1949—1978年

新中国成立后，我国一边仿效苏联的工业现代化体系，为我国工业建设奠定了基础，一边学习国有企业的管理制度和方法，涌现出一大批国有工业企业。随后，毛泽东于1956年4月发表了《论十大关系》，其主要思想是不能照抄照搬苏联经验，不能重蹈苏联的覆辙。在20世纪50年代，我国学习资本主义国家高效的管理方法和发展经验，如20世纪初盛行于资本主义国家的科学管理理论和方法，为了提高工作效率，在生产过程中采用福特制和泰罗制。

60年代初，由于我国实施“一五”计划和“二五”计划，国民经济得到了快速发展。同时，我国企业管理开展了一系列探索性的实践活动。围绕“一五”计划，国家强化统一集中管理，确立了国家经济管理机构。1960年，《鞍钢宪法》提出了符合当时我国国情的企业管理方法——“两参一改三结合”，是一条极具本土特色的管理经验。同一时期出现的还有“大庆经验”“铁人精神”，较好地解决了企业管理中激励不足的现象，大大激发了国营企业活力。

总体而言，在这一时期，我国实行照搬照抄苏联模式的计划经济体制，部分吸收西方和中国传统管理思想，不论是工商管理理论还是实践，都有了突破性进展。

（二）恢复转型时期：1978—1992年

1978年12月，中国共产党第十一届中央委员会第三次全体会议在京召开，会议不仅强调了经济建设的重要性，更重要的是推开了封闭已久的国门，开启了改革开放的漫长征途。1982年，为适应新的发展环境，中国共产党第十二次全国代表大会提出“以计划经济为主、市场调节为辅”的企业管理思想，步入市场化改革的探索之路，同时实施国有企业放权让利的改革方案，国营企业实现了一定的自主权。

在这一时期，随着一系列重要会议的召开和政策实施，国民经济缓慢增长，我国开始由计划经济转向社会主义经济，强调“计划经济为主、市场调查为辅”的管理思想，全面实施承包制的同时，企业开始获得自主权。在实践方面，以国有企业为主的扩大企业自主权改革的试点工作开始实施并取得积极进展，承包制和股份制等管理经营方式得到深入发展，全国范围内相继成立了管理协会，积极开展各项管理实践活动。在理论方面，管理学学者开始学习并介绍西方国家先进的管理思想，逐步探索源于中国情境的管理理论，无论是有关管理学书籍的出版、学术期刊的成立还是管理实践的进步，无一不体现着我国改革开放的伟大决定，为中国管理学提供了前所未有的大舞台。

（三）完善提高时期：1993—2013年

1992年，邓小平亲赴南方考察，对社会主义的本质进行了科学、系统、创造性的概括，是改革开放历史上的一次大事件。1993年，中国共产党第十四届中央委员会第三次全体会议通过了《中共中央关于建立社会主义市场经济体制若干问题的决定》（以下简称《决定》）。《决定》通过制定以“产权清晰、权责明确、政企分开、管理科学”为基本点的现代企业制度，为企业在快速发展的经济社会中找准改革方向提供了法律基础，充分反映了国有企业改革的出路在于制度创新，即建立现代企业制度。

同时，随着中国加入WTO，部分企业开始进行国际化经营，企业国际化进程明显加快，促使我国企业和经济不断融入世界经济体系，不仅加快了改革开放的步伐，更有利于企业学习国外先进的技术和实践经验；既有力地促进了我国的管理理论，又推动了企业管理的发展。

由于管理的复杂属性，如何把西方管理理论及其实践与我国本土文化相联系成为了热议的话题，学术界和实务界开展了颇有收获的理论研究和富有成效的实践探索。基于我国传统文化精髓和管理智慧，成中英、曾仕强和齐善鸿等学者从不同角度创造性地提出诸如“C理论”“中国式管理”等许多极富中国文化底蕴的管理理论，为解决中国社会情境中的管理问题提供了理论导引。我国传统文化博大精深，历来主张人与自然、人与人之间的和谐发展，无处不体现着“和谐思想”，为构建中国“和谐管理”赋予了深厚的文化底蕴和独特的精神内涵。如席酉民等的“和谐管理理论”为中国式管理理论奠定了科学基础，黄如金的“和合管理”是追求当代管理和探索中国独特的管理理论的产物。这些“和谐理论”的独特价值，不仅充分体现了传统管理文化的精髓，更丰富了现代中国式管理思想。

（四）全面创新时期：2013年至今

中国共产党第十八届中央委员会第三次全体会议提出“要完善和发展中

国特色社会制度，把经济体制改革作为全面深化改革的重点"，标志着我国进入全面深化改革的新时代。在增速趋缓的经济背景下，供给侧结构性改革成为重中之重，兼顾"减法"和"加法"，既解决了企业产能过剩的现象又补足了供给侧短板，有力地推动了企业的持续健康发展。同一时期，我国经济呈现出"新常态"，以追求快速成长、加快数量驱动、强调要素驱动为主要内容的中国经济，开始注重创新驱动与效率驱动，闯出一条高质量发展的道路，这是一场深刻的社会变革。

新一轮科技和产业革命风起云涌，从雅虎到百度，从传统的银行支付渠道到移动支付手段，从QQ到微信，BAT（百度、阿里巴巴和腾讯）已发展成为中国乃至世界互联网的标杆和巨无霸。这种爆发式发展的背后，蕴含着革故鼎新、继往开来的创新精神。2017年，工信部提出到2020年5G取得突破性进展。2019年年初，华为完成5G技术的研发并率先实现国内5G技术的全部预商用试验进而正式商用，使得华为在5G和通信领域内成为世界领跑者。这对中国5G技术研究领域和全球5G技术的发展来说是一次突破性进展。同年，CBInsights统计全球独角兽企业，结果表明市值超过10亿美元的独角兽公司有326家，成功上榜的中国企业就有98家，约占30%。这意味着，我国企业在创新驱动发展战略的政策红利下，充分发挥了创新能力，不仅为我国管理学创新发展提供了实践基础，更是在国际舞台上大放异彩。

总的来说，我国企业紧跟社会主义建设与发展的步伐，实现了管理的创新与突破。同时，管理学界深刻地认识到应构建基于中国特殊情境的管理学理论，而不仅仅是停留在运用西方管理学解释中国的管理现象，更不是离开中国的文化环境谈管理学的发展。

三、中国管理理论的创新现状及未来发展

中国管理理论创新从开发式创新与探索式创新两个维度出发，进行理论创新和实践创新。

随着改革开放以来管理学在中国的发展，中国博大精深的管理理论逐渐显露光芒；随着中国本土化管理研究呼声之高涨，中国传统文化与哲学不断被国内外管理学者所挖掘，用以构建本土的管理理论。于是，有关中国情境的管理理论得到了蓬勃发展，如制度环境的独特性、组织网络形态的无界

性、全球竞争的深度融入性、商业伦理重塑的迫切性、创新创业范式的突破性和信息技术的全面渗透性是中国战略管理的六大情境。据此，已经有许多优秀的学术成果诞生并产生一定的影响力，如和谐管理理论、C 理论、东方管理学、中国式管理、和合管理、道本管理等。

站在经济转型的新起点上，我国企业从技术的创新与升级、业务的转型与拓展、文化的升华与改造、模式的开创与设计等各个方面进行实践探索，取得了显著成效。在大数据、云计算、物联网、区块链和人工智能等现代技术的驱动下，我国企业力争成为行业的变革者和终结者并出现了大量优秀的企业管理实践。如：搜狗公司在人工智能、大数据和物联网领域赢得先机，力图取得颠覆性成就，成为行业引领者；迅雷打造成区块链技术创新者，提出了“All in 区块链”的战略发展方向，推出基于区块链技术的私人云盘玩客云；华为将热力学理论引入公司管理系统，不断激发企业活力，成功解决了企业中存在的“熵死”问题。

中国管理理论的发展主要体现在管理科学与工程、运营管理、质量管理、物流管理、市场营销、技术创新等领域。近年来实证研究兴起，大量的模型创新催生了领导科学、组织行为、组织环境、社会责任等理论的创新，出现了许多值得推广的观点和方法，但系统性的全面理论创新还没有形成，对企业实践指导的有效性还明显不足。这正是今后管理理论研究的光荣使命。

在新时代背景下，我国经济发展到新常态、新阶段，学术界与企业家面临着管理学的创新问题。众多管理学者和实践者意识到我国的管理学发展应当紧紧围绕中国国情，并与中国情境深度融合发展，建立具有中国特色的管理学，成为社会主义管理强国。新理念、新经济、新技术催生了中国企业管理实践的新现象。党的十九大报告指出，创新是引领发展的第一动力，企业只有自主研发、自主创新，方可水到渠成、旗开得胜。可以说，经过70多年的深入探索，中国工商管理学立足国情，不断向前发展，成果极佳，中国管理方法与模式走向世界舞台，向世界展示中国特色企业管理智慧。

第二节　中国管理模式创新成果斐然

一、双头鹰式管理模式

双头鹰式管理模式：一头看政府，一头看市场；一头看中国管理文化，一头看国外先进管理方式。这种观点强调企业要全盘兼顾，体现了“中庸之道”。

鹰具有敏锐的眼光，远大的理想抱负和超凡的胆识，而双头鹰更具有周全观察事物的特征，伺机而动的独特本领，拥有丰富的智慧。双头鹰式的管理模式更加符合中国文化特质，是一种具有弹性的、人格化的、刚柔并济的、随机应变的管理模式，用智慧来领导，用敏锐的眼光来管理，以自信、权变来运作，它的核心特征集中于“权变”与“权衡”。

（一）一头看政府，一头看市场

企业是以营利为目的的经济组织，它的具体生存环境是市场经济，因此企业必须首先双眼紧盯市场，跟着市场走，在市场中发掘自己的生存空间。但是，中国的具体国情是国家政府对市场干涉较多，政府行为对宏观经济影响很大。因此，我们不能只紧盯着市场，还须拿出眼光紧盯政府政策变化，只有这样，企业行为才能与政府行为随时保持高度一致，才能从政府的宏观调控中受益，使本企业在经济风浪中永远立于不败之地。

（二）一头看中国管理文化，一头看国外先进管理方式

双头鹰管理模式综合中西管理思想的优点和长处。一头盯着较理性的西方先进管理思想及手段，一头盯着较天性的中国古代管理思想、文化传统。理性的管理包括科学的管理手段方法及制衡约束的组织制度，天性的管理包括西方的民主自由思想及中国儒家的统御思想观念。

改革开放以后，企业获得了更多的自主权，大量的企业陆续“走出去”，在管理模式和经营方式上更加注重全方位与国际接轨。学者们更加系

统地思考了相关西方理论在中国的应用，深入探讨了我国企业自身的管理经营问题，大量中国管理学者活跃于国际学术界，一些结合中国国情的中国式管理理论得以提出和发展。

处于全球化浪潮中的中国，见证着东西方文化的碰撞，有利于企业管理实践者和研究者接触到国外一流的技术，并在学习、吸收的基础上结合我国实际不断创新，从而大大提升了企业管理学的水平，也推动工商管理学建立更加完善的理论框架。

同时，国有企业改革的深入贯彻落实，促使企业管理学积极总结改革经验教训，有助于企业鉴往而知来。管理理论与实践探索之所以有举世瞩目的成绩，是管理学创新发展与社会主义经济建设相互促进相互融合的结果。

海尔模式是中国式管理的另一典范。海尔管理体系与模式是随着海尔的发展而不断成熟起来的，海尔以一个濒临破产的冰箱厂到现在的国际化海尔，它的发展也反映了在我国从计划经济向市场经济转变过程中企业管理模式变革所走过的道路，反映了我国企业先向西方学习再进行中国式创新的过程。

二、中国特色管理模式

管理是一种文化的积淀和表现。任何社会和组织的管理，都不是无源之水，无本之木，其管理理念、方法、手段，都是该社会或组织历史传承的产物，无论是管理者还是被管理者，无不受到所在社会和组织文化传统的影响。

从文化表现而言，任何组织的管理方式都是当代文化的体现，在管理活动中体现出来的各种形式的管理过程，都反映了当代文化的特点，带有时代的印记。中国特色社会主义发展道路下的政治制度、经济环境、文化特征等国庆特点与西方有着根本性的差异，因此，建构中国管理模式，不能全盘照搬照套西方管理学的理论体系，而是基于中国特有的传统文化和管理思想发展背景，构建具有浓郁中国特色的先进管理思想体系和模式。主要从中国管理哲学、现代管理科学以及成功管理实践三个方面研究中国特色管理模式。

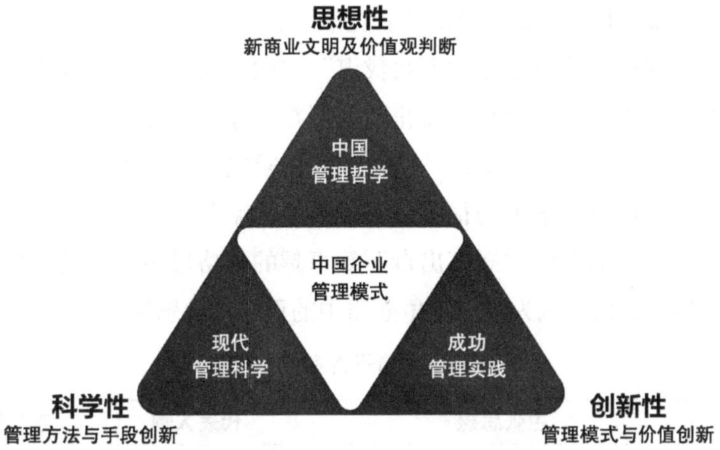

图6-1 中国管理模式三大研究视角

（一）中国管理哲学

中国管理哲学是一种哲学思想，最初由成中英先生提出，在对中国传统文化特别是诸子百家研究的基础上形成了中国管理哲学，奠定了中国管理学的基础。

1. 中国特色管理模式的基础

（1）诸子百家管理思想

儒家：儒家采取的是“仁”“德”和“礼”。“仁”是儒家理论的核心。“德”，“为政以德”是儒家重要的管理思想。“礼”是外在的管理规则。孔子提出：“修己以敬，修己以安人，修己以安百姓。”从管理学角度而言，这就是对管理者自身、对主要骨干以及对全体员工的有效管理。

道家：无为而治，顺应规律。这是一种水性管理，就是以水为榜样的方法论，也就是老子以水为隐喻不断诠释的以柔克刚、顺势成事、寻找最小阻力的方法论。在现代管理中可以理解为充分信任，大胆授权，以无为致有为。

墨家：知行合一，率先垂范。墨家主张“兼爱尚贤”，这和现代管理中日益成为主流的人本管理不谋而合。

法家：领导权威，规则约束。法家“令行禁止”的管理思想，用现代管理术语来说就是制度管理，“无规矩不成方圆”，组织只有严格制度管理，才能让所有成员行动一致，组织才有竞争力。

兵家：战略思想中心为“上兵伐谋”“知己知彼”，将权变管理思想总结为“合乎利而动，不合乎利而止”，而在人才管理思想中认为兵站中军事人才的重要性高于军事力量，“故善战者，求之于势，不责于人，故能择人而任势”。现代管理学中的很多术语例如“战略”“参谋”等本就来自军事学，而《孙子兵法》中“守正出奇”等卓越的战略思想，更是直接被现代企业管理者加以运用，成为企业竞争战略中的重要指导思想。

表6–1　诸子百家管理思想

	主张思想	代表人物	现代管理
儒家	“仁”“德”和“礼”	孔子	人性假设
道家	无为而治，顺应规律	老子	授权管理
墨家	“兼爱尚贤”	墨子	人本管理
法家	领导权威，规则约束	商鞅	制度管理
兵家	“上兵伐谋”“知己知彼”“合乎利而动，不合乎利而止”“故善战者，求之于势，不责于人，故能择人而任势”	孙子、孙膑	战略管理、权变管理、人才管理

（2）晋商的治理结构

激励机制把老员工的利益和票号的运营利益结合起来，不仅避免了老员工跳槽给票号带来的人才损失，而且还切实地使得员工具备了主人翁意识。

晋商票号的投资者不参与票号的管理运营，只对掌柜职位进行任免，票号的管理运营全权委托给掌柜。而票号内员工各司其职，不允许参与其他岗位的工作。还允许员工以入股方式参与票号的分红。而且，为了避免掌柜中饱私囊，还制定了掌柜在退休之后12年内，其家仍可以按掌柜待遇获得分红的规定。

票号投资者在运营手法上深得道家无为而治的精髓。

（3）胡雪岩的红顶之道

胡雪岩是中国近代商界的集大成者，是时代俊杰，商海精英。作为一名成功的商人，胡雪岩诸多有关经商的名言自始至终影响着后世经商者。

一是欲做事，先做人。人是商业经营的主体，在胡雪岩看来要想做好一个人必须具备四识：“知识、常识、胆识、见识”。知识和常识可以通过勤奋地读书来获得，胆识和见识可以通过实践活动来获得。当你真正被这“四识”武装起来的时候，才能去进行商业活动。

二是欲成大事，得人为先。胡雪岩善于识人、投资人，就是吸引人才；真心地交朋友。即使是在生意场上，也要如此，正如胡雪岩所说：银子是用得完的，朋友才是一辈子的事；人与人要相互帮衬。在家靠父母，出门靠朋友，这句话就是这么来的。

三是言而有信，至诚至义。信誉与德行是能够成为一个成功商人的必备要素。诚信经商也是我们亘古不变的道理，也许这就是胡雪岩的生意能做大的一个重要基础。即使短期内有所损失，也不能言而无信。

四是把握时事大局是头等大事。胡雪岩在谈到自己的经商计谋时，曾说：“做生意，把握时事大局是头等大事。”这是很有见地的。他之所以能够成为闻名天下的“红顶商人”，是和他能够把握时事大局分不开的。一个成功的商人，往往也是半个社会问题专家。无论过去、现在还是未来，政治和经济都是与社会生活紧密联系的两个重要方面。任何一个想在商界有所建树的人，都必须把握时局，驾驭时势。

五是人脉决定钱脉，也决定命脉。胡雪岩的圆融处世之术是他事业成功的法宝。亦正亦邪，内外兼修。利用自身独特的行事风格与为人处世的方法，掌握与运用了一套套成功的行商处事之道。圆融处世，方能谋得各方人脉，也才能在遇到各种困难时，应付自如，左右逢源，化险为夷，为事业提供难得的保障。综观胡雪岩的一生，他在为人处世方面做到了圆通、圆活、圆融、圆满，这使得他结识了众多的商业朋友、社会朋友以及官宦朋友，从而使得他在人生旅程之中如鱼得水，在各种困难面前游刃自如，成为一位为人处世的绝世高手。

胡雪岩商训是“天”“地”“人”，内容即为：天为先天之智，经商之本；地为后天修为，靠诚信立身；人为仁义，懂取舍，讲究“君子爱财，取之有道”。

（4）民生精神

“民生精神”是在特定历史时期的特定产物，但其在文化提炼和塑造上却与现代企业文化建设相通。民生公司自1925年创建以来，从一条仅70.6吨位的小火轮起家，10年时间就发展成为川江航运的主力军，将外国轮船排除出川江，统一和发展了川江航运事业。其惊人的发展速度，中外瞩目，创造了中国民族企业发展的奇迹，这种奇迹很大程度上得益于民生公司深入人心的“民生精神”。

20世纪20年代，中国川江航运市场被英美日几家轮船公司垄断，而民生公司的发展成为当时中国最大和最有影响力的民用航运企业集团。甚至在抗战期间，民生公司转移运送人员150余万人，物资100万吨，而自身损失16艘船，牺牲了100余名员工，为抗战做出了巨大牺牲。因此，毛泽东称其领导者卢作孚为“不能忘记的中国实业家”。

卢作孚提出要以满足人民的需求为目标，要求企业必须具有爱国精神、集体精神，要求员工为社会、国家、民族艰苦创业，拼搏献身。这种精神便是“民生精神”：服务社会、便利人民、开发产业、富强国家。

（5）《鞍钢宪法》

《鞍钢宪法》是我国鞍山钢铁公司于20世纪60年代初总结出来的一套企业管理基本经验。具体内容是“两参一改三结合”：干部参加劳动，工人参加管理；改革不合理的规章制度；工程技术人员、管理者和工人在生产实践和技术革新中相结合。

之所以要求干部参加劳动，是因为干部只有参加劳动实践，才能够永葆干部的全心全意为人民服务的无产阶级本色。

要求工人参加企业管理，是因为只有工人参加企业管理，才能真正保证工人群众当家做主，以企业和国家主人翁的态度参与企业和国家的管理权利。这是社会主义企业管理与资本主义企业管理的根本区别之一。

社会主义企业管理中，实现干部、技术人员与工人三结合，既能够最大限度发挥每个人的智慧和物质力量，也能够最大限度凝聚为新的精神和物质力量，建立社会主义生产关系中平等、信任、合作、相互帮助等新型关系，促进生产力和社会主义企业的最大发展。

2. 中国特色管理模式：C管理模式

C管理模式将中国国学精髓与西方现代管理学相互融合，进行企业人性化管理的一种新型企业组织管理运营模式。中国式管理立足中国文化的经营模式坚持“经营人心、管理人性、平衡人情”经营思想和经营哲学，经营罗盘模型倡导以人为本的核心管理思想，并揭示了企业经营动态平衡的规律，也体现了“大道至简”的经营之道。

随着新一轮科技革命和产业变革的不断推进，数字化智能互联制造加速世界经济形态变化，我国国内市场催生了大量新产业、新业态和新模式，使传统行业在内的市场竞争日趋激烈，这也给新时代下的企业经营发展提出了更高的要求和挑战。因此，构建符合中国特色社会主义核心价值观的中国式管理思想体系对我国企业可持续性发展和科学管理理论体系的完善均具有重要意义。

（1）中西合璧，将国学应用于管理理论与实践

“C管理模式”是继金字塔形机械式组织（A管理模式）、学习型扁平式组织（B管理模式）之后出现的第三种组织模式。哲学家成中英先生在对中国传统文化特别是诸子百家研究的基础上形成了中国管理哲学——C理论，以“CHINA”的第一个字母“C”，为这一组织模式命名为“C管理模式”，奠定了中国管理学的基础。

《C管理模式》立足道、儒、法的中国传统文化，将西方现代企业管理学与中国国学及中医智慧融为一体，创造性地提出了以人为核心、以人为形的组织结构，其理论结合人的身体机能，提出了“天人合一”“道法自然”的经营理念和管理哲学。通过以人为本的管理思想解读C管理模式的组织构架。

（2）道法自然，以人为本的原理分析企业运行规律

C管理模式认为，人是在“天—地—人”这一自然组织中，通过“物竞天择”的自然法则胜出的万物之灵，因而以人为形的智慧型组织，在各类形态的企业组织中具备强大的生命力和竞争力。C管理模式认为，企业智慧型组织就是一个以人为核心，形神兼备、遵循宇宙和自然组织普遍法则，能够不断修正、自我调节、随机应变的组织。C管理模式以人为核心的内容，包含了“以人为形”的组织构架和“以人为本”的运营原则，以及“道法自然”的管理思想。以人为核心是构建智慧型组织的基本，是C管理模式的关键；“以人为本”运营智慧型组织，是C管理模式的原则；“道法自然”，遵循自然组织的普遍规律和基本法则，是C管理模式的主要特征。

因此，C管理模式构建企业组织，是以人为基本元素，把企业内部所有能动的、灵活的、应变的人，组合成为一个更为能动的、灵活的、应变的、能

力更为强大的完整的人，是一种智慧型的组织。如果把智慧型组织比作一个人，那么，C管理模式的“头”（大脑），就代表智慧型组织的管理高层，是信息处理决策中心；“躯干”（五脏），代表智慧型组织的管理中层，维系着智慧型组织内外环境之间的相对平衡协调；而“四肢”（形体诸窍），则代表智慧型组织的员工，是智慧型组织的执行机构。C管理模式所构建的智慧型组织不仅头脑清晰、身体内部各脏腑功能协调，更重要的是，面对外界的进攻，它的手脚能够迅速有力地做出正确的反应。

（3）“天人合一”“道法自然”的组织运营观

当然，还取决于企业是否能使构成企业智慧型组织“人形结构”的各个部位或器官，真正“以人为本”地发挥其应有的功能。因此，C管理模式借鉴中国传统的中医理论，“以人为本”地结合智慧型组织人形结构的特点，紧密构建了其内部各个部位或器官的联系与互动机制，从而实现智慧型组织系统机能最大化。如果以五脏之中的心为喻为例，剖析其功能及组织内部高、中、基层之间的运营关系，那么在企业智慧型组织中，心就好比企业管理层的一个部门，只有管理层五脏中的心，心气充足。

C管理模式认为，是人都会生病，以人为核心、以人为形的企业智慧型组织自然也不例外。C管理模式通过对中国道家“道法自然”“天人合一”思想的研究发现，起源于“天—人—地”自然组织、作为人类组织一部分的企业智慧型组织，同样必须符合自然组织的普遍规律和内在法则，也需要营造组织内在的和谐、自然，通过有效的“调理修身”机制，使组织内各部分机能始终保持健康状态，避免病症的发生。因此，C管理模式为企业智慧型组织建立了不断修身的“养性”机制以及“以人为本”的自我调理机制，以预防或及时发现企业组织的病灶，及早处理组织器官的功能问题和对外应变能力，从而使企业智慧型组织保持健康的身体状态和旺盛的生命力。

（二）现代管理科学

产生于第二次世界大战期间的现代管理理论，是在古典管理理论和人际关系理论的基础上发展起来的。它则强调用定量和数学工具来解决管理问题。以现代科技成果为手段，运用计量模型，对管理领域中的人财物信息资源做系统定量的分析，进行优化规划和决策的理论。以Barnard、Simon、

Drucker等人为代表的这些学派从思想、体制、方法和手段上推进了管理的现代化进程。其主要特点是强调从系统化、数量化、信息化、重视人力资源开发等维度来适应现代科学技术和高度社会化大生产的环境变化。

现代管理科学的特点，大致有以下几个方面：

（1）管理思想的科学化。这主要体现在系统论、控制论、信息论在管理方面的应用，使管理者能够以系统的观点、发展的观点去分析事物，重视信息，加强控制，提高管理效益。

（2）管理方法的数量化。管理科学已经由经验型的、定性的管理，逐步向重视定量分析、科学预测方向发展。系统工程学的产生就是数学运筹学方法应用的产物。

（3）管理手段的电子化。由于电子技术和通信技术的发展，运用电子计算机、电视、电信等，使管理加快了速度，提高了精确度，解决了复杂运算的费时费力现象，推进管理日益科学化。

（4）管理人员的专业化。现代的管理者，不仅应该有较高的文化科学知识，而更重要的是要善于管理，能进行科学的管理。管理成为一种跨越各种专业知识的专业，称为“软专业”。管理者应该是“软专家”。

（三）成功管理实践

管理学科最大的特点就是它的实践属性，为什么美国管理理论能成为全世界通用的管理理论，原因就在于美国成功企业实践带给人们的影响和帮助，早期有福特、可口可乐、通用汽车，之后有沃尔玛、微软，再到今天的苹果、谷歌、Facebook，这些优秀的企业在引领者着整个世界的企业发展方向。基于这些优秀企业总结出来的理论，才会被全世界所接受和认同。

随着中国企业管理水平的提升，中国企业管理实践从最初凭经验、拍脑袋，逐步向讲科学、重实效转变。融合创新产生了大量的成功管理实践，成为中国管理模式重要的组成部分。

华为的成功是中国管理模式一个很好的案例。华为之所以被人们冠以“现象”进行研究，是因为它不仅用10年将资产扩张了1000多倍，更因为它独特的企业文化和管理方式，譬如军事化管理、多少有些封闭和家长式强硬的企业文化，以及“农村包围城市”的市场路线等。这种“土狼”色彩与它大手笔开拓国际市场，一掷上千万美元请来国际咨询公司为自己进行管理流程调整看似不太协调，但“亦土亦洋”的华为获得了成功。

中国管理模式杰出奖（简称“CMMR”）是第一个针对中国境内企业管理实践成就的公益奖项。2008年，在成思危先生的指导下，中国管理现代化研究会与金蝶国际软件集团联合国内知名管理学院，以“让中国管理模式在全球崛起”为标志，发起中国管理模式杰出奖遴选。每一年，评委会都会通过走访与调研，发现并表彰中国企业管理的最佳实践与创新。遴选活动过程中得出的研究成果通过媒体报道、书籍、音像制品等与社会共享。历经十余载，中国管理模式杰出奖已成为管理界最具影响力的奖项之一，海尔、新希望、万科、中车、方太等获奖企业的优秀实践，在向世人分享着中国管理的奥秘。

第三节　中国企业家是中国管理理论创新的核心力量

一、实践是突破创新的基础

管理学领域要有理论基础，但是管理实践永远在不断突破现有的理论，新的管理思想不断孕育而生。企业家就是管理实践的有效践行者，是突破管理理论创新的主力军，企业家要保持一颗学习之心，善于积累，勇于创新。用科学的管理方法武装自己的大脑，用创新的利剑推陈出新，是中国管理理论创新的核心力量，是推动中国管理理论成长的不竭动力。

管理的创新必将源于不断的实践过程，且好的管理，往往可由企业的发展不断检验，不断反馈给企业家，每一个决策，都能直接或者间接用数据来检验其有效性。

“管理学之父”彼得·德鲁克经过多年的研究与实践，在《创新与企业家精神》（*Innovation and Entrepreneurship*）一书中，首次将创新与企业家精神视为可组织（且需要加以组织）的、有目的的任务和系统化的工作。即创新是可以训练的，可以学习的，也可以实际运作的。

要想提高企业的创新能力，使企业能够进行系统化的创新，必须将这种传统上认为是“艺术”的隐性知识显性化。所谓显性知识是可以编码、可以规范化、可以通过物质载体和媒体广泛传播扩散的知识，而隐性知识则是不可以编码的个人体验性知识，它主要是由个人的显形知识经验积累，通过个人的感悟和品格来升华为个体内在的知识或能力。在创新相关的隐性知识显性化中，首当其冲的就是创新机遇的把握问题。

有效的创新实践不仅要把握机遇，更需要将有利机遇变为现实中的创新成果和竞争优势。企业在进行创新实践中，有目的的系统性创新始于对机遇的分析，这是创新实践的前提条件。彻底地思考创新机遇的来源是分析问题的起点。在不同的领域内，不同的来源在不同的时间内有着不同的重要性，因此，所有的创新机遇的来源都应该被系统地分析和研究，对机遇的研究还必须加以组织，必须在一个有规律有系统的基础上进行。此外，创新者必须依靠自己的长处，选择有前景的创新项目，同时，企业还必须对该创新领域充满热情，即创新还必须有性格上的“协调”，在那些不受重视、不感兴趣的领域里，企业的创新一般不会获得成功。还有，选择进行创新的领域必须能给企业带来潜在的利润增长，这也是企业进行创新活动的原始驱动力。

二、企业不断强大

在中国，管理学真正的突破首先是中国企业和企业家的强大。没有他们的强大，中国管理学一定不会强大。其次，要靠理论总结。没有高度的理论洞见，流行的实证研究不可能在本质上产生有突破性的理论。所以，中国现在需要从管理实践中总结出西方理论不能解释、或者西方的理论解释跟中国管理实践很不一样的东西，这时候可能会产生真正的中国的管理理论的突破，但这一定要求研究者有机会深入到中国的管理实践当中去。

经过前面分析可知，中国企业家成长的政治环境、经济环境、技术研发环境、法律环境、社会文化环境等均比过去有了飞跃式的进步。国家的不断富强是中国企业、中国企业家蓬勃发展的坚实后盾，在此基础之上，各行各业企业放心大胆地不断创新、不断发展、不断强大。中国企业的管理也经历了启蒙时期、制度创新时期、中西融合时期、接轨国际时期，现在已进入一个中国管理模式的新阶段。

中国管理模式强调中国特色的哲理和文化在企业管理过程中的作用，同时也尊重现代管理思想在中国企业的运用和成功企业实践的标杆影响力，即中国管理模式是中国伦理哲学和文化、现代管理思想和成功的中国管理实践的融合，它强调的是文化、理论与实践的结合与统一，是一个不断发展，不断创造出崭新模式，同时也带来企业效益的过程和方法，是追求一种企业发展的普遍规律与特殊性的结合，可以为全世界企业所学习和借鉴。

中国企业现在正处于最丰富的实践氛围中，中国管理学者有机会去寻找、研究、总结新商业时代的重大规律性问题，为世界贡献出中国的管理理论和管理模式。全国人大常委会原副委员长成思危先生就在企业界做中国管理模式杰出奖认为，这种评选是非常有必要的，这是一个价值观问题，并表示我们需要对优秀的企业管理模式和企业家进行鼓励。“我们要推动中国企业积极总结成功管理实践，让更多的企业分享他们的成果和经验，共同推动中国企业的管理进步”，徐少春这样阐述中国管理模式杰出奖设立的意义。

三、突破管理思维

中国管理理论可能突破的地方是中国人自古以来的整体论思维。如果能从中发现一些新的启示，这些新的启示就有可能产生新的理论。借用中国古代的思想，重建型地突破研究，在古代思想的启示的基础上，再针对当下的情境、知识基础和管理实践进行重新构建，这种研究是有可能发展出原创性的理论的。

古代的方法，到今天不一定能够直接套用，但是思维方式的整体论，可能会给我们揭示一个更客观、更正确的东西，对一件事情的判断也许会更准确。

中国人虽一直强调整体论，未来中国在世界上有可能做出重大贡献的领域，但我们需要在方法论上有所突破。

牛津大学的生物学家丹尼斯·诺贝尔（Denis Noble）非常欣赏中国整体论及其哲学思想。他曾经写过一本书《The Music of Life》《生命乐章》，他在写这本书的时候就躺在沙发上，听着音乐泪流满面。因为他意识到，当生命可以变成基因编码的时候，任何的疾病最后通过基因编码找到原因，但是人们没有办法回过来治疗这个病症。

科学的逻辑是找因果关系，但在找因果关系的解析过程中，可能会漏掉很多信息，没有办法还原，这就是我们面对复杂问题的无奈。

诺贝尔认为中国整体论思维和方法论提供了一个契机，可以把中间遗失的因素考虑到，但在如何具体分析这些要素上没有突破。以中国的中医为例，中医看病，望闻问切，大夫每天都会根据病人状态的不同来调整药方，但中间的动态机制是什么则很少深入研究。日本科学家现在把中药中的药素分成100多种，可以测量这些要素的作用效果，这就有可能成为解释动态机制的桥梁。

（一）管理思维的变革

1. 由区域性思维向全球化思维变革

吴霁虹（2008）、吴先明（2008）等学者认为，中国企业未来成长的关键路径之一便是开发、获取、应用美国等西方发达国家的技术创新资源，包括专利、人才、高端市场资源等，具体方式包括并购、直接投资、技术联盟等具体形式。但从整体上看，中国企业缺乏参与全球化经营的足够经验，由此所形成的管理思维缺陷是制约中国企业向国际化进程推进的关键。

2. 由单极思维向多极思维变革

多极思维，即系统思维，系统的整体性原则提示人们在认知客观对象时应把其看作由各个元素在一定内、外部条件下组成的有组织的整体，即从对象整体与其元素的相互依存、相互制约、相互合作与相互竞争中揭示出系统的整体性质，而不应在对元素进行单独、孤立的基础上，将它们机械地结合在一起形成一种集合。

单极思维考虑问题的角度则与多极思维不同，其主要着重于某一点或某一方面，考察这一点或这一方面的演化机制及发展规律。突出重点，具有针对性，但对系统的整体性考虑不够，片面追求局部的最优而不是整体最优，最终的效果导致整体效率的降低。

3. 由封闭式思维向开放式思维变革

系统的开放性是指一个系统在接纳周围环境的同时与其周围环境也是相互作用、相互影响的，即它既受外部环境的影响，又影响着外部环境，它们相互之间不断交换着物质、能量、信息。

封闭性思维考虑问题的角度仅仅限于某一特定的、局部的、小区域的范围内，这在以家庭小作坊为主的封建社会时代的小企业中体现得特别明显。

而开放性思维则从系统与环境的有机联系出发，认为一切局部性、小区域性、特殊性的规律，都服从于客观存在的环境即全局、大区域、普遍规律的支配。从系统与环境保持着物质、能量与信息的角度去认识系统，这正是开放性思维的一大特点，而封闭性思维的局限性，正在于割裂了这种联系。

开放性思维具有横向思维、纵向思维、交叉思维和立体思维的特点。开放性思维要求人们在处理实际问题时不应把系统看成封闭式，完全忽视与外部环境的相互影响与相互作用，否则会犯难以估量的损失。

4. 由保守思维向创新思维变革

中国企业创新能力不强，深层原因在于中国传统文化缺乏创新思维。权力文化、关系文化与现世文化是中国传统文化中制约企业创新的主要因素。

所谓创新思维，就是不受现成的常规思路的约束，寻求对问题全新的、独特性的解答和方法的思维过程。在知识和信息量迅速增加的今天，能否驾驭知识和信息进行创新已成为衡量水平高低的关键因素。

5. 由制造型思维向技术创新型思维变革

制造型思维是指将生产加工作为企业最高原则的思维模式，而技术创新型思维则是将技术研发和新产品当作企业竞争优势来源的思维模式，两者之间在资源掌控和资源配置方面存在显著差异。

（二）打破思维定式

所谓思维定式，就是基于思维活动积累的经验教训和已有的思维规律，在反复使用中，所形成的比较稳定的、定型的思维路线、方式、程序和模式，主要特征有趋向性、常性、程序性等。

突破定式要求突破事物原有的功能、属性或问题解决办法，形成解决问题的新思路，以打破原来的思雄定式，使思路变得灵活而富有独创性。

1. 打破思维定式的方法

（1）充分且深入地挖掘大脑的想象力，敢于大胆提出设想

当年英国科学家赫胥黎面对考古新发现的巨蜥龙化石，大胆地提出设想，认为鸟类的起源很可能与恐龙有关，结果，被众多同行和俗世中人视为笑话。可现如今，鸟类是由小型兽脚类恐龙演化而来这一学说，在经过反复研究论证后，已成为全球科学界普遍认可的事实。

（2）勤于思考，对于那些司空见惯的、不起眼的事物，也要深入思索

蜘蛛吐丝结网这一现象，很多人都看过，可以说是到了熟视无睹的地步，但法国人卜翁却因此而开始思考人类造丝的可能，在经过一番深入的研究后，使人造纤维这一伟大发明，走入人们的日常生活。

图6-2　冰山模型

（3）采取逆向思维、横向思维、发散思维等非常规思维来打破思维定式

宋神宗熙宁年间，越州闹蝗灾，当年的庄稼颗粒无收。新任越州知州赵抃面临着整治蝗灾的艰巨任务。附近的州县米价开始飙升，下属们纷纷议论，让赵抃依照惯例出告示压制米价，救百姓之命。

然而赵抃调查摸底，反而贴出告示：在越州境内，粮食随行就市，州府不再限价。告示贴出后的头几天，米价确实涨了不少。可没过几天，闻风而来的米商越来越多，导致越州大米供大于求，米价开始下跌，而且一天比一天跌得快。米商们想运回去，运费又贵，只好降价出售。

赵抃正是运用了反向思维的方式，战胜了蝗灾，保住了百姓的性命。

（4）不断学习，迎接挑战，终身成长

著名心理学家《终身成长》作者卡罗尔·德韦克心里有一个观点："一个人的选择，会受信念支配，它决定了你在挫折、困难面前的态度和选择。"

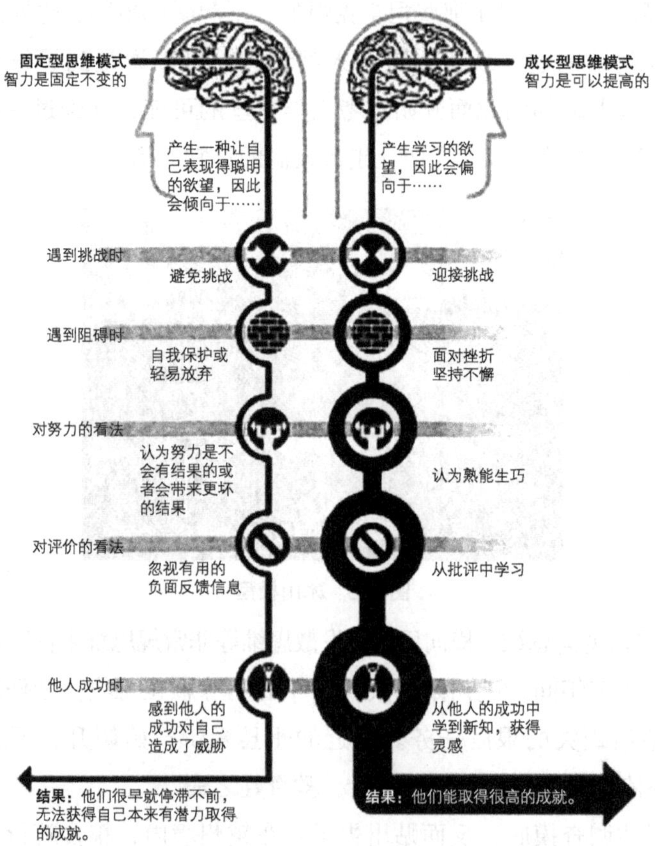
固定型思维模式
智力是固定不变的
成长型思维模式
智力是可以提高的
产生一种让自己表现得聪明的欲望，因此会倾向于……
产生学习的欲望，因此会偏向于……
遇到挑战时
避免挑战
迎接挑战
遇到阻碍时
自我保护或轻易放弃
面对挫折坚持不懈
对努力的看法
认为努力是不会有结果的或者会带来更坏的结果
认为熟能生巧
对评价的看法
忽视有用的负面反馈信息
从批评中学习
他人成功时
感到他人的成功对自己造成了威胁
从他人的成功中学到新知，获得灵感
结果：他们很早就停滞不前，无法获得自己本来有潜力取得的成就。
结果：他们能取得很高的成就。

图6–3　固定型思维模式与成长型思维模式

2. 突破定式关键点：消灭自我

（1）清楚自己的思考目的

并不是所有问题，都需要我们发散思维去思考的。能够用老套的方法解决问题，当然就用这些有效的方法。只有当这些方法，面对问题起不到作用时，我们才需要突破思维定式，用创新性思维去思考问题。

也就是说，解决问题的思路，比起解决问题的思考形式更重要。只要你清楚自己到底是为了什么而思考，那么用什么方法都没关系。

能够解决问题的，就是好方法。这才是核心思考目的。

（2）警惕自己思维定式的重灾区

我们之所以会形成思维定式，就是因为我们在过往的生活里，对某些事情积累了相当多的经验。一旦你再次遇到这些事情时，你就很容易按照固有的模式去思考问题。所以当你怎么思考都找不到答案时，你就要想想，这个问题你曾经是不是有过类似的思考经验。而这个问题，又是不是你的重灾区。

当你意识到这样的思考方向正在限制着你自己时，你就应该有意识调整自己的思路了。

（3）重视每一个思考环节

良好的逻辑推理，每一个步骤都不能出错。如果其中一个步骤错了，那么得出的结论就不会正确了。

例如你提出的假设不够好，那么无论你推断多么合理，其结论也是错的；而就算你提出的假设足够好，可是推理的过程不准确，结论一样是错的。

所以，如果你原有的思考，无法让你找到正确的答案，你就需要检验一下，哪一个环节出了问题，然后修正这个环节，你就会思考得更彻底了。

（4）要注重不同的意见

容易被思维定式影响的人，他们都比较执着自己的思考答案，总觉得这样思考没错，怎么就找不到答案呢？

这时，就需要学会倾听别人的意见或看法，拓展自己的思路了。尽管并不是每一个人的意见对你都有用，但只要你懂得聆听这些意见，你就很容易被其中的信息启发到自己，从而调整思路，找到正确的思考方向。

懂得吸收不同人的看法，对自己摆脱思维定式也有非常积极的作用。

（5）经常进行创新性思考练习

想要打破思维定式，在日常生活当中，就要有意识用创新性的思维进行思考。例如，解决某个问题，除了用固有的方法去做，还有没有其他方法可以解决。

当然，能够用老方法解决问题就用老方法，但思考形式是无须这样自我限制的。经常训练自己从不同的角度进行思考，或者换位思考，你的大脑就不会形成一种固定的思考模式，看问题时也会更灵活。

第四节　中国管理理论创新的社会效益

一、国有企业进行管理创新的方法研究

企业的管理涉及到企业生产经营的每一个方面，是一个非常系统的工程，与此对应，进行管理创新也必然是一项非常复杂的工作，它包括管理制度创新、理念创新、组织创新、体制创新、文化创新、技术创新等多领域的创新，并逐渐形成一个相互促进、相互关联的整体，最终构成企业管理的整体创新。在当前形势下，国有企业进行管理创新必须充分将市场发展与自身发展相结合，在整体提升的情况下求同存异，使企业在整体管理能力提升情况下依然保持国有企业的自身特色。

（一）创新企业管理理念，促使原来的“粗放型”管理逐渐向“精细化”转变

企业管理创新的基础在于管理理念和思想的创新，其他方面的创新都是在此基础上实现的，是其的外在具象化表现。国有企业想要实现管理创新，首先管理人员必须不断学习新的先进的管理理念和思想，只有管理者在理念上和思想上认可管理创新，这项工作才能进一步在整个企业顺利开展。现在，随着社会和经济的发展，我国国有企业的管理人员的综合素质不断提升，使国有企业仍然能够保持较好的运营能力和效益。

但是，与此同时我们也要看到，我国社会和经济已经发展到了一个非常关键的时期，经济体制和社会正在进行转轨和转型，而国有企业的政企分离改革仍然会持续很长的时间，所以传统的计划经济思想和管理模式仍然会对国有企业的发展产生一定的影响。比如，有一些国有企业管理人员的管理理念和思想严重滞后，他们不积极学习甚至抵制新的企业管理理念，导致企业管理创新工作很难开展。所以对于监理企业来说，企业管理创新一定要先实现管理理念的的创新。

（二）创新企业管理制度，强化企业管理

企业管理制度是企业管理理念的具象化表现，一个企业的管理制度是否健全和完善直接决定着企业的日常生产经营管理状况。一个没有完善制度的企业的日常管理必然会是杂乱无章的，也就无法使企业保持长久的发展。对国有监理企业来说，完善的企业管理制度能够有效地降低企业的经营风险；但同时我们也要认识到完全固化的管理制度将会在一定程度上阻碍企业的发展。所以，在当前变幻莫测、竞争激烈的市场中，国有监理企业想要创新管理制度，就必须在保持企业管理制度科学性与规范性的基础上，及时地根据市场和自身的变化来不断进行调整，保持管理制度拥有良好的动态性，使企业能够更好地适应外界环境的变化。

具体来讲，国有监理企业可以从以下几方面进行企业制度的创新。

（1）建立健全岗位职责制度。在很多国有企业中，由于管理的松散，出现了“人浮于事”“人岗分离”的乱象，针对这种情况，企业应该逐一地将每一项工作安排到相应的部门，并将工作具体地分解到每一个员工身上，然后编制出清晰明了的岗位职责制度，使责任明确到岗，明确到人，实现用制度来管理员工的目标。

（2）建立员工激励制度。过去国有企业实行“以岗位定工资”的制度，员工工作得再好也都只能拿到一样的钱，所以造成了国有企业员工工作态度散漫、毫无积极性的现象，极大地限制了企业的发展。建立员工激励制度后，企业根据员工工作表现进行考核与评价，对于考核优秀的员工给予一定的奖励，这会极大地提升员工的积极性，从而提升企业的整体经济效益。

（三）提升企业信息化水平，构建创新型管理模式

随着现代计算机技术和信息技术的发展与普及，企业的信息化水平已经成为衡量一个企业发展潜能的重要标准。所以，国有企业进行管理创新必须重视对信息化技术的运用，加快构建创新型信息化管理。国有监理企业构建起完善的信息化网络之后，就能够更加及时地将企业的监理业务与经营报告汇报给管理层，从而使公司能够更加精准地掌控市场发展动态，做出更加科学的发展决策；另外，创新型信息化管理的构建，能够使企业各个监理项目

之间的联系更加紧密，最大限度地运用企业的各项资源，提升企业的经济社会效益。

（四）创新企业文化，塑造良好品牌形象

运用企业文化来实现对企业的管理是每一个企业所追求的，是管理的最高境界。随着人们对企业文化重视程度的不断提高，企业文化的创新逐渐成为很多企业提升自身市场核心竞争力一种重要手段。对我国国有监理企业来说，其本身具有一定的特殊性，它在我国国民经济发展过程中扮演着重要的角色，承担着发展国民经济的重要任务，所以国有企业不断创新其企业文化，打造具有国企特色的企业文化管理模式是更加重要的。想要实现企业文化的创新，必须做到以下几点。

（1）企业首先必须清晰深入地了解企业文化在企业发展中的作用，它是一个企业的灵魂，是企业能够持续发展的重要推动力，是企业与外界联系实现信息交换的重要途径。在当前社会和经济飞速发展的形势下，企业要结合市场发展与自身发展的需要，加大力度努力拓展国企文化的塑造与创新工作，并不断消除对企业发展形成妨碍的落后的文化，提升文化创新的广度和内涵，最终形成与内外环境发展相匹配的独具特色的国有企业创新文化；

（2）坚定“以人为本”。企业的发展关键在于人，所以创新企业文化一定要立足于企业员工，“以人为本”。只有秉承着这种发展理念，企业才站在员工的角度，为员工创造一个良好的工作环境和一个巨大的发展空间，从而使员工的才能得以充分发挥，给企业发展提供原动力。

（3）创新企业制度要与创新企业文化良好结合。良好的企业文化覆盖了企业的各个层面，所以在创新企业文化时要结合企业制度，从而使创新的企业文化自然而然地融入企业的管理和执行中，提升员工的创新理念和创新意识，从而提升企业的经济和社会效益。

（五）创新企业发展理念，促使企业由“单一型”发展模式向“多元化”模式转型

企业理念是企业管理的重要组成部分，发展理念在企业发展过程中起着重要作用，它指导着企业的发展方向。在当前不断变化的市场中，企业要想

继续存在和发展就必须根据市场形势变化逐渐创新自己的发展理念。当前，越来越激烈的市场竞争使得很多企业都开始推行多元化的发展战略，这种战略模式能够很好地分摊企业的经营风险，使企业在恶劣的环境中较好地保存自身的实力。国有监理企业也应该充分认识这种发展理念，推行“以监理工作为主业，开展多元化经营”的发展战略，扩大企业的业务范围和创收渠道，提升企业的经济社会效益。

协同企业内外创新核电建设

中国广核集团（简称中广核），是伴随我国改革开放和核电事业发展逐步成长壮大起来的中央企业，是由核心企业中国广核集团有限公司和30多家主要成员公司组成的国家特大型企业集团。

引进先进技术是知识时代技术进步的一个长期的必然选择，也是基于中国国情的必然选择。国产化方面，中广核一直坚持走引进、消化、吸收、再创新的核电发展之路。在引进国外先进技术建成大亚湾核电站后，从1994年开始，中国广东核电集团每年投入1500多万美元对大亚湾核电站进行技术改进和创新；1997年5月15日开工建设的岭澳核电站，通过实施52项重大技术改进，按照国际标准，实现了工程管理自主化、建安施工自主化、调试和生产准备自主化、部分设计自主化和部分设备国产化；在2005年12月开工建设的岭澳核电站二期中，通过采用经过验证的技术改进，结合新技术应用、经验反馈以及核安全法规发展的要求，进行了数字化仪控、半速汽轮机等15项重大技术改进和40多项其他改进，设备的国产化率已经从岭澳一期建设时期的30%上升到64%，实现了百万千瓦级核电技术“自主设计、自主制造、自主建设、自主运营”，全面实现工程设计、制造、建设、运营自主化，形成了我国百万千瓦级压水堆核电技术品牌——中国改进型压水堆（CPR1000）核电技术。

与此同时，中广核工程有限公司以国际市场为目标，通过消化和吸收先进的理念和技术，加快研发具有自主知识产权、完全满足最新核安全法规标准要求的ACPR1000技术，将福岛核事故的经验反馈转化为能够切实提高我国核电机组安全性和极端灾害抵抗能力的先进核电技术，为后福岛时代的中国核电发展提供可选择的先进核电技术。

对于复杂产品系统创新过程而言，其中一个小部件的改变，会对整个产品系统其他部分的控制系统、材料以及设计方案等提出新的要求。核电是典型的复杂产品，其产业特点要求中广核必须选择协同的方式来适应企业发展的需要。

核电工程是名副其实的超级工程，尤为特殊的是它集高安全、高科技、多学科、跨行业等特殊性于一体。一个核电站建设投资以数百亿计，复杂的工程由成百上千个系统构成，安装的管道长度达到数百公里，各种电缆总长则达数千公里，所用设备重量达到数万吨，设备件数达到几万件，小零件更是多到无法计量。核电站建设还涉及设计、设备制造、施工等上下游几千家队伍，上万个工种和专业。这一特点决定了核电产业链协同创新管理的必要性和重要性。

一系列的改革举措，使中广核犹如巨大的“磁场”，吸引协同单位展开深度融合，以实现协同效应的最大化。中广核工程公司变革的经验表明，组织结构的重组、柔性组织的设置、分权体系的实施、市场化机制的落实同样能带来企业生产效率、管理效率的提升。

二、民营企业进行管理创新的方法研究

随着经济体制的改革和发展，民营企业从当初的经济薄弱逐渐发展为国民经济重要的一部分，民营企业的发展有着很大进步，它正在向着更合理、更科学的方向发展，它的出现给想要投资创业的人带来了曙光，从民营企业的发展形式来看，目前主要有三种形式，一种是由个人独立开设的企业，是从个体户起家，经过多年的经验逐渐发展起来的，或者是家庭成员自己开的。另一种是朋友、同事共同合资开办的企业。还有一种是由国营转化成的，他们的所有权都归投资者个人所有。并且企业的股份不断分散，归于多个个人所有。民营企业的发展虽然如日中天，但中国的民营企业在发展上仍然存在一些不可避免的问题。

我国有很多民营企业选择了家长式的管理模式，在投资时与亲人或朋友一起，管理时就会出现“家族”和“亲缘化”的特征，经营者既是资产所有者又是资产经营者，民营企业的管理者的随意性往往会导致企业经营决策失误，并且人们认为民营企业的发展存在更多的障碍，它不像国企一样待遇优

厚，融资在一定程度上是民营企业的一大难题。企业发展的必备是人才，但目前很多企业都面临人才缺失的危机，造成如此局面的原因是企业管理者认为员工和企业的关系只是雇佣关系，对员工缺乏关心和照顾，久而久之，员工心里会产生一定的芥蒂，员工与企业的关系会越来越远，因此，民营企业想要发展壮大还需进一步改进管理制度。

（一）重视企业的信誉

企业管理者对员工应加强关心，要与员工多沟通，工作之余多与员工走动，了解员工的需要，多采纳员工提出的建议，企业对员工的尊重与关心是督促员工为公司效力的重要途径。要加强对管理者督促，在选拔人才时将公平公正的思想落到实处，对于忽视公平制度的管理者给予严厉的处罚；同时，健全法律制度，民营企业的发展需要法律制度来保驾护航，经营行为需要法制来规范，因此要加强立法，员工和管理者要明确各自的职责，不做违法乱纪的事情，对向民营企业进行敲诈、勒索、乱收费等破坏民营企业生产经营的人和事要及时处罚，不能忽视对民营企业的发展造成影响的人和事，更不能包庇犯错误的人，要树立好企业公平公正的形象。

（二）改变企业管理模式

在传统管理模式的基础上探索和研究出更有利于企业发展的管理模式，对企业员工进行定期考核，对员工进行思想方面的教育，培训过后进行考试，对于不及格的人员进行再教育，直到达到企业标准，督促员工在思想上要加紧跟上时代的步伐，总结并运用新型的管理模式，企业可以采取民主测评等方式来进行考核，根据员工的实际工作情况，提出一套全面可行的考核机制，找出企业管理存在的问题，激发企业员工的潜能，努力工作。

（三）完善选拔人才制度

采取透明、公开的选拔制度，在选拔人才时，企业管理者要给予大力的支持，要坚持公平公正的原则，向每位参与选拔的员工普及选拔规则和要求，将选拔目标公之于众，不遮掩、不偏向，坚持人人平等的选拔制度，要让大家了解并且信任企业选拔出来的人才，这样，每个员工之间也不会出现猜忌，每个员工的能力大家都是有目共睹，员工才会对企业服气，并愿意为其效力。在选拔人才时不仅要注重学历更要重视员工的个人能力、工作经验，要善于发掘企业的有用人才，将企业的损失降到最低。

（四）健全监督机制，建立良好的激励机制

在监督的基础上鼓励员工做好本职工作，激发员工的工作热情，提高他们对工作的投入性，经常组织员工之间的竞赛活动，对竞赛结果有奖有罚，利用这种科学的方法可以加强员工之间的密切联系，提升员工之间的默契程度，管理者与员工应该多组织意见交流会，通过沟通了解员工的想法与意见，让管理者看到自身的不足，给有才能的员工提供施展平台，管理者与员工之间配合密切才能增强工作效率，增加企业凝聚力，推进企业的稳定发展。

“青蛙法则”——小天鹅的危机管理

被同行业称为“大哥大”的小天鹅全自动洗衣机，全国市场占有率已达42.2%，销量在全国连续多年保持了第一，并成为国内洗衣机行业首家跨进亿元利润的企业。然而，这个行业的“排头兵”却在大好形势下，充满了危机感，采取令人警醒的“末日管理法”来鞭策自身不断进取，向世界高水准冲击。

集团董事长朱德坤对员工有一个很有意思的要求：要唱好两首歌。一首是《中华人民共和国国歌》，一首是《国际歌》。他强调，天鹅的处境就像国歌里唱的那样“到了最危险的时候”，不愿工厂破产的人们，请跟我一起拯救小天鹅。唱《国际歌》就是要大家明白“世上没有救世主”“全靠自己救自己”的道理。朱德坤认为，一个没有忧患意识与危机感的企业，是没有希望的企业，所以要求员工们天天唱这两首歌，唱出信心，唱出志气，唱出发展小天鹅的新举措!

小天鹅公司的领导班子非常精干，在他们的领导下，企业效益年年提高。然而，他们每个人的心中，始终充满了危机意识。他们认为，众多企业在市场大潮中都领过风骚，有的青春常在，但有的却昙花一现，其原因在于经营者不仅要有高度的责任感，更要有强烈的危机感。因为，一种产品的销

量越是接近鼎盛期，也就越接近衰退期。所以，不管企业取得多大成绩，一定要保持清醒头脑，要时时刻刻与国内、国外同行中的先进企业比。只要世界上有一个企业排在你的前面，你就是落后的，就必须毫不松懈地追赶对方。

这种危机感督促该公司班子全体成员，在班子建设、人才培养、新产品开发等方面做了许多超前性工作。小天鹅把“末日管理”融入决策、生产、销售、服务等各个环节之中，特别是把高标准的质量管理作为企业“末日管理”的核心环节来抓。一次，有一批“小天鹅”洗衣机已装上火车准备发往广州，在抽检时，发现有一台洗衣机的排水管有轻微的漏水现象。有的人认为，排水管轻微漏水不算质量问题，换一根排水管就是了。还有的说，干脆把这台撤下来，重新换一台好的就行了。于是，事情反映到朱德坤那里。他立即赶到现场，要求对600台洗衣机全部开箱检查一遍。最后尽管检查结果只有两台出现类似问题，但全厂员工的质量意识却提高了。

三、中国企业管理创新理论的研究视角

（一）关于类型方面的研究

中国企业的创新理论可以根据不同的方面而划分为很多种类型，因为企业在发展的过程中其内部可以分为多种流程，所以对每一个流程都必须做出相应的创新理论研究。关于质量方面，随着时代的不断变化，社会对于企业的质量要求也会有所变化，因此企业需要对其内部的质量管理理论进行创新，从而更加符合社会发展的要求。关于业务方面，对其业务方面管理理论的创新，一方面是由于时代在不断变化，企业管理理论需要随着社会的发展而变化，另一方面则是因为随着企业的不断发展，企业业务范围在不断扩大，过去的管理理论已经不符合企业的发展，因此必须根据业务的变化而对其管理理论进行创新。

（二）关于创新过程的研究

企业管理创新理论都是在不断研究中完善的，因此其创新过程关系到企业创新理论研究成功与否，也可以看出一个企业能否得到长久的稳定发展。在企业对其管理理论进行创新的时候，首先要了解企业的发展趋势，然后考

虑企业适合怎样的管理制度，只有适合自身的管理制度才是最好的。紧接着就是在企业中选取人才来制定企业的管理制度，他们可以通过调研来了解企业的管理方式，从而制定一个比较专业可行的管理制度，对于企业长久稳定的发展都是有所帮助的。

企业管理创新理论完成后，就需要应用于企业中，此时通过观察企业的发展情况，完全可以知道管理理论的创新是否适合企业的发展，因此也可以做出是否继续利用这一套管理创新理论的决定。假如无法真正判断管理创新理论的适用性，还可以通过研究企业内的员工及决策者对其的评价，因而得出更加客观的结论。总之，研究企业管理创新理论可以增加管理创新理论对企业的适用性。

（三）关于决策过程的研究

对于一个企业的发展来说，其决策过程的管理是非常重要的，因此要专门对企业决策理论的创新过程进行研究，从而做出对企业最有利的决定。一般来说，不同的企业管理者，其决策方式会有所不同，并决定企业是否可以长久地发展，因此其对于企业大发展是非常重要的。

对企业决策过程的研究，包括对企业管理者精神及能力进行分析，还包括对企业的经营状况的研究，从而判断出企业适用怎样的决策理论，因而才会有一个更加明确的创新决策理论的方向。一般优秀的企业管理者会根据企业的发展情况及企业的现状进行详细的分析，然后才会做出相应的决策，从而为企业创造更大的利益。对企业决策创新理论的研究，可以形成一些决策理论，这完全取决于企业管理者的自身能力及企业的一些相关因素。总之，决策创新理论的形成与很多方面的因素都有关系，其将对企业产生重大的影响。

海尔：一个世界一个家

海尔是全球领先的美好生活解决方案服务商，由张瑞敏于1984年在山东省青岛市创立。

海尔致力于建设衣食住行康养医教等物联网生态圈，为全球用户定制个性化的智慧生活。海尔始终以用户体验为中心，连续12年稳居欧睿国际世界家电第一品牌，是BrandZ（全球品牌资产平台）全球百强品牌中第一个且唯一一个物联网生态品牌，子公司海尔智家位列《财富》世界500强。

1. 企业管理

海尔定律（斜坡球体论）：企业如同爬坡的一个球，受到来自市场竞争和内部职工惰性而形成的压力，如果没有一个止动力它就会下滑，这个止动力就是基础管理。以这一理念为依据，海尔集团创造了“OEC管理”，即海尔模式。

OEC管理法：“OEC”（Overall Every Control and Clear）管理法也可表示为：“日事日毕日清日高”，即每天的工作每天完成，每天工作要清理并要每天有所提高。“OEC”管理法由三个体系构成：目标体系→日清体系→激励机制；首先确立目标；日清是完成目标的基础工作。

80/20原则：关键的少数制约着次要的多数。因为，管理人员是少数，但他是关键的；员工是多数，但从管理角度上说，却是从属地位的。也就是说，关键的少数制约着次要的多数。因此，在海尔，每当发现问题，管理者要承担80%的责任。

2. 管理模式创新

信息交互和知识分享等互联网思维正在改变着中国的制造业。现在，海尔正在采用互联网思维改造传统创新管理模式。通过构建“平台型企业”，海尔一边聚集着引领企业创新的用户需求，一边连接着供应商资源和解决方案，形成创新生态系统，通过开放式资源整合，不断创造用户价值。在推进企业平台化发展过程中，海尔员工实现自主创业和创新的价值，从传统科层制下的执行者变成平台上的自驱动创新者。创新支撑并非局限于海尔内部，而是由围绕平台形成的创新生态圈提供。简而言之，互联网时代的制造业企业转型就是企业平台化、员工创客化、用户个性化。

3. 业务服务创新

海尔正在从一家传统制造企业转变为服务型企业。除了家电产品制造业务，海尔还建立了营销网、服务网、物流网，再加上海尔商城等“虚网”渠道，海尔提供“虚实融合的用户全流程体验”。虚实融合正在成为互联网时代的主导商业模式。互联网思维对于企业能力提出了全面的要求，这种能力体现在通过线上和线下的融合不断创造用户价值。海尔所搭建的虚实融合平台，主要有交互、交易、交付三大功能。交互是指企业与用户之间的互动，用户参与产品的设计和更新、参与服务内容的设计；交易是指电子商务平台和支付完成的方式；交付是指物流送达所体现出的最后一公里服务。三大功能缺一不可，才能够发挥强大的网络效应，提供差异化的平台服务，并以较高的转换成本“黏住”用户。

4. 架构平台创新

“用户零距离，企业网络化”是海尔对于互联网思维的理解，并积极推动企业平台化发展。现在，通过与6-Sigma等企业合作，海尔正在搭建“全球研发资源整合平台”，整合了全球10万个著名高校、知名专家、科研机构，涉及电子、生物、动力、信息等诸多领域，海尔只需要将自己的研发需求放到这个平台上，就可以坐等科研资源找上门来，提供相应的解决方案。海尔搭建的“全球研发资源整合平台”，不但整合了诸多领域的技术资源，还可以快速配置资源。利用平台形式，海尔正在把员工、用户、供应商之间的关系变成合作共赢的商业生态圈，共同创造市场价值。采用专利授权或者委托研发的模式，海尔与全球的科研机构结成了一个“利益共同体”。海尔正在整合全球资源实施创新，正如张瑞敏所说：“世界就是我的研发部，世界就是我的人力资源部。”

5. 社会资源创新

海尔正在把企业变成一个开放的体系，全方位引进最优秀的资源。为了实现平台化发展，海尔把研发变成一个开放的平台，完全发挥平台的网络效应。随着创新和研发资源的社会化，全球资源都可以整合到企业的创新体系中。海尔创新模式的特征是“发现用户需求，并快速满足”。例如，天樽空调的缘起是用户抱怨“空调出风太凉”，很多用户习惯在空调旁边开着电风扇，以使空调凉风和室内空气尽快中和。为此，才有了天樽空调“环形出风口”的设计。“快速满足”是整合资源的终点。科研机构有更好的制冷技术，但是无用户需求。海尔把用户需求放在资源整合平台上面，采用开放式创新和集成创新的思维，吸引全球技术资源满足用户需求。天樽空调的空气射流技术是与中科院合作的成果，智能调温技术则联合中国标准化研究院共同推出。

6. 用户参与创新

用户需求拉动成为创新主要驱动力。海尔虽然是传统的制造企业，却鼓励用户参与产品设计，环形出风口的天樽空调、亮丽的水晶洗衣机都是在网上和用户互动所产生的产品创新。用户交互就意味着提前锁定了用户需求。在谈到创新激励政策时，海尔和小米这样的企业更加喜欢“用户投票”，反对直接补贴创新企业，而是倾向于采用补贴用户、补贴创新产品的方式，让市场决定创新政策应该激励的对象。很多好的创新技术、解决方案摆在那里，却无法实现商业化。同时，一些企业实施自主创新、埋头搞研发，却不知自己三五年都解决不了的问题，别人那里却早已有了解决方案。平台型创新支撑体系的优势在于，通过用户交互能够找准用户需求，通过整合资源能够找准满足用户需求的技术方案。天樽空调的“环形出风口”设计总共采用23项专利技术，这些技术都来自国内一家军工研究机构。对于供应商参与合作创新的最大激励而言，是通过利润分享实现利益最大化。但是，提供环形出风技术的研究机构主动降低项目费用，其更加看重科研成果转化成民用产品的社会效应。

7. 海尔发展方向

海尔集团在“十五”期间的发展目标是：以现有白色家电的核心能力为基础，实施国际化和多元化战略，以努力提高人类生活水平为目标，一方面拓展国际市场发展空间，另一方面向信息技术、住宅设施等领域进行多元化扩展，创海尔国际名牌，把海尔集团发展成为一个具有较强核心能力的大型跨国公司。

一是在发达国家，如美国和德国建立以研发及技术转让为主要目的的海尔子公司或合资企业，为培养以信息产业为中心的核心打下坚实的基础。

二是发展销售渠道，以目前最强的白色家电产品进入国际市场，逐渐延伸到黑色家电及其他信息产业的产品，并纳入发展决策中。

资料来源：公众号“从创意到创业”

参考文献

英文参考文献

[1] Birkinshaw J, Hamel G, Mol M J. Management innovation[J]. Academy of Management Review, 2008, 33(4): 825−845.

[2] Boyatzis R E. The competent manager: A model for effective performance[J]. Competent Manager A Model for Effective Performance, 1939, 9:80−82.

[3] Chishol M, Nielsen K. Social capital and the resource−based view of the firm[J]. International Studies of Management and Organization,2009,39(2):7−32.

[4] Craig S B. Leadership in Organizations (7th edition) by Gary Yukl[J]. Personnel Psychology, 2011, 64(4): 1056 - 1059.

[5] Cristescu M P, Ciovica L, Ciovica L, et al. Using distributed applications in personal recruitment management[J]. Informatica Economica Journal, 2012, 16(1): 50−59.

[6] Fagerberg J E, Verspagen B. Innovation, growth and economic development: have the conditions for catch−up changed?[J]. Working Papers Archives, 2007, 1(1):13−33.

[7] Hackney C E. Three models for portfolio evaluation of principals[J]. School Administrator, 1999(May): 36−37.

[8] Hamel G. The why, what and how of management innovation[J]. Harvard Business Review, 2006, 84(2): 72−84.

[9] Herbert R, Link A. The Entrepreneur[M].New York: Praeger, 1982.

[10] Hvide H K. Firm size and the quality of entrepreneurs[J]. Ssrn Electronic Journal, 2004, volume 119(539): 1010−1035(26).

[11] Hvide H K. The quality of entrepreneurs[J]. Economic Journal, 2009, 119(539): 1010−1035.

[12] Lin K J, Tan J, Zhao L, et al. In the name of charity: Political connections and strategic corporate social responsibility in a transition economy[J]. Journal of Corporate Finance, 2015, 32: 327−346.

[13] Loasby B J. The entrepreneur: An Economic Theory, by Mark Casson [J]. Journal of Huaihai Institute of Technology,1998, 93.

[14] Mansfield R S. Building competency models: Approaches for HR professionals[J]. Human Resource Management, 1996,35(1): 7−18.

[15] Mirabile R J. Everything you wanted to know about competency modeling[J]. Training & Development, 1997, 51(8): 73−77.

[16] Muller S. Endogenous innovation waves and economic growth [J]. Structural Change and Economic Dynamics,2005(3):l−18.

[17] Page C, Wilson M. Management competencies in new zealand: On the inside looking in Wllington: Ministry of commerce, 1994(1): 24−25

[18] Sandberg J. Understanding human competence at work: An interpretative approach[J]. Academy of Management Journal, 2000, 43(1): 9−25.

[19] Shell M S. Recruitment strategies and fulfilling enrollment at a site management organization[J]. Dissertations & Theses − Gradworks, 2014.

[20] Spencer L M, Spencer S M. Competence at work: Models for superior performance[M]. Wiley, 1993.

中文参考文献

[1] [美] David Eagleman, Anthony Brandt：《飞奔的物种（The Runaway Species）》杨婧，译. 浙江教育出版社2019年版。

[2] 安世民、季祥、谭春平：《基于素质模型的中国企业家成长环境研究》，《科技促进发展》2019年第8期，第798−807页。

[3] 白津夫：《现代企业的领导体制与企业家队伍建设》，《探索》1995年第6期，第21−23页。

[4] 白少君、白冬瑞、耿紫珍：《中国企业创新驱动典型案例分析》，《科技进步与对策》2015年第22期，第88−92页。

[5] 彼特·德鲁克：《创新与企业家精神》，机械工业出版社2009年版。
[6] 蔡宁、刘志勇：《企业家成长环境理论及其启示》，《外国经济与管理》2003年第10期，第2-7页。
[7] 陈建新、彭少华：《论经济全球化下我国企业家创新精神的培养》，《华南理工大学学报（社会科学版）》2005年第3期，第44-47页。
[8] 陈自芳：《促进东部企业向中西部投资的动力和投资环境——以浙江企业为例的分析》，《市场论坛》2007年第4期，第25-29页。
[9] 程虹、宋菲菲：《新常态下企业经营绩效的下滑：基于企业家精神的解释》，《武汉大学学报（哲学社会科学版）》2016年第1期，第60-72页。
[10] 程晓光：《促进企业技术创新的税收政策研究——以美国研发费用税收抵免政策为例》，《全球科技经济瞭望》2021年第9期，第37-40+46页。
[11] 戴玲：《企业家成长环境的内生性分析》，《安徽大学经济学院》2005年第11期，第58-60页。
[12] 邓向梅：《科技型中小企业创新能力影响因素分析》，《现代营销（下旬刊）》2020年第10期，第26-27页。
[13] 费守文：《企业家评价指标体系研究》，长春工业大学2007年硕士学位论文。
[14] 弗兰克·H. 奈特：《风险、不确定性与利润（1921）》，商务印书馆2009年版。
[15] 樊重俊、黄凤兰：《中国管理模式创新研究》，《商业研究》2010年第1期。
[16] 郭煌、郭建胜：《企业管理者综合素质评价模型的研究》，《中国管理信息化》2007年第4期，第49-52页。
[17] 洪银兴：《科技创新中的企业家及其创新行为——兼论企业为主体的技术创新体系》，《中国工业经济》2012年第6期，第83-93页。
[18] 胡战鸽：《对战略理论的重新探讨——基于企业家素质和能力的视角》，《企业管理》2013年第11期，第114-116页。
[19] 黄文富：《企业家成长环境与机制研究》，武汉理工大学2005年硕士学位论文。
[20] 黄云霞：《浅析我国东西部经济发展差距》，《时代金融》2018年第5

期，第59页。
[21] 季祥：《中国企业家素质模型构建及应用研究》，兰州理工大学2019年硕士学位论文。
[22] 金雪芬：《东部企业投资西部的动因、影响因素及经济效应分析》，浙江大学2010年硕士学位论文。
[23] 康替龙：《商业性质概论》，商务印书馆1986年版。
[24] 李晨：《企业家人力资本价值评价指标体系研究》，《南京财经大学学报》2009年第6期，第11–14页。
[25] 李存芳、王梅玲、张晓旭、杜沈悦、张博：《东部资源型企业与西部资源富集地系统耦合研究》，《管理评论》2020年第10期，第83–94页。
[26] 李兰、仲为国、彭泗清等：《新冠肺炎疫情危机下的企业韧性与企业家精神——2021·中国企业家成长与发展专题调查报告》，《南开管理评论》2022年第1期，第50–64页。
[27] 李明峰、徐晴：《中西部经济发展视角下东部企业内迁的研究》，《经济体制改革》2011年第4期，第176–179页。
[28] 李然：《A公司基于胜任力模型的员工招聘管理体系研究》，大连海事大学2016年硕士学位论文。
[29] 李雯雯：《改革开放四十年我国干部考核政策变迁研究》，《中国人力资源开发》2019年第12期，第122–133页。
[30] 李晓敏：《中国企业家"不务正业"的制度分析》，《华东经济管理》2012年第6期，第87–90页。
[31] 李学敏、巩前文：《新时代企业家创新价值的显化——基于马克思分配正义视阈》，《北京林业大学学报（社会科学版）》2018年第4期，第5–9页。
[32] 李玉琴：《论企业家道德关怀》，《江苏社会科学》2013年第5期，第231–235页。
[33] 李志、曹雨欣：《我国西部地区柔性引才困境及路向研究》，《重庆大学学报（社会科学版）》2022年第3期，第14–24页。
[34] 李志、曹跃群：《"企业家精神"研究文献的内容分析》，《重庆工商大学学报》2003年第2期，第79–81页。

[35] 李治：《企业家与诺斯的制度变迁理论》，《生产力研究》2010年第10期，第20–22页。

[36] 李中赋、徐天祥：《关于我国企业家成长环境问题的思考》，《科技导报》2002年第9期，第19–21页。

[37] 李柱：《创新型企业家的素质结构研究》，《沿海企业与科技》2008年第3期，第69–71页。

[38] 理查德·坎蒂隆：《商业性质概论（1755）》，商务印书馆1755年版。

[39] 厉以宁：《中国企业家的标准》，《商业时代》2000年第7期，第26–27页。

[40] 梁涛：《美国企业合规制度的构建：国家监管、强制性自我监管与刑事激励》，《政治与法律》2022年第7期，第83–98页。

[41] 梁远庆、杨成刚、刘华乐：《中国企业管理模式——双头鹰式管理探究》，《商业研究》2001年第6期，第16–17页。

[42] 廖翔：《企业员工岗位胜任力现状与对策——以Y公司为例》，重庆理工大学2015年硕士学位论文。

[43] 林海芬、苏敬勤：《中国企业管理创新理论研究视角与方法综述》，《研究与发展管理》2014年第2期，第110–119页。

[44] 林素燕、赖逸璇：《公司治理影响企业技术创新吗？——基于中国东部、中部、西部上市公司的比较研究》，《财经论丛》2019年第5期，第75–82页。

[45] 刘芳、梁耀明、王浩：《企业家能力、关键资源获取与新创企业成长关系研究》，《科技进步与对策》2014年第8期，第85–90页。

[46] 刘海兵、许庆瑞、吕佩师：《从驱动到引领："创新引领"的概念和过程——基于海尔集团的纵向案例研究（1984—2019）》，《广西财经学院学报》2020年第1期，第127–142页。

[47] 刘丽丽、王弘钰、詹军：《国内外科技型企业家成长环境比较分析》，《关东学刊》2016年第4期，第145–150页。

[48] 刘明顺：《华夏文化与中国企业管理创新》，《中南财经大学学报》2000年第3期，第47–49页。

[49] 刘向阳：《长沙市企业家成长环境研究》，《中国电子商务》2011年第2期，第358–358页。

[50] 刘新民、董啸、丁黎黎：《企业家集群创新：经济发展驱动的内核》，《科学管理研究》2015年第3期，第84–87页。
[51] 刘业进、朱海就：《柯兹纳论竞争与企业家精神》，《制度经济学研究》2012年第2期。
[52] 刘志铭、王迪：《熊彼特企业家理论的转变》，《演化与创新经济学评论》2017年第1期，第33–41页。
[53] 刘志永：《企业家及企业家理论的历史演变》，《商业经济研究》2016年第9期，第91–93页。
[54] 鲁公路、李丰也、邱薇：《美国JOBS法案、资本市场变革与小企业成长》，《证券市场导报》2012年第8期，第10–18页。
[55] 陆立军：《东部企业参与西部大开发的模式与行为研究》，浙江工商大学2009年1月1日。
[56] 罗彬文：《企业如何构建岗位胜任力模型》，《企业导报》2012年第24期，第185–186页。
[57] 吕爱权、林战平：《论企业家精神的内涵及其培育》，《商业研究》2006年第7期，第92–95页。
[58] 马道双：《企业家职能研究》，《安徽商贸职业技术学院学报》2004年第1期，第53–56页。
[59] 马勤、刘青松：《基于知识的企业成长分析》，《改革与战略》2010年第1期，第83–88页。
[60] 马歇尔：《经济学原理页。下卷》，商务印书馆2011年版。。
[60] 马欣川：《中国企业家素质测评方法研究》，华东师范大学2003年博士学位论文。
[62] 毛萍萍：《中国特色企业管理理论发展创新研究综述》，《商》2015年第23期，第4–5页。
[63] 冒乔玲、许敏：《技术创新驱动企业成长的绩效分析》，《企业经济》2012年第4期，第17–23页。
[64] 苗青、王重鸣：《企业家能力：理论、结构与实践》，《重庆大学学报（社会科学版）》2003年第1期，第129–131页。
[65] 钱春海：《现代管理思维方式的特点》，《社会科学》2000年第10期，

第46–50页。

[66] 秦天枝：《区域环境下企业家成长机制研究——以新徽商为例》，《开发研究》2009年第4期，第108–111页。

[67] 阮德信、朱玉华：《亚企业家成长的影响因素与路径选择》，《求实》2004年第12期，第59–61页。

[68] 阮德信：《亚企业家论》，四川大学2004博士学位论文。

[69] 尚会永：《社会进步与企业家成长——基于中国30年企业改革的思考》，《中州学刊》2009年第3期，第42–46页。

[70] 史永隽、吴巧玲：《马克思与彭罗斯企业成长理论比较分析》，《〈资本论〉研究》2019年第0期，第75–84页。

[71] 苏永华、彭平根、丁彪：《职业经理人素质测评系统研究》，《心理科学》2004年第3期，第724–725页。

[72] 覃家琦：《价值发现、经济非均衡与企业家理论》，《财经科学》2005年第1期，第62–68页。

[73] 汤洪波：《企业家理论与均衡理论的融合》，《当代经济研究》2006年第1期，第21–23页。

[74] 汤洪波：《企业家理论的演进》，《经济评论》2006年第3期，第36–40页。

[75] 汤明：《企业成长理论简述》，《施工企业管理》2016年第4期，第100–103页。

[76] 唐炳章：《论新时代企业文化品牌塑造》，《文化创新比较研究》2018年第13期，第151–152+154页。

[77] 唐丁祥、王艳辉：《企业家成长与外部环境的动态演化分析》，《华东经济管理》2011年第2期，第106–108页。

[78] 唐国华：《企业家技术进步路径选择与经济增长》，《技术经济与管理研究》2014年第1期，第32–37页。

[79] 田宝玉：《企业持续发展必须重视技术创新》，《探索与求是》2003年第Z3期，第66–67页。

[80] 田宇、王克、黄卫、郑雁玲：《扶贫制度环境对东部企业西部分支机构绩效的影响机制研究》，《管理学报》2019年第3期，第343–350页。

[81] 田宇：《中国企业家群体成长的制度环境分析》，《学术研究》2003年第10期，第56–58页。

[82] 《万众创新：为中国创造经济价值》，《信息系统工程》2014年第10期，第10–11页。

[83] 汪婷：《基于胜任力模型的A公司营销经理招聘选拔体系研究》，东华大学2015年硕士学位论文。

[84] 王金洲：《企业家概念——一个理论综述》，《湖北经济学院学报》2005年第2期，第77–82页。

[85] 王京涛：《社评：优秀企业家，中国崛起的稀缺资源》，《环球时报》2012–10–22(12)。

[86] 王烈：《企业家能力结构的社会学分析》，《华东经济管理》2001年第3期，第38–42页。

[87] 王汝平：《C管理模式》，四川人民出版社2009年版。

[88] 王胜利、王迪：《企业成长理论演化及其现实启示》，《商业经济》2018年第9期，第118–121页。

[89] 王廷惠：《经济持续增长的源泉：企业家发现与创新》，《产业经济评论》2007年第2期，第83–94页。

[90] 王秀模：《中国民营企业家成长机制研究》，《重庆科技学院学报》2006年第6期，第68–71页。

[91] 王续琨、刘世玉：《管理思维与管理思维学》，《大连理工大学学报（社会科学版）》2002年第4期，第4–8页。

[92] 王毅：《管理思维的理论及应用》，云南科学出版社2010年版。

[93] 王梓木：《追求社会价值是新时代企业家精神的特征》，《中国中小企业》2018年第4期，第33–35页。

[94] 威廉·鲍莫尔：《企业家精神（1993）》，武汉大学出版社2010年版。

[95] 魏杰、汪异明：《到底什么是企业家》，《中国企业家》1997年第8期，第36–37页。

[96] 邬蒙：《东西部经济发展差距的实证研究》，西南财经大学2014年硕士学位论文。

[97] 吴国萍：《西部开发中东部企业并购西部企业的若干问题探析》，《广

西民族研究》2005年第2期，第182-186页。
[98] 谢海风、薛璟：《论西部发展对现代企业理念的引用》，《才智》2011年第19期，第285页。
[99] 徐海棠：《我国企业家能力成长的演化及成长机制研究》，华中师范大学2014年。
[100] 徐坤、王智：《习近平总书记关于新时代中国工业化重要论述的理论内涵》，《学校党建与思想教育》2021年第4期，第94-96页。
[101] 徐全军：《发挥企业家在科技创新驱动经济发展中的重要作用》，《经济研究导刊》2022年第3期，第13-15页。
[102] 徐颖、张硕、聂萌、孟鑫：《企业技术创新影响因素分析》，《投资与创业》2021年第7期，第111-113页。
[103] 亚当·斯密：《国民财富的性质和原因的分析（1776）》，商务印书馆1972年版。
[104] 杨冯玲：《企业家成长与成长环境的关系研究》，合肥工业大学2014年硕士学位论文。
[105] 杨馥羽：《中国企业管理创新理论研究视角与方法综述》，《企业科技与发展》2019年第2期，第201-202页。
[106] 杨建君、李垣、薛琦：《基于公司治理的企业家技术创新行为特征分析》，《中国软科学》2002年第12期，第124-127页。
[107] 杨林岩、赵驰：《企业成长理论综述——基于成长动因的观点》，《软科学》2010年第7期，第106-110页。
[108] 杨龙兴：《基于胜任素质模型的赛龙科技集团中层管理人员招聘体系优化研究》，江西师范大学2015年硕士学位论文。
[109] 杨扬：《企业家异质性与企业绩效——基于我国中小企业的实证研究》，《技术经济与管理研究》2015年第6期，第44-48页。
[110] 杨轶清：《低“人口素质”与高经济增长——基于浙商群体的解释》，《人口研究》2015年第3期，第107-112页。
[111] 伊斯雷尔·M. 柯兹纳：《米塞斯评传（2001）》，上海译文出版社2011年版。
[112] 伊斯雷尔·柯兹纳：《竞争与企业家精神（1973）》，浙江大学出版社

2013年版。

[113] 易元红：《转型时期湖北省中小企业成长障碍研究》，《特区经济》2010年第6期，第177–179页。

[114] 尹佳丽：《湖北省企业家成长环境障碍研究》，湖北大学，2015年第8期，第17–18页。

[115] 余桂玲：《国外企业发展理论探索》，《经济界》2009年第4期，第47–50页。

[116] 余兴：《我国企业家成长的内在障碍与消除路径》，《管理学研究》2013年第1期，第90–94页。

[117] 袁宁：《东北文化环境对民营企业家成长的影响解析》，《东北亚论坛》2008年第5期，第68–72页。

[118] 詹丽燕：《素质模型在企业人力资源管理中的地位及作用》，《企业改革与管理》2016年第16期。

[119] 张鹤桥：《基于胜任力的企业人才特质模型》，《智富时代》2015年第12X期，第120–121页。

[120] 张焕勇、杨增雄、张文贤、鲁德银：《企业家能力与企业生命周期的适配性分析》，《华东经济管理》2008年第12期，第99–103页。

[121] 张建卫、刘玉新：《企业家成长与发展的理论架构：生态系统论视角》，《改革》2010年第11期，第102–110页。

[122] 张莉：《企业家成长环境研究》，河海大学2004年硕士学位论文。

[123] 张维迎：《企业的企业家——契约理论》，上海人民出版社2015年版。

[124] 张文君：《改革开放中企业家成长历程与培育措施》，天津大学2009年硕士学位论文。

[125] 张新芝、张礼萍、肖炜华：《中国传统文化对企业家行为的影响》，《北方经济》2010年第10期，第55–53页。

[126] 张一名：《企业家是一种资格》，《中外企业家》2004年第5期，第81–83页。

[127] 张英奎、张超：《能力素质模型在企业人力资源管理中的应用》，《北京化工大学学报（社会科学版）》2009年第2期，第22–25+15页。

[128] 赵安波：《多维度影响因素视觉下的企业家成长环境研究》，河南大学

2011年硕士学位论文。

[129] 赵美岚：《新时代中国企业文化塑造研究——稻盛和夫企业经营哲学的启示》，《企业经济》2018年第12期，第103–108页。

[130] 赵娜：《当前我国企业家成长环境的制度障碍研究》，山东大学2011年硕士学位论文。

[131] 郑海航：《关于企业家理论前沿问题的探讨》，《管理科学文摘》2000年第7期，第12–15页。

[132] 郑海航：《论中国企业家的成长》，《经济与管理研究》2003年第5期，第3–8页。

[133] 张娜：《我国企业家队伍建设问题探讨》，《广西青年干部学院学报》2003年第1期，第16–62页。

[134] 中国企业家调查系统：《经济转型与创新：认识、问题与对策——2013中国企业家成长与发展专题调查报告》，《管理世界》2013年第9期，第79–91页。

[135] 中国企业家调查系统：《企业家对宏观形势及企业经营状况的判断、问题和建议——2016·中国企业经营者问卷跟踪调查报告》，《管理世界》2016年第12期，第60–76页。

[136] 中国青少年研究中心课题组：《中国青年企业家发展报告——一项以青年企业家协会会员为主体的研究》，《中国青年研究》2013年第7期，第40–45页。

[137] 周德文：《时代呼唤职业企业家队伍》，《中国企业家》1997年第2期，第56–58页。

[138] 周金泉、刘兆峰、邓增永：《企业家理论问题研究》，《山西财经大学学报》2004年第3期，第21–25页。

APPENDIX

附　　录

附录A

企业家调查问卷

企业家素质能力调查问卷

感谢参与“企业家素质能力调查”，本次调查旨在探究企业家所具备的素质特点及程度问题，调查数据用以构建“中国企业家素质模型”，分析中国宏观环境下企业家素质特点及成长环境状况，发现企业家成长环境存在的问题。本问卷匿名填写，所获数据信息将会严格保密，不会用于任何营利目的或商业用途。请根据您本人（如本人非企业家请根据所在企业的拥有者/经营者）实际情况在对应位置进行作答（素质评价得分满分100，请根据该企业家实际素质情况进行评价打分）。感谢您的参与！

①您在该企业中是（　）

A. 企业中层管理者　B. 企业经营者　C. 企业拥有者

D. 企业高层管理者

②您在本企业的工龄（　）

A. 1年以下　　B. 1～3年　　C. 3年以上

③您的职位____________

附录B

亚企业家调查问卷

亚企业家素质能力调查问卷

感谢参与“亚企业家素质能力调查”，本次调查旨在探究亚企业家所具备的素质特点及程度问题，调查数据用以分析亚企业家与企业家之间的能力素质差别，探究亚企业家成长方向，发现亚企业家成长过程中存在的问题。本问卷匿名填写，所获数据信息将会严格保密，不会用于任何营利目的或商业用途。请根据您本人实际情况在对应位置进行作答（素质评价得分满分100，请根据自身实际素质情况进行评价打分）。感谢您的参与！

①您是否为企业中层管理者（ ）

A．是 B．否

②您在本企业的工龄（ ）

A．1年以下 B．1-3年 C．3年以上

③您的职位____________________

	素质	内容	得分
1	成就感	享受自己的工作过程及所取得的成果，对当前所做工作有较高的认可度	
2	主动性	对当前既有工作内容能积极主动地完成，并对未来发展积极探索	
3	信息收集能力	能及时快速收集到自己所需的有用的信息	
4	人际交往能力	有广泛的交际圈，并与之建立良好的人际关系	
5	专业技能	能很好地掌握当前所从事行业所需专业知识、技能等	

续表

	素质	内容	得分
6	合作能力	在经营活动中与下属、合作伙伴等能够展开良好的合作，并获得预期效果	
7	倾听能力	能够耐心倾听别人想法、意见等	
8	判断能力	对经营活动中遇到的问题做出准确应对措施	
9	认知能力	能够准确把握事物本质，形成自己的认识	
10	政治敏锐度	能快速认清政策形势，并做出及时应对措施	
11	创新能力	有良好的创新意识，鼓励创新行为	
12	风险管控能力	有良好的风险意识，对既有风险能够及时采取措施进行控制和解决	
13	群体能力	能快速融入群体，并在群体中形成权威的影响	
14	化解冲突	能够及时有效地化解冲突	
15	激励他人	能够及时有效地激励别人	
16	诚信	在日常工作及企业经营的各项活动中诚实守信	
17	领导能力	有良好的领导能力	
18	身体素质	身体健康，有良好的体魄	
19	法律意识	对经营活动相关法律熟知，且知法守法	
20	学习热忱	能以较高的热情学习新的知识和理念	
21	社会责任意识	有强烈的社会责任感，并对社会需求积极做出贡献	
22	坚强	面对困难坚忍不拔，坚强面对	
23	情绪积极稳定	无论何时，时刻保持积极乐观的态度，保持情绪稳定	
24	整体评价	对该名企业家综合能力的评价	

附录C

访谈提纲

1．亚企业家本身各项素质评分波动较大的原因。

2．亚企业家能力素质差于企业家群体的原因。

3．亚企业家群体能力素质中身体素质高于企业家群体的原因。

4．亚企业家群体知识素质提升的问题所在。

5．亚企业家政治素质严重不足的症结所在。

6．亚企业家群体社会责任感明显低于企业家群体的原因所在。

7．亚企业家情绪稳定素质及成就感素质高于企业家群体，而主动性和坚强素质明显低于企业家群体的原因。

后　记

2016年1月初，我结束杭州的授课后应邀去江苏淮安讲课。讲课结束后与七八家企业领导一起吃饭，其间多位老板对我大吐苦水，我听后感触颇深，既为他们的艰辛同情，也为自己庆幸。结合我在多次MBA授课后与学生交流的体会，萌发了为企业经营者呐喊的念头。2019年10月我领导的项目组在读者集团薪酬与绩效改革项目公开招标中中标，与读者集团八个出版社社长和四位杂志社领导的深度访谈，使我呐喊的愿望更加强烈。于是我指导自己的学术研究生季祥以此为题完成学位论文。季祥不负我望高质量地完成了学位论文，获得了两个90分以上的盲审得分。这极大地鼓舞了我的信心。于是在2020年甘肃省新华书店的咨询项目进行中我就开始了本书的构思，几番修改书稿大纲后终于开始正式的调研和撰写。

在书稿完成之际，我觉得自己做了一件对得起良心的有意义的工作。虽然书稿质量有限，但我兑现了为企业家呐喊的夙愿。当然书稿的完成只是这一夙愿的一部分，在各个环节的呼喊与宣讲将成为我长久的努力方向。日本著名管理大师稻盛和夫说："要想有一个充实的人生，你只有两种选择：从事自己喜欢的工作，或者，让自己喜欢是工作。"我想我是幸运的，从事着自己喜欢的工作，干着自己想干的事，而为企业家呐喊助威更是我工作的重要内容。

在此我必须奉上的真诚感谢！首先，感谢兰州理工大学研究生学院对本书的经费支持。正是学校研究生学院将"现代管理理论"列为研究生重点建设课程，才有本书的编写。没有研究生学院经费的大力支持，本书的付梓只能是一个意愿。其次，感谢本书的合作者——学识丰富的优秀管理者尚想平，是你的积极推动和辛劳付出，才有了本书的结稿。最后，感谢我的研究生季祥、周慧、陈颖和金雨婷，你们为本书收集了大量资料，做了不少调研工作，在数据分析中倾注了很多心血。而且你们总是把老师的工作当作自己的核心任务来完成，使我常常有得天下英才而育之的幸福感。

同时，必须真挚感谢本书所引著作和论文的作者们，你们的智慧给予我们很大的帮助，衷心地感谢你们的智慧引导！

殷殷感激道不尽，真诚祝愿我感谢的人们一切安好！

安世民

2021年2月于兰州